公路实用勘测设计研究

汤 涛 著

吉林科学技术出版社

图书在版编目（CIP）数据

公路实用勘测设计研究 / 汤涛著． -- 长春 : 吉林科学技术出版社，2022.8
ISBN 978-7-5578-9356-9

Ⅰ．①公… Ⅱ．①汤… Ⅲ．①道路测量－研究②道路工程－设计－研究 Ⅳ．① U412

中国版本图书馆 CIP 数据核字（2022）第 120006 号

公路实用勘测设计研究

著	汤　涛
出 版 人	宛　霞
责任编辑	程　程
封面设计	刘婷婷
制　　版	张　冉
幅面尺寸	185mm×260mm
开　　本	16
字　　数	340 千字
印　　张	15.5
印　　数	1-1500 册
版　　次	2022 年 8 月第 1 版
印　　次	2022 年 8 月第 1 次印刷

出　　版	吉林科学技术出版社
发　　行	吉林科学技术出版社
地　　址	长春市南关区福祉大路5788号出版大厦A座
邮　　编	130118
发行部电话/传真	0431-81629529　81629530　81629531
	81629532　81629533　81629534
储运部电话	0431-86059116
编辑部电话	0431-81629510
印　　刷	廊坊市印艺阁数字科技有限公司

书　　号	ISBN 978-7-5578-9356-9
定　　价	48.00 元

版权所有　翻印必究　举报电话：0431—81629508

前　言

　　本着坚持工学结合、知行合一、促进信息技术与课程教学深度融合的宗旨，我们在及时吸收新技术和新规范的背景下编写了本书。

　　本书确定了面向施工一线的道路桥梁工程技术专业高技能人才的专业能力要求，并结合公路勘测设计的各项工作任务，明确了公路勘测设计相关的学习目标。要求通过本课程的学习，学生在掌握公路勘测设计基本知识和实践技能的基础上，培养勘测能力、看图读图能力，以及在工程实践中运用国家现行技术标准、规范的能力。

　　本书的编写模式充分体现了工学结合的原则，即"学习的内容是工作，通过工作实现学习"，实现工作与学习的整合，理论与实践的整合，专业能力、方法能力和社会能力的整合。其内容编排上打破了传统的章节体例格式，以公路路线设计的全过程为主线，共设置9个章节。主要内容包括公路勘测设计的认知、路线平面、路线纵断面、路基横断面及路线交叉、公路选线、公路定线与公路路线CAD等。

　　本书是基于公路勘测设计系统化的原则，以公路勘测、公路设计的具体方法和步骤为主线贯穿课程的始终，全书以公路勘测设计项目为导向，将公路勘测设计项目分解为路线平面设计、路线纵断面设计、路基横断面设计、路线交叉、公路总体设计、选线与定线、路线勘测等内容进行安排。

目 录

第一章 公路勘测基础 ………………………………………………………………… 1
第一节 交通运输网构成 …………………………………………………………… 1
第二节 我国公路现状与发展规划 ………………………………………………… 8
第三节 公路的功能、分级与技术标准 …………………………………………… 10
第四节 公路勘测设计控制要素 …………………………………………………… 12

第二章 公路勘测设计 ………………………………………………………………… 18
第一节 公路网规划 ………………………………………………………………… 18
第二节 公路勘察 …………………………………………………………………… 23
第三节 公路测量 …………………………………………………………………… 26
第四节 公路设计 …………………………………………………………………… 35

第三章 公路几何线形设计 …………………………………………………………… 52
第一节 设计控制要素 ……………………………………………………………… 52
第二节 平面线形 …………………………………………………………………… 59
第三节 纵断面 ……………………………………………………………………… 61
第四节 线形组合 …………………………………………………………………… 64
第五节 线形设计连续性 …………………………………………………………… 66
第六节 爬坡车道、避险车道与紧急停车带 ……………………………………… 71
第七节 超标设计 …………………………………………………………………… 73
第八节 优化设计 …………………………………………………………………… 76
第九节 路线方案选择新理念 ……………………………………………………… 78
第十节 线形设计与公路景观 ……………………………………………………… 80

第四章 一般道路路基设计 …………………………………………………………… 84
第一节 一般道路路基的设计规定 ………………………………………………… 84
第二节 道路路基的横断面形式与设施 …………………………………………… 93

第三节　道路路基边坡稳定性设计 ······ 99

　　　第四节　浸水路堤边坡稳定性设计 ······ 103

　　　第五节　陡坡路堤滑动稳定性设计 ······ 105

第五章　桥梁勘测设计 ······ 109

　　　第一节　桥梁规划 ······ 109

　　　第二节　桥梁勘察 ······ 118

　　　第三节　桥梁测量 ······ 121

　　　第四节　桥梁设计 ······ 123

第六章　交通运输能力设计 ······ 132

　　　第一节　运输能力知识 ······ 132

　　　第二节　线路通过能力 ······ 134

　　　第三节　列车折返能力 ······ 138

　　　第四节　使用通过能力 ······ 147

　　　第五节　运输能力加强 ······ 150

第七章　交通管理与道路安全设计 ······ 158

　　　第一节　交通管理的内容与法规 ······ 158

　　　第二节　道路交通标志与交叉口管理 ······ 160

　　　第三节　道路交通组织与信号控制 ······ 171

　　　第四节　快速道路的交通控制 ······ 181

第八章　公路建设与环境保护设计 ······ 185

　　　第一节　公路建设中生态环境设计原则及方法 ······ 185

　　　第二节　生态技术在公路工程建设中的应用 ······ 190

　　　第三节　公路工程环境保护问题 ······ 206

第九章　绿色公路评价体系 ······ 218

　　　第一节　基本说明 ······ 218

　　　第二节　科研、设计评价指标 ······ 224

　　　第三节　施工评价指标 ······ 227

　　　第四节　运营养护评价指标 ······ 231

参考文献 ······ 242

第一章 公路勘测基础

第一节 交通运输网构成

一、我国交通运输发展状况

交通运输既是衔接生产和消费的一个重要环节，又是保证国家在政治、经济、文化、军事和人民生活等方面的各个部门保持联系的手段之一。现代化交通运输业包括铁路、公路、水运、航空和管道五种基本的运输方式。

20世纪50年代以来，我国的交通运输业经过多年的建设有了较大发展，已经初步形成了以铁路干线、公路干线、长江水运、海运为骨架，由铁路、公路、水运、航空、管道五种运输方式组成的综合运输体系。

改革开放以来，我国交通运输基础设施，尤其是公路交通得到了迅速发展。高速公路作为一种现代化的道路交通基础设施，具有技术标准高、设施完善、通行能力强、行车速度快等特点。出于政治和经济的各种原因，我国内地高速公路建设直到改革开放后的20世纪80年代中期才起步。

从需求方面来讲，随着我国经济社会的发展，尤其是改革开放以来国民经济的高速增长，对交通运输的需求越来越多。同时，工业现代化进程和世界范围的产业结构调整，以及全球经济一体化趋势的增强，都将促使客货运量大幅增加。

20世纪50年代以来，我国的客运结构发生了根本性的变化。虽然铁路仍是国民经济的命脉，承担了中长距离的客运，但其"铁老大"的统治地位已不复存在。铁路在客运中的地位逐渐下降的主要原因是公路（尤其是高速公路）迅速发展。这样，公路客运不仅成为中短途客运的主力，并且开始抢占部分中长途客运市场。公路客运量大幅增长，分流了大量的短途客运。而水运无论是客运量还是客运周转量，所占比重均明显下降。水运在客运市场中地位的下降是正常现象，因为无论从时效性还是从舒适性等方面，水运均无法与其他客运方式竞争（观光旅游除外）。航空运输也得到了飞速发展，分流了部分中长途客运量。随着我国经济发展水平和人民生活水平的提高，航空客运量将会缓步增加。总之，我国客运结构逐渐趋于合理，各种运输方式的特点得以充分发挥。

二、运输的原理和作用

交通运输业是国民经济和社会发展的基础性、先导性产业，是促进经济社会发展和提高人民生活水平的重要产业。

（一）运输的作用

1. 运输的定义

运输（transportation）是指时间效应和空间效应的创造。当产品从一个地方转移到另一个地方而增加价值时，运输就创造了空间效应。时间效应则是指这种服务在需要的时候发生。当旅客在需要的时间从他们所在的地方到达他们想去的地方时，运输就创造了时间效应和空间效应。

2. 运输的作用

运输的作用是克服在产品的生产与需求之间存在的空间和时间上的差异。通过时间和空间的变动，运输对产品进行了增值，也就是创造了时间效应和空间效应。运输的作用主要体现在以下几点。

（1）运输有利于开拓市场

早期的商品交易市场往往被选择在人口相对密集、交通比较便利的地方。在依靠人力和畜力进行运输的年代，市场位置的确定在很大程度上受人和货物可及性的影响。对于多数人来说，交通相对便利、人和货物比较容易到达的地方会被视为较好的商品交换场所。久而久之，这个地方就会变成一个相对固定的市场。当市场交换达到一定规模后，人们又会对相关的运输条件进行改进，例如改善道路（或通航）条件，增加一些更好的运输器具，以适应和满足市场规模的不断扩大。

随着技术的发展，运输手段不断改善，运输效率不断提高，运输费用也不断降低。运输费用的降低使市场的盈利范围不断扩大，商人可以从离市场更远的地方采购货物在市场上出售。由此，运输系统的改善既扩大了市场区域范围，也加大了市场本身的交换规模，为大规模的商品销售提供了前提条件。

运输在开拓市场过程中不仅能创造出明显的空间效应，同时也具有明显的时间效应。

运输的时间效应与空间效应密切相关。市场上对某种商品的需要往往具有很强的时效性，超过了某一时限，商品的需求量就会大大减少甚至完全消失。一种商品如果因为时间关系失去了市场需求，这种商品在特定的时间内就不再具有价值，或者其价值将大打折扣。高效率地运输能够保证商品在市场需要的时间内适时运到，从而创造出一种时间效用,繁荣市场。与运输的空间效用一样,运输的时间效用同样可以开拓市场。例如,当某地区急需一种产品时,这时产品的运输速度就成为最关键的因素(假定该产品需要从外地调入)。

(2)运输有利于鼓励市场竞争并降低市场价格

运输费用是所有商品市场价格的重要组成部分,商品市场价格的高低在很大程度上取决于它所含运输费用的多少。运输系统的改革和运输效率的提高,有利于降低运输费用,从而降低商品价格。运输费用的降低可以使更多的产品生产者进入市场,参与竞争,也可以使消费者得到竞争带来的好处。因为如果没有运输,离市场近的厂商就可以影响甚至垄断市场,他们可以决定商品的市场价格,而高效的运输系统和廉价的运输可以扩大市场销售范围,使离市场更远的厂商进入市场并参与竞争。这样,商品的市场价格将通过公平竞争和市场机制决定。实际上,由于劳动分工和地区专业化的作用,商品的市场价格很可能是由远方的供应者决定的,因为他的生产成本最低。因此,正是运输系统的存在鼓励了市场竞争,也降低了商品价格。

运输与土地利用和土地价格之间存在密切的关系。高效、廉价的运输可以使土地获得多种用途。如果没有运输将产品送到远方市场,很多土地将变得无用或用途很小。运输条件的改善可以使运输延伸到的地区地价增值,从而促进该地区的市场繁荣和经济发展。

(3)运输有利于生产劳动的地区分工和市场专业化

运输有利于生产劳动的地区分工。一个较为简单的情形是:假设A、B两地各生产某种产品(a和b),A地生产a的成本较低,因此价格低廉,而B地生产b的耗费也相对较低,同样能以较低的价格出售。在这种情况下,每一地区生产它最适宜生产(劳动耗费低)的货物并相互交换是对双方都有利的事情。但如果A、B间的运输费用非常高,以至于抵消了专门从事该种产品的生产和交换所能得到的利益,那么两地间的交换就不会发生。结果是a、b两地都必须拿出一部分土地、劳动力和资金来投入对方生产成本较低的那种产品的生产。这时,运输就成了地区劳动分工和贸易的障碍。然而,当A、B两地间存在高效、廉价的运输后,这个障碍就会被排除。由此,根据比较利益原则,运输能够促进生产劳动的地区分工。在劳动的地区分工出现后,市场专业化的趋势也会逐渐显露,这就使某一个地区的市场在产品的销售上会更加集中在某一类或某几类产品上。市场专业化将大大减少买卖双方在收集信息、管理等方面的成本支出,减少市场交易费用。

3. 运输在物流中的地位

运输是物流的支柱。说到物流,人们就会认为"那是运输产业"。物流过程的其他各项活动,诸如包装、装卸搬运、物流信息情报等,都是围绕着运输而进行的。所以,运输是物流过程各项业务活动的中心活动。可以说,在科学技术不断进步、生产的社会化和专业化程度不断提高的今天，一切物质产品的生产和消费都离不开运输。物流合理化，在很大的程度上取决于运输的合理化。所以，在物流过程的各项业务活动中，运输是关键，起着举足轻重的作用。一是运输成为物流的动脉系统；二是运输是创造物流空间效用的环节；三是运输降低了物流费用，提高了物流速度，成为发挥物流系统整体功能的中心环节；四是运输加快了资金周转速度，降低了资金占用时间，是提高物流经济效益和社会效益的重点所在。

物流过程直接耗费活劳动和物化劳动，这些劳动的总和称为物流总成本。物流总成本主要由运输成本、保管成本和管理成本构成。其中，运输成本所占的比重最大，是影响物流成本的一项重要因素，在我国交通运输业还不很发达的情况下更是如此。因此，在物流各环节中，如何搞好运输工作，开展合理运输，不仅关系到物流时间占用的多少，而且还会影响到物流费用的高低。不断降低物流运输成本，对于提高物流经济效益和社会效益，都起着重要的作用。所谓物流是"第三个利润的源泉"，其意义也在于此。

（二）运输的基本原理

1. 规模经济

运输规模经济的特点是随着装运规模的增大，每单位的运输成本下降。运输规模经济之所以存在，是因为有关的固定费用可以按整批货物的重量分担。有关的固定费用包括运输订单的行政管理费用、运输工具投资以及装卸费用等。运输规模经济使得货物的批量运输显得合理。

2. 距离经济

运输距离经济的特点是每单位距离的运输成本随运输距离的增加而减少。运输距离经济的合理性类似于规模经济，尤其体现在运输装卸费用的分摊上。距离越长，固定费用分摊后的值越小，导致每单位距离支付的总费用越小。

3. 运输作业的关键因素

从企业物流管理的角度来看，成本、速度和一致性是运输作业的三个至关重要的因素。

（1）运输成本

运输成本是指为两个地理位置间的运输所支付的款项以及管理和维持转移中的存货的有关费用。在设计物流系统时应该利用能把系统总成本降低到最低限度的运输，这意味着最低费用的运输并不一定导致最低的物流总成本。

（2）运输速度

运输速度是指为完成特定的运输作业所花费的时间。运输速度和成本的关系主要表现在以下两个方面：首先，运输商提供的服务越是快速，它实际需要收取的费用也就越高；其次，运输服务越快，转移中的存货就越少，可利用的运输间隔时间越短。因此，在选择最合理的运输方式时，至关重要的问题就是如何平衡其服务的速度和成本。

（3）运输的一致性

运输的一致性是指在若干次装运中履行某一特定的运输所需的时间与原定时间或与前几次运输所需时间的一致性。运输一致性是运输可靠性的反映。多年来，运输经理已把一致性看作是高质量运输的最重要特征。运输的一致性会影响买卖双方承担的存货义务和有关风险。

（三）运输决策

运输决策的参与者除了托运人（起始地）、收货人（目的地）和承运人以外，还有政府与公众。

1. 托运人与收货人

托运人（一般是货物的卖方）和收货人（一般是买方）关心的是在规定的时间内以最低的成本将货物安全地从起始地转移到目的地。运输服务中应包括具体的提取货物和交付货物的时间、预计转移的时间、零灭失损失以及精确和合时地交换装运信息和签发单证。

2. 承运人

承运人作为中间人，他的目的与托运人和收货人多少有点区别，他期望以最低的成本完成所需的运输任务，同时获得最大的运输收入。这种观念表明，承运人想要按托运人（或收货人）愿意支付的最高费率收取运费，而使转移货物所需要的劳动、燃料和运输工具成本最低。要实现这一目标，承运人期望在提取和交付时间上有灵活性，以便于能够使个别的装运整合成经济运输批量。

3. 政府

由于运输对经济的影响，所以政府要维持交易中的高利率水平。政府期望一种稳定而有效率的运输环境，以使经济能持续增长。运输能够使产品有效地转移到全国各市场中去，并促使产品按合理的成本获得。

稳定而有效率的商品经济需要承运人提供有竞争力的服务，同时有利可图。与其他企业相比，政府更多地干预了承运人的经营活动，这种干预往往采取规章制度或经济政策等形式。政府通过限制承运人所能服务的市场或确定承运人所能采取的价格来规范其行为；政府通过支持研究开发或提供诸如公路或航空交通控制系统之类的通行权来激励承运人。在英国或德国这样的国家里，某些承运人为政府所拥有，政府对市场、服务和费率保持绝对的控制。这种控制权使政府对地区、行业或厂商的经济发展具有举足轻重的影响。

4.公众

公众是最后的参与者，他们关注运输的可达性、费用和效果以及环境和安全上的标准。公众按合理价格产生对周围的商品需求的预期，并最终确定运输需求。尽管最大限度地降低成本对于消费者来说是重要的，但与环境和安全标准有关的交易代价也需要加以考虑。近年来，尽管在降低污染和消费安全方面已有了重大进展，但空气污染和石油溢出所产生的影响仍是运输的一个重大问题。既然要把降低环境风险或运输工具事故的成本转嫁到消费者身上，那么他们必然会共同参与对运输的安全感做出判断。

显然，各方之间的相互作用，使得运输关系很复杂。这种复杂性会导致托运人、收货人和承运人之间频繁地冲突，以及政府与公众之间频繁的冲突。这些冲突已导致了运输服务受到规章制度的严格限制。

三、交通运输基础设施的主要特征

交通运输基础设施是指各种交通方式中为完成客流和物流所需要的固定设施，包括线路基础设施、站场基础设施、枢纽基础设施和附属基础设施等。下面将对交通运输基础设施的主要特征进行介绍。

（一）交通运输在国民经济中的基础地位

1.交通运输的国民经济基础性

交通运输基础设施是支撑一国经济的基础，这一基础决定着国家经济活力（工业、商业等）的水平。这主要表现在以下几个方面：第一，交通运输是现代经济社会快速运行的保障，是市场机制作用于人类经济行为的首要物质前提，没有一个现代化的运输体系，很难想象会有一个较为完善的市场经济；第二，交通运输规模的大小和水平是经济社会现代化程度的基本标志之一，现代经济社会在多大规模上运用多少资源来实现人与物在空间和时间上的交换，反映了经济社会的发达程度；第三，在现代经济社会的发展历程中，交通运输具有运输革命的特征，它集中表现为"交通运输是现代经济社会发展的命脉"这一命题。已实现现代化的国家的发展过程，都证明了现代经济社会的发展必须经历一个交通运输革命的阶段。所谓交通运输革命阶段，是指交通运输的发展不仅是一种经济社会运输需求的直接反映，更是交通运输以主角的身份作用于经济社会发展过程的特殊时期。

根据发展经济学的原理，一个国家的经济起飞是一国进入发达国家的必要前提和步骤。但一国进入起飞阶段的关键是什么呢？现代著名发展经济学家罗斯托（Walt Whitman Rostow）指出："起飞的初始条件是有最低限度的社会管理资本（这里主要指交通运输的基础结构）的先行建设，以便为必不可少的扩散效应准备前提条件。"他在论述工业和社会管理资本时还讲道:"在创造前提条件和起飞时期,总投资中很高的份额必须投入社会管理资本。社会管理资本的建立,在时间上具有确定无疑的优先性。因为大量的交通建设和其他形式的社会管理资本,实际上毫无例外地出现在起飞之前。这种投资的最重要职能是降低运输成本,使得资源能更便宜而有效地结合起来,扩大国内市场,使外贸的有效引导成为可能。也只有在这样的市场环境下,最初的主导部门才有可能实现。"

上面的叙述说明,交通运输作为一国经济的基础结构是实现经济发展和社会进步的前提条件,每个国家的经济发展都遵循这个规律。美国、日本、联邦德国等发达国家在20世纪六七十年代经济快速增长时期,把相当份额的资金投向交通基础设施建设,有效地促进了本国的经济增长。我国经济发展的实践也同样证明了这一结论的正确性。我国东部沿海地区运输基础设施较好,交通较便利,经济发展就快,人民生活水平就较高;而西部内陆地区运输基础设施较差,交通不便,经济发展就相对缓慢,人民生活水平也较低。许多地方群众总结了正反两方面的经验,用"要想富,先修路"这样朴素的语言表达了"公路是经济发展的基础"这一深刻的道理。

2. 交通运输产生巨大的外部经济效益,具有较强的社会公益性

外部性在现代经济社会中是比较常见的现象。无论什么时候,只要某个生产者或某个消费者的行为对其他生产者和消费者产生了影响,而受影响者没有因损害而得到补偿或没有因得益而付出代价,那么就存在外部性或会产生外部效应。我们根据这种影响对他人的有利和不利将其划分为正的外部效应和负的外部效应。经济学家一般都认为交通运输基础设施具有正的外部效应,即存在外部经济。因为一旦在某个区域修建了某种交通运输基础设施,由于交通运输基础设施特有的经济功能和社会功能,其周围的土地价格、房产价格就会上涨,会使其附近或相关的其他行业的经济效益大增,而且很难向这些非交通运输基础设施使用者索取回报以阻止其效果外溢。正因为如此,如果忽略从社会的角度来考虑对交通运输基础设施投入的回报,就会影响投资者的投资收益,从而影响投资者的投资积极性。

从功能上讲,交通运输作为国民经济的重要基础设施之一,其主要作用是为整个社会和经济活动提供必要的运行条件,是社会、经济、文化及国防的重要支撑力量;从经济效益上讲,交通运输的直接受益者是设施使用者,而间接受益者却是整个社会,交通运输基础设施所产生的外部经济效益远大于其自身的经济效益。交通运输的上述作用和效益存在着一定程度的不可分割、不可定量、不可定价性,体现了交通运输的公益性和公共物品特性。此外,交通运输作为重要的基础设施具有一定的自然垄断性,其发展需要政府的大力扶持,不能完全依靠市场机制。交通运输是大型公共基础设施,投资巨大,建设周期长,投资回报率较低,因此,交通运输自身作为独立商业投资项目的吸引力不足,往往需借助政府或公共部门的扶持和给予一定的优惠政策才具备商

业投资的可操作性。

（二）交通运输的准公共产品和特殊商品的属性

纯公共物品同时具有非竞争性和非排他性，如国防和水利。交通运输性质的主流是公共产品，但它并不是纯公共物品。以公路为例，一方面，公路作为交通运输基础设施可以多次地被人们使用（或消费）并可以同时被一个以上使用者使用，因而具有多次消费性。另一方面，公路具有可以量化的使用价值和明确的直接受益者，这在一定程度上体现了公路的商品性。与一般公路相比，高速公路具有较强的商品属性。公路在建设和养护管理过程中消耗了物资和人力资源，使货币资本转化为生产资本，在提供人或物的"位移"这一特殊商品的生产过程中，它们的价值转化为两部分：一是公路用户由于交通条件改善而获得的直接经济效益；二是交通条件改善所产生的间接经济效益。公路所产生的直接经济效益是可以量化的，而且受益主体明确，即公路用户。

高速公路所特有的商品属性，为高速公路的筹资、建设及运营管理采用不同于普通公路的方式奠定了基础。在我国，高速公路基本上都是收费公路。收费公路是通过运用市场机制把部分公路项目由传统采用的无偿使用方式转变为收取通行费的经营方式，以吸引各方对公路建设的投资。也就是说，政府通过特许一定的期限对公路用户实行收费，无论其经营实体是政府交通主管部门还是国内外经济实体，作为基础设施类的公路只是在特定时期内拥有了一定的经营权，而公路基础设施的所有权始终没有发生变化和转移，公路作为基础设施的公益性属性也没有改变和转换。由此看来，收费公路只是公路基础设施运营方式转变的一个有效载体，是公路基础设施实现市场融资、拓宽投融资渠道的有效途径。

第二节 我国公路现状与发展规划

一、公路路基

（一）公路路基的概念

公路路基是按线形设计的位置和横断面尺寸在天然地面上用土或石填筑成路堤（填方路段）或挖成路堑（挖方路段）的带状结构物，其主要作用是承受路面传递的车荷载，是用来支撑路面的重要基础。因此，路基本身必须要具有足够的强度及足够的稳定性，还应具有不易变形等特点，并且要能够防止水分及其他自然因素对路基本身的侵蚀和损害。

水是造成路基破坏的主要自然因素之一，因此为了排除地表水和地下水，保证路基使用寿命与强度，需设计完善的公路排水系统。

（二）公路路基的分类

路基防护工程是为了加固路基边坡，确保路基稳定而修建的结构物。按其作用不同，可具体分为以下三种类型。

1. 坡面防护

路基边坡坡面防护一般有植物防护、坡面处治及护坡与护面墙等。

2. 冲刷防护

冲刷防护除上述防护外，为调节水流流速及流向，防护路基免受水流冲刷，在沿河路基还可设置顺坝、丁坝、格坝等导流结构物。

3. 支挡构造物

支挡构造物一般是指填（砌）石边坡、挡土墙、护脚及护面墙等。

二、公路路面

公路路面是一种运用各种材料及混合料，分层或多层铺筑在路基顶面以供车辆行驶的层状结构物，其直接受车辆荷载作用和自然因素影响。因此，路面必须要具有能够满足车辆在其表面可以安全、迅速、舒适行驶的强度、刚度、平整度、稳定性以及抗滑性。

三、桥涵

桥涵是工业术语，是桥梁和涵洞的统称。

桥梁是在公路跨越河流、沟谷或其他线路时，为保证公路的连续性而设置的构造物。

涵洞是指在公路工程建设中，为了使公路顺利通过水渠不妨碍交通，设于路基下的排水孔道（过水通道），通过这种结构可以让水从公路的下面流过。涵洞主要由洞身、基础、端和翼墙等组成。涵洞根据连通器的原理，常用砖、石、混凝土和钢筋混凝土、土等材料筑成。其一般孔径较小，形状有管形、箱形及拱形等。

四、隧道

交通隧道是由主体建筑物与附属建筑物两个部分所组成的结构。隧道的主体建筑物由洞身衬砌和洞门建筑两部分所组成。隧道的主体建筑物是为了保持隧道稳定，保证行车安全运行而修建的。隧道洞身衬砌的平、纵、横断面的形状由其几何设计而确定；衬砌断面的轴线形状和厚度由衬砌计算决定；洞门的构造形式由多方面因素决定，例如地形地貌、岩体稳定性、通风方式、照明状况及环境条件等。在洞门容易坍塌或在山体坡面有崩坍和落石地段，则应接长洞身（即早进洞或晚出洞），或加筑明洞洞口。

五、交通服务设施

交通服务设施指的就是在公路沿线所设置的一些与交通安全、服务环境保护以及养护管理等相关的设施，其目的便是为了保证行车安全、舒适、迅速与美观。

第三节 公路的功能、分级与技术标准

一、公路分级

（一）技术分级

公路的技术等级是表示公路通行能力、技术水平和服务水平的指标。根据公路的使用任务、功能以及适应的交通量将公路分成了以下五个等级。

1. 高速公路

高速公路是一种专门供汽车分向、分车道行驶并全部控制出入口的多车道公路，属于我国的公路网骨干线。在高速公路上一般设有中央分隔带，全部立体交叉，并且还具备了完善的交通安全设施、管理设施以及服务设施。高速公路的设计年限通常为20年。

高速公路一般采用四、六、八车道数，其中四车道高速公路应能适应各种汽车折合成小客车的年平均日交通量25000～55000辆，六车道为45000～80000辆，八车道为60000～100000辆。

2. 一级公路

一级公路是一种专门供汽车分向、分车道行驶，并可根据需要控制出入口的多车道公路，属于我国的公路网骨干线。但是当其作为集散公路时，纵横向干扰较大，因此为了保证汽车分道、分向行驶，可设慢车道供非汽车交通行驶；当其作为干线公路时，为保证运行速度、交通安全和服务水平，应根据需要采取控制出入口措施。一级公路的设计年限通常为20年。

一级公路一般采用四、六车道，四车道一级公路应能适应将各种汽车折合成小客车的年平均日交通量15000～30000辆，六车道为25000～55000辆。

3. 二级公路

二级公路是一种专门供汽车行驶的双车道公路，属于我国公路网内基本线。为了保证汽车在行驶过程中的速度及交通安全，在混合交通量大的路段，可设置慢车道供非汽车交通行驶。二级公路的设计年限通常为 15 年。

双车道二级公路应能适应将各种汽车折合成小客车的年平均日交通量 5000～15000 辆。

4. 三级公路

三级公路是一种专门供汽车行驶的双车道公路，属于我国公路网内基本线。同时，也可供拖拉机、畜力车、人力车等非汽车交通通行。其混合交通特征明显，设计速度可采用 40km/h 或 30km/h。三级公路的设计年限通常为 15 年。

双车道三级公路应能适应将各种车辆折合成小客车的年平均日交通量 2000～6000 辆。

5. 四级公路

四级公路与三级公路相似，是一种专门供汽车行驶的双车道或单车道公路，属于我国公路网的支线。同时，也可供拖拉机、畜力车、人力车等非汽车交通通行。其混合交通特征明显，设计速度采用 20km/h。四级公路的设计年限通常为 10 年。

双车道四级公路应能适应将各种车辆折合成小客车的年平均日交通量 2000 辆以下。单车道四级公路应能适应将各种车辆折合成小客车的年平均日交通量 400 辆以下。

（二）行政分级

1. 公路网

公路网的组成有国道、省道、县乡道三级体系。20 世纪末，工作实行"统一领导，分级管理"的原则，把公路分为国家干线公路（简称国道）、省干线公路（简称省道）、县公路（简称县道）、乡公路（简称乡道）和专用公路。

2. 国道

国道是指在国家干线网中，具有全国性的政治、经济、国防意义的主要干线公路，包括重要的国际公路，国防公路，连接首都与各省、自治区、直辖市首府的公路，连接各大经济中心、港站枢纽、商品生产基地和战略要地的公路。

3. 省道

省道是指在省（自治区、直辖市）公路网中，具有全省性的政治、经济、国防意义，并由省级公路主管部门负责修建、养护和管理的省级公路干线。

4. 县道

县道是指具有全县政治、经济意义，连接县城和县内主要乡（镇）、主要商品生产和集散地的公路，还有不属于国道、省道的县际公路。县道由县、市公路主管部门负责修建、养护和管理。

5. 乡道

乡道是指直接或主要为乡村经济、文化、生产、生活服务以及乡村与外部联系的公路。乡道由县统一规划，由县、乡组织修建、养护和使用。由于乡村道路主要为农业生产，一般不列入国家公路等级标准。

6. 专用公路

专用公路是指专供或主要供厂矿、林区、农场、油田、旅游区、军事基地等与外部联系的公路。专用公路由专营单位负责修建、养护和管理，也可委托当地公路部门修建、养护和管理。专用公路的技术要求应按其专门制定的技术标准或参照公路工程技术标准执行。

二、技术标准

《公路工程技术标准》（以下简称《标准》）是国务院主管部门颁布的公路建设的技术法规，反映了我国公路建设的方针政策和技术要求，是公路勘测设计、修建和养护的依据。《标准》是根据公路设计与交通设计速度对路线和各工程结构设计的要求，这些要求被列为指标，用标准规定下来。它是根据理论计算和公路设计、修建经验同时结合我国国情而确定的。因此，在公路设计、施工、养护中，必须严格遵守。

采用技术标准时要防止两种错误倾向：一是只顾降低工程造价，而一味采用低标准；另一种是只强求线形好，不顾工程造价而采用高标准。

同时也要避免两种错误观念：一种是只求合法、不求合理；另一种是只求合理、不求合法。

第四节 公路勘测设计控制要素

一、控制点的复测

平面控制点是公路施工过程中控制公路线形平面位置的重要依据，高程控制点是施工过程中控制公路路线高低的主要依据。平面控制点的任务是把设计图上的"公路线形"放样到实地，高程控制点的任务是把设计图上"公路路线的高程"放样到实地。

公路工程施工过程中，控制点对于构造物定位精度至关重要，应妥善保护。施工单位进驻工地后，采用的平面控制点、高程控制点是设计单位在勘测阶段布设的，因此施工单位首先应对这些点位认真勘察核实。一般来说，从路线勘察设计到路基正式开工，间隔时间都比较长，这期间在路线勘察设计阶段布设的导线点、交点、转点、水准点都难免损坏丢失。为了保证公路路线符合设计文件的要求，防止构造物偏位过大，施工单位在施工前必须对设计单位提交的全部控制桩点进行复测。

施工复测的主要目的是检验原有控制桩点的准确性，而不是重新测设。因此，经过复测，凡是与原来的成果或点位的差异在允许的范围内时，一律以原有的成果为准，不做改动。对经过多次复测，证明原有成果有误或点位有较大变动时，应报有关单位，经审批后才能改动。

（一）平面控制测量

平面控制测量常用的方法有全站仪导线测量和GPS测量等。

1. 全站仪导线测量

导线是由若干条直线连成的折线，每条直线称导线边，相邻两直线之间的水平角称为转折角。测定了转折角和导线边长之后，即可根据已知坐标方位角和已知坐标算出各导线点坐标。按照测区的条件和需要，导线可以布置成下列几种形式。

（1）附和导线

导线起始于一个已知控制点，终止于另一个已知控制点。控制点上可以有一条边或几条边，它是已知坐标方位角的边，也可以是没有已知坐标方位角的边。

（2）闭合导线

导线由一个已知控制点出发，然后回到这一点，形成一个闭合多边形。在闭合导线的已知控制点上必须有一条边的坐标方位角是已知的。

（3）支导线

支导线从一个已知控制点出发，既不到另一个控制点，也不回到原来的始点。由于支导线没有检核条件，故一般只用于地形测量的图根导线测量。导线测量工作分为外业和内业。

导线测量的外业工作主要包括：踏勘选点及建立标志、测边、测角等。布设导线时，应依据《公路勘测规范》（以下简称《规范》）要求，确定导线等级，并按照相应技术要求展开工作。

2. 伪距测量

伪距测量根据接收机接收到的GPS卫星发射的测距A/C码和电文内容，通过信号从发射到到达用户接收机的传播时间，计算出卫星和接收机天线间的距离。但由于GPS卫星时钟与用户接收机时钟难以保持严格的同步，存在有时钟差，所以观测的卫星与接收机天线间的距离均受到卫星钟与用户接收机钟同步差的影响，并不是真实距离，因此人们习惯上称所测距离为"伪距"。

3. 载波相位测量

人们通常会测定GPS卫星载波信号在传播路径上的相位变化值，以确定信号传播的距离。采用伪距观测量定位速度最快，而采用载波相位观测量定位精度最高。通过对 4 颗或 4 颗以上的卫星同时进行伪距或相位的测量即可推算出接收机的三维坐标。

（1）GPS 进行平面控制测量的特点

GPS 用来做平面控制测量时，一般采用静态定位模式。静态定位模式是将 GPS 接收机安置在基线端点上，观测中保持接收机固定不动，以便能通过重复观测取得足够观测数据，以提高定位精度。这种作业模式一般是采用两套或两套以上 GPS 接收设备，分别安置在一条或数条基线的端点上，同步观测 4 颗以上卫星。较之于常规方法，GPS 在布设控制网方面具有以下特点。

①测量精度高

GPS 观测的精度要明显高于一般的常规测量手段，GPS 基线向量相对精度一般在 10-5 ～ 10-9，这是普通测量方法很难达到的。

②选点灵活，不需要招标，费用低

GPS 测量，不要求测站间相互通视，不需要建造觇标，作业成本低，大大降低了布网费用。

③全天候作业

在任何时间、任何气候条件下，均可以进行 GPS 观测，大大方便了测量作业，有利于按时、高效完成控制网布设。

④观测时间短

采用 GPS 布设一般等级的控制网时，在每个测站上的观测时间一般在 1 ～ 2h，采用快速静态定位的方法，观测时间更短。

⑤观测、处理自动化

采用 GPS 布设控制网，数据观测和处理过程均是高度自动化的。

（2）GPS 静态作业的选点及布网

① GPS 网布设形式和实施方案

GPS 静态网的布设形式通常有点连式、边连式和边点混合式三种形式。

②静态外业操作流程

放置脚架，对中整平，安置好仪器；量取天线高；打开接收机电源，接收机跟踪多于 4 颗以上卫星时，卫星指示灯慢闪，打开数据记录灯，此时开始记录数据（注：一定要保证数据记录灯亮，否则没有记录数据）；认真填写外业记录表；结束测量时，先关闭数据记录灯，再关闭接收机电源。

（二）高程控制测量

高程控制测量常用方法有水准测量和三角高程测量。

1. 水准测量

用水准测量法布设高程控制网时，应根据《规范》要求确定实测等级，并按照相关技术要求进行外业及内业计算工作。

2. 三角高程测量

山区或困难地区，可以采用三角高程测量的方法建立高程控制网，根据《规范》要求确定施测等级，并按照相关技术要求进行外业及内业计算工作。在三角高程路线的各边上，一般应进行往返测量，又称对向观测（或称双向观测），即由 A 向 B 观测（称为直觇），又由 B 向 A 观测（称为反觇）。由 B 向 A 观测时可消除地球曲率和大气折光影响。

二、施工放样

（一）放样点位常用方法

放样点位的常用方法有极坐标法、全站仪坐标法、距离交会法、角度交会法、直接坐标法（如 GPS-RTK 法）等，采用经纬仪、全站仪、钢尺和 GPS 接收机进行。

1. 极坐标法

设 A、B 为已知点，P 为待放样点，其设计坐标为已知。在 A 上架经纬仪，放样一个角口，在放样出的方向上标定一个 P 点；再从 A 出发沿 AP 方向放样距离 S，即得待放样点 P 的位置。用某种标志在实地表示出 P 位置。

2. 全站仪坐标放样法

极坐标法放样，需要事先根据坐标计算放样元素，而放样元素计算时要根据仪器架设位置而定的，有时现场仪器架设位置会有变化，这就需要重新计算放样元素。而用全站仪坐标放样法，就不需要事先计算放样元素，只要提供坐标就行，而且操作十分方便。

全站仪架设在已知点 A 上，只要输入测站点 A、后视点 B 以及待放样点 P 的三点坐标，瞄准后视点定向，按下反算方位角键，则仪器会自动将测站与后视的方位角设置在该方向上，然后按下放样键，仪器自动在屏幕上用左右箭头提示，应该将仪器往左或右旋转，这样就可使仪器到达设计的方向线上，接着通过测距离，仪器自动提示棱镜前后移动，直到放样出设计距离，这样就能十分方便地完成点位放样。

3. 角度交会法（方向交会法）

在量距不方便的场合常用角度交会法放样，放样元素是两个交会角，它们可按已知点的坐标和特定点的设计坐标计算得到。现场放样时在两个已知点上架设两架经纬仪，分别放样相应的角度。两架经纬仪视线的交点即是待定点 P 的平面位置。

4. 直接坐标法（GPS-RTK 法）

在公路工程测量领域里，测量工作者已不满足于只将 GPS 用作控制测量。特别是近几年来，高精度 GPS 实时动态定位技术 RTK 发展迅速，由于它能够实时提供在任意坐标系中的三维坐标数据，因而在公路中线测量中利用 GPS-RTK 直接坐标放样已很普遍。

GPS-RTK 是一种全天候、全方位的新型测量系统，是目前实时、准确地确定待测点位置的最佳方式。它需要一台基准站接收机和一台或多台流动站接收机及用于数据传输的电台。RTK 定位技术，是将基准站的相位观测数据及坐标信息通过数据链方式及时传送给动态用户，动态用户将收到的数据连同自采集的相位观测数据进行实时差分处理，从而获得动态用户的实时三维位置。动态用户再将实时位置与设计值相比较，进而指导放样。

该方法将基准站 GPS 接收机安置在参考点上，打开接收机，除了将设置的参数读入 GPS 接收机外，输入参考点的当地施工坐标和天线高，基准站 GPS 接收机通过转换参数将参考点的当地施工坐标转化为 WGS-84 坐标，同时连续接收所有可视 GPS 卫星信号，并通过数据发射电台将其测站坐标、观测值、卫星跟踪状态及接收机工作状态发送出去。流动站接收机在跟踪 GPS 卫星信号的同时，接收来自基准站的数据，进行处理后获得流动站的三维 WGS-84 坐标，再通过与基准站相同的坐标转换参数将 WGS-84 转换为当地施工坐标，并在流动站的受控器上实时显示。接收机可将实时位置与设计值相比较，以指导放样。

GPS-RTK 定位技术具备其他测量仪器无法比拟的优点，采用一般仪器，如全站仪测量等，既要求通视，又费工费时，而且精度不均匀。RTK 测量拥有彼此不同的条件下远距离传递三维坐标的优势，并且不会产生误差累积，应用 RTK 直接坐标法能快速、高效率完成测量放样任务。

（二）全站仪无仪器高作业法放样

对一些高低起伏较大的工程放样，如大型体育馆的网架、桥梁构件、厂房及机场屋架等，用水准仪放样就比较困难，这时可用全站仪无仪器高程作业法直接放样高程。

三、横断面测量

绘制横断面图的工作量较大，为提高工效，防止错误，测绘人员应多在现场边测边绘，这样既可当场出图，省略记录，又可及时核对，发现问题，及时纠正，以保证横断面图的质量。

横断面图的比例尺一般是 1∶200 或 1∶100，横断面图通常绘制在米格纸上，图幅为 350mm×500mm，每隔 1cm 有一细线条，每隔 5cm 有一粗线条，细线间一小格为1mm。

绘图时以一条纵向粗线为中线，以纵线、横线相交点为中心位置，向左右两侧绘制。先标注中桩的桩号，再用铅笔根据水平距离和高差，将变坡点点在图纸上，然后用小三角板将这些点连接起来，这样就得到横断面的地面线。显然一幅图上可以绘制多个断面图，一般绘图顺序是从图纸左下方起，自下而上、由左向右，依次按桩号绘制。

四、地形图测绘

地形图能全面、客观地反映地面地形地物情况，因此被广泛应用于各种工程建设中。地形图的测绘方法现在主要有全站仪数字化成图、摄影测量成图、遥感成图等。这里简单介绍全站仪数字化成图方法。

（一）野外碎部点采集

一般用"解算法"进行碎部点测量采集，将所测点位三维坐标（x、y、H）及其绘图信息储存在仪器内存或电子手簿中，同时还要记录测站参数、距离、水平角和竖直角的碎部点位置，信息及编码、点号、连接点和连接线形四种信息，在采集碎部点时要及时绘制观测草图。

（二）数据传输

将仪器或电子手簿与计算机用数据通信线连接，把野外观测数据传输到计算机中，每次观测的数据要及时传输，避免数据丢失。

（三）数据处理

数据处理通常分为以下两个部分。

1. 数据转换

数据处理是对野外采集的数据进行预处理，检查可能出现的各种错误，把野外采集到的数据编码，使测量数据转化成绘图系统所需的编码格式。

2. 数据计算

数据计算是针对地貌关系的，当测量数据输入计算机后，生成平面图形，建立图形文件，绘制等高线。

（四）图形处理与成图输出

编辑、整理经数据处理后所生成的图形数据文件，对照外业草图。修改整饰新生成的地形图，补测、重测存在漏测或测错的地方，然后加注高程、注记等，进行图幅整饰，最后成图输出。

第二章　公路勘测设计

第一节　公路网规划

一、公路网概述

（一）公路网的特征

公路网是一定区域内相互联络、交织成网状分布的公路系统。它由不同道路功能和不同技术等级的公路组成，以适应该区域内以及该区域与其他区域之间的公路交通运输的需要。作为一个系统的公路网，具有以下的基本特征：

1. 关联性

公路网是由相互制约和关联的运输点、运输线构成的。它并不是简单的点线组合，而是根据地区的经济、环境及功能等相应地布局，具有科学规律性和组合高效益等要求的有机整体。公路网中无论增加新建线路还是改造既有线路，都与整体息息相关，也会由于运输需求和区域经济会随着时间的变化而变化，因此公路网规划建设过程是动态的。公路网的关联性特征，包括空间性特征与时间性特征两方面的特征。

2. 集合性

区域公路网的结构和级别应该根据运输点的规模和重要性的不同而有所不同。目前，我国的公路网按行政等级划分为三个等级：国道网、省道网和地方道路网（县、乡公路）。国道和省道网是公路网的主题骨架，是公路运输的主干，作为地方道路的枝杈，直接连接各大区域。地方道路网的建设和管理维护，可分别由全国、省（市）和县的相关交通部门执行。

3. 目的性

公路网是集目的性与功能性为一体的系统。单条公路要想发挥其优势也必须形成路网，才能给区域交通运输系统提供有利环境。公路网的主要功能一般包括：

满足各目的地之间的交通需求并起到承担运输的作用；

保障公路网内部服务体系的高效通畅；

提供优质安全的交通运输服务。

4.适应性

任何系统都需存在于一定的环境中，且环境需与其系统相适应。公路系统是区域发展的重要一部分，而公路网则是公路系统的重要子系统。公路网的发展与建设必须符合区域综合运输的条件，同时满足经济发展、国土资源利用的要求。此外，公路网的发展还应适应于公路运输自身的发展需要。

（二）公路网分级

1.根据不同公路所起到的作用和通行能力

从区域系统统筹考虑确定。可分为高速公路、一级公路、二级公路、三级公路、四级公路五个等级。

2.根据不同公路在社会、经济、政治等方面的不同作用

国道是指在国家国防、社会等方面具有重要意义的干线公路。一般包括首都与其他各经济、区域中心的连接线，重要的出入境公路和国防公路。

省道是指在省内具有重要的经济、社会意义的公路，一般是连接省内个地市和重要区域中心的干线公路。

县道是连接县城内重要乡镇和区域的公路，在全县具有一定政治、经济意义。

乡道为乡镇村服务的道路，一般为各村镇连接道路。

专用公路一般指服务于军事要地、林区、农场、旅游区、油田.厂矿等的道路。

二、区域公路网规划主要内容

（一）区域公路网规划的方法

国内目前一般采用的区域公路网规划的方法有四阶段法、总量控制及交通区位法

1.四阶段法

四阶段法的基本原理是利用交通需求的原理，从供给上解决区域公路网规划的内容。技术的主要流程为：

第一步，通过分析区域社会、经济、环境等现状情况，然后分析预测未来一段时间内区域内部的各方面发展趋势；

第二步，预测未来区域交通发展的总量；

第三步，预测交通总量在区域内部的分布情况；

第四步，把区域内部间出行的交通量分配到连接的道路上。

虽然四阶段法可以对区域内部的交通需求有明确的分析预测，但这些都是建立在大量的 OD 数据以及流量、流向调查的基础上，又分析预测过程技术性较高复杂，因此对于经济发达、路网密集的地区比较适用。

2. 交通区位法

交通区位法就是对规划的区域进行现状分析并总结分析问题，根据相应的社会与经济需求进行交通需求预测，并根据合理的总体规模按照"交通区位线法"进行区域网优化布局。其中包含了两个层次：

第一层，包括"交通区位线"优化，区域公路网络优化：首先，确定"交通区位线"即区域内外城镇，产业发达，客货流量大的区域连接线走廊，并布设公路网；其次，根据区域的交通发展战略，确定公路网布局及进行网络优化。

第二层，根据第一层次的分析，确定区域干线通道及网络，在此基础上，根据区域客流分布特点以及社会经济发展，确定各层级公路网，最终确定整体布局。

3. 总量控制法

总量控制法是利用已有的现状基础资料并结合区域内社会、经济等特点，通过交通需求以及投资建设时序等指标控制，从区域交通总需求及路网建设资金等多个总量指标，以优化布局为重点，采用优化模型确定各等级公路里程及路网规模的比重，来控制公路网建设的总体规模，并运用网络理论的"最优树"原理，综合考虑区域内各节点的政治、经济、文化、地理环境等特点，并根据其功能和作用确定路网布局。

总量控制法在区域公路网规划方面的应用包含了道路交通特征、服务水平和节点重要度等因素，通过"最大树"原理确定了路网的总体布局，而且不用进行大量的OD采集，极大的减少了规划中现场调查的工作量。

4. 几种方法的特点评价

四阶段法虽然比较精确科学，能够较准确地分配交通客货流并确定各层级路网，但由于现场调查数据内容过于庞大，操作起来周期比较长，且投入的人力财力比较多，在经济发达，路网格局稳定的区域可以采用；但是在经济欠发达以及迅猛发展的区域由于交通生成复杂且变动较大，所以很难精确的应用。

总量控制法能够最大限度的利用了现有的交通资料。不但前期投入资金少，而且可以取得良好的预测效果。另外，还可以与四阶段法结合使用，通过交通分配预测检验准确度。

三、区域公路网布局优化分析

（一）公路网布局规划的内容

公路网布局规划是公路网规划中最为重要的内容之一，公路网布局规划是指在调查分析现状公路网、区域经济的基础上，结合交通需求预测结果，根据相应目的和条件，采用适当的模型与方法，选择规划路线、连接相应的控制点，从而形成规划公路网的平面格局。

公路网布局规划主要有下述内容：

1. 公路网合理规模

通过对公路网所在区域的社会经济条件、历史路网状况和未来社会经济发展发展趋势等进行分析预测，应用数学方法，建立相应的模型来确定公路网的建设规模(包括路网等级、路网里程以及路网密度等)，从而使规划公路网能够承载未来的交通需求，以及适应所在区域社会经济发展状况。

2. 公路网节点的选择

通过区域内各节点的经济发展状况以及在区域发展中的地位和作用的分析，以及节点所在地的社会经济发展趋势、交通需求的增长情况、区域发展政策等，对公路网所在层次进行分类。

3. 网络布局

根据一定的约束条件以及所确定的规划目标，选择合适的技术路线及适用的模型进行相应的规划，将规划的控制节点组合起来，然后再根据交通需求及服务水平确定公路等级以及走向，并进行相应的评价。

（二）公路网布局规划的原则

公路网络布局受到诸多因素的影响，例如公路建设所需资金、公路网络现状规模和地形地质条件、相关政策等。为了使整体布局方案较为合理，一般采用以下原则：

在公路路网布局规划应该基于区域自然条件、交通流量分布状况，并结合该区域交通布局、原有公路网络的道路条件，因地制宜，选择合适的区域。

公路网布局应该和交通流的方向是一致的，充分发挥公路运输效率。

地形地质及路网周边的河流等自然条件会影响公路建设成本以及公路运输效率，因此路网干线应该选择自然条件较好的地区，且应可能避免与河流相交。

区域交通系统应包括铁路、公路、航运等多种运输方式，不同运输系统之间应该相互配合、相互协调。公路网布局应服从整体运输网络的布局，在区域运输任务完成的前提之下，能充分发挥各种运输方式的优点。同时，公路网和铁路网在布局中也应该尽量减少相互干扰。

区域公路网与连接全国各地区域道路网是一致的，避免断头路和设计速度的急剧变化。

公路网络布局规划应遵循自上而下、局部服从整体的原则。省级公路网络布局应该服从国家公路网络，当地的道路网络应该服从国家的需要、省道公路网络的需要。

规划的公路网络是在现有公路网络基础上进一步完善，但现有公路网络不能够也不应该摒弃，并应该充分利用现状公路网，尽可能发挥其作用。

一条道路的道路等级可以通过其交通量的大小来确定，但要保持道路技术水平相对平衡,不应该经常变化。不同等级的道路应该具有一定的长度要求,并且道路等级越高其最小的道路长度限制越长。

(三)公路网布局规划的主要形式

公路网布局具体形式包括以下几种:放射形、并列形、三角形、树形等。不同布局形式的路网的特点、性能。

由于受不同因素的限制,公路网布局不可能完全模式化、标准化以及单一化。因而,一个区域内的路网布局往往是由多种形式构成的,使得公路网四通八达,达到路网效率最优的目的。

(四)公路网布局规划的方法

公路网布局规划方法大致可归纳为以下三类:

1. 经验调查法

经验调查法是结合规划区域的实际情况,由专家团体共同商议献策,通过对区域实地情况进行调查研究和测算,然后确定公路网布局方案的一种方法。但这种方法一般仅限于短期新建以及改善规划,这种方法存在很大的不确定性,同时规划适用期相对较短,因而难以实现系统与规范化。

2. 数理解析法

数理解析法以缩短运输线路长度为目的,以提高运输效率为前提,通过应用几何及力学原理推导出来的。这种方法可用于初始网络的拟定、城乡公路网的布局规划以及局部改善等等。

3. 系统分析法

系统分析法把将需要解决的问题视为一个整体系统,然后对系统内部各要素进行全面分析,找出解决系统内各个不同问题的可行性方案。系统分析法在交通规划和公路网规划中运用普遍。

(五)公路网布局方法的优化

公路网络布局优化主要是指在原有路网的基础上,以公路网的整体优化为目标,根据区域交通现状及需求预测,结合可能的投资条件,决策新建或改建道路。主要体现为三方面:第一,以路网的整体最优为目标对现状路网进行改善和优化。第二,以全过程投资优化为目标,确定建设项目不同年限规划期安排实施顺序。第三,由于公路网的布局方案的实施是一个周期较长的过程,在此期间,由于经济的发展、产业布局的变化,都可能导致实际的运输结构和公路交通量与预测情况不符,致使公路网结构、规模及线路等级的适用性发生变化,需要根据实际情况,对公路网布局进行优化,尽最大可能满足公路运输需求。因此,区域公路网布局优化应从公路等级结构、公路网络线路两方面进行优化。

1. 公路网等级结构优化

公路网等级结构配置更科学合理，对交通需求的满足程度越高，一般来讲公路网中高等级道路所占比例越大，公路网服务能力越大，但成本投入也会随之增加。因此公路网等级结构优化在满足交通需求的同时，应以路网快速、安全、舒适、快捷和成本低为目标。公路等级结构优化应是一个以公路建设资金最省，最大满足公路网远景交通需求，公路网通行能力最大及利用率最高，公路技术等级最高为目标的多目标规划问题，综合考虑多方面因素，最大限度地寻求路网的供给能力。

2. 公路网络线路优化

道路网络线网优化是指在一定约束条件下，通过确定优化目标、建立优化模型，采用适当方法选择合适的线路将控制点连接起来，确定未来区域路网规划方案的过程。线路优化是在对区域远景交通需求预测的条件下，结合建设资金、发展规模以及等级结构等约束，确定道路网络的合理线路。

第二节　公路勘察

近年来，随着经济社会的发展，新一轮基础设施建设高潮到来，各地在公路建设等基础设施建设上投入不断加大，各种类型的公路建设不断出现，极大提升了公路的通达程度，为此，公路建设备受社会关注，是一项影响深远的民生工程。公路建设，建设周期长，前后投资大，实际影响因素也多，其中，勘察设计是影响公路施工建设及其作用体现的一个重要方面，在以往的公路建设中，对勘察设计重视程度明显不够，导致不少问题的存在，这些都影响了公路建设的长远健康发展。

在市场经济发展推动下，公路建设及交通运输行业有了很大发展，在基础设施建设不断进步的同时，公路勘察设计领域的要求也在进一步提高，科学的勘察设计有助于更好的把握公路建设当中的问题及不足，从而提前制定整改防范措施，如果勘察设计不到位，很容易为公路建设乃至后续交通运输埋下安全隐患。为此，在当前公路建设快速推进的大环境下，需要切实抓好公路勘察设计工作，深刻分析以往勘察设计当中的问题，针对性的制定各种整改策略，这样才能把勘察设计与公路建设及交通运输事业发展更为紧密的结合起来。

一、当前公路勘察设计当中存在的问题及现状分析

在以往的公路建设中，工程单位把主要精力都用到了施工建设上，对于勘察设计的重视程度明显不够，导致了勘察设计问题"短板"的出现。

（一）勘察设计专业性不够

勘察设计，是一门专业性、技术性非常强的技术，所应用的勘察技术，直接影响着勘察对象的发展及结果，为此，勘察设计必须要应用专业化的勘察技术。但是，通过调查发现，勘察设计当中，很多专业技术人员没有从整体上对公路建设项目进行把握，只是把注意力放到了地层选址及勘察公路选定的相关内容上，对于其他一些隐蔽的内容没有主动地进行勘察，对于很多情况并不是特别了解，在这样的基础上就绘制相关图表，依托于不完整的信息制定的图表来设计钻孔拟定，这样很容易导致问题的出现，并且针对性体现不够，这样的勘察设计不仅难以体现出其作用，还容易导致各种不必要的浪费，一般还需要再进行一次勘察设计，来补充相关的信息内容。例如，在公路高边坡的设计上，前前后后所涉及的图表是非常多的，如果这些图表存在问题，那么，最终由于图表不完善导致的问题就会非常大。这些情况的出现，是由于勘察设计没有与实际情况结合起来导致的，没有从实从细做好勘察设计，这也体现出了勘察设计的专业性不够，如果经常性出现这种问题，也容易降低勘察设计行业的口碑与形象。

（二）勘察技术市场比较混乱

随着公路行业的发展，勘察设计的重要性也更为深刻的体现了出来，这也为勘察设计行业的发展壮大提供了契机，各种类型的勘察设计企业相继出现，勘察市场的竞争也越发的激烈，但是，由于我国对公路勘察设计这一方面的管理并不是特别到位，导致勘察设计的技术门槛没有得到提高，很多低水平或者专业技术不到位的勘察企业也大量进入到勘察市场当中，严重降低了勘察市场的含金量，这些类型的勘察设计单位在规划以及制定等方面都存在着不少问题，直接降低了勘察设计的影响力。例如，有些勘察设计单位倾向于纸上谈兵，没有对公路建设沿线进行充分的勘察研究，对实际情况往往是一知半解，这样制定的设计方案就与实际情况实现了脱节，不仅浪费了一定的人财物力，而且还需要"返工"，这都不利于勘察设计功效的发挥。有些实力不是特别大的勘察设计单位，从自身利益出发，在勘察设计上往往选用一些成本较低的方案，实际勘察的时候应用的技术也相对落后，在勘察过程中，相关的管理工作也没有有效的落实下去，这样都严重影响了勘察设计的质量。

（三）勘察设计理念存在着某些缺陷

当前，随着科学技术的发展，公路建设中应用到的施工技术、工艺等都有了很大发展，这些都要求公路勘察设计也需要实现创新发展。勘察设计方案，一定要体现出创新来，以独到特色的方案融入到勘察设计当中。由于公路建设的复杂性，在公路建设正式开始之前，勘察设计部门会提供多个方案，为了确保公路建设的顺利进行，对于勘察设计方案的选择，一定要与公路建设的基本情况结合起来，体现出针对性与独特性。在选定了方案之后，还需要结合后续施工等对方案进行丰富与完善，同时，还要确保造价成本的控制与勘察设计质量提升结合起来，这样设计方案才能取得最终的成效。勘察设计人员，自身的专业素质也是影响勘察设计质量的一个重要方面，设计人员需要牢固树立终身学习的意识，认真学习勘察设计的相关专业知识，尤其是了解和熟悉各种最新的勘察设计技术、工艺等，充分掌握行业最新政策，以此来指导勘察设计工作的开展，调整长期以来经验所得的影响和不变思维的缺陷。这样可以让勘察设计人员的思维跟上现代公路发展的基本要求，并实现各个施工环节的有效衔接。

（四）勘察设计人员的专业素质需要进一步提高

无论是何种类型的工作，最终都要靠"人"来完成，公路勘察设计也不例外，但是，从当前调查来看，很多公路勘察设计工作都由个体人员来完成，钻机流程是勘察设计的一个重要方面，但是，实际从事这样工作的多为临时雇佣的农民工，这些人员没有经过系统的专业培训，对于勘察设计的相关质量安全要求也不了解，只是按照专业技术人员的要求死板的机械作业，无法根据公路沿线的实际情况灵活的进行勘察设计。再加上一些被雇佣人员责任心不够，不能充分认识勘察设计的重要性，这样就明显降低了勘察设计工作的质量。在勘察设计当中，对岩石风化问题的处理是一个重要内容，但是，这个环节的勘察设计需要较高的专业技术来支撑，实际的勘察设计人员并不具备这方面的能力，最终得出的勘察设计数据信息自然存在着很多的问题。

二、新形势下提升公路勘察设计水平的基本策略

在公路建设不断加快的新形势下，勘察设计的重要性也进一步凸显出来，针对以往公路勘察设计中存在的问题，需要引起足够重视，采取措施予以针对性的解决，这样才能确保勘察设计与公路建设乃至交通运输行业的发展更为紧密的结合起来。

（一）扎实做好公路勘察设计的管理工作

基于勘察设计市场的升温，政府相关部门需要逐步建立起完善的行业规章制度，并建立起专业的管理机构，对从事勘察设计的单位及人员资质进行认真审核，对于单位挂靠或者工程转包等情况予以严肃处理，从源头上提升公路勘察设计的基本质量。同时，完善勘察设计市场秩序，规范招投标管理，突出对勘察设计技术的要求，尽量消除价格战的影响，对于不符合勘察设计资格的勘察设计单位要撤销其竞标资格，塑造良好的勘察设计发展环境。对于中标的勘察设计单位，需要加大对其监督管理力度，例如，需要在相关合同中明确用于勘察设计的造价费用，明确到每一个勘察设计环节，这样可以防止勘察设计费用被挪用、截留等情况的出现。

（二）加快勘察设计专业人才队伍建设

当前，公路勘察设计行业的竞争越来越激烈，从本质上讲，都是围绕着人才的竞争，哪个勘察设计企业拥有的专业技术人才多，勘察设计经验丰富，在竞标中就能够占据优势，实际勘察设计的质量也就能够得到保障，对于勘察设计企业更好的适应市场经济等都起着重要影响，为此，一定要注重专人人才队伍建设。首先，勘察设计企业，要对现有的专业技术人员定期进行教育培训，确保他们熟悉各种最新的公路技术、工艺、勘察设计技术、设计理念等，这样可以让勘察设计人员与公路建设更为紧密的结合起来，勘察设计跟不上公路建设的问题就能够得到有效地解决。其次，认真做好思想教育，增强勘察设计人员的责任意识，引导他们充分认识勘察设计的重要性，从而认真对待勘察设计每一项工作的开展，每一个数据信息的获取，确保勘察设计的基本质量。再次，所有的勘察设计人员必须具有行业规定的从业资格，通过国家相关部门组织的专业技术考试。

（三）加快勘察设计的规范化开展

在以上分析中，由于勘察设计的专业性不够，很多勘察设计人员不清楚基本的流程，使得勘察设计数据在收集的时候缺乏针对性，容易导致"二次勘察设计"的出现，不利于勘察设计作用的体现。为此，需要组织专业技术人员对勘察设计的流程进一步明确，明晰基本的规范，对公路勘察设计的相关要求进行认真学习，严格按照行业标准要求进行。同时，还需要加大各个部门之间的沟通联系，充分了解勘察设计的目的及设计意图，与公路工程基本情况等结合起来，这样勘察设计的规范化、成效性也才能得到保障。除此之外，勘察设计单位还应当在掌握公路工程特点及沿线基本情况的基础上，制定一个完善的勘察设计规划，确保各项工作有条不紊的进行。

新形势下，我国公路建设事业不断加快，各地在公路建设上投入力度也进一步加大，公路事业的重要性多层面体现了出来。公路勘察设计是影响公路建设的一个重要方面，需要引起足够的重视，针对其存在的问题，更需要深入的研究、全面的把握，这样才能更好的发挥公路勘察设计对于公路建设的基本作用。

第三节 公路测量

任何工程建设都离不开工程测量，在公路工程领域同样如此。目前，公路工程全生命周期包括勘测、设计、施工和运营四个阶段，其中，勘测阶段至关重要，因为准确的勘测成果是优秀设计的基础，而切合实际地理情况的优秀设计又是良好施工的前提，可以保证施工速度快和施工质量达标，最后影响到公路工程的寿命长短，并有助于降低后期运营费用。

在公路工程勘测领域，摄影测量发挥了重要的作用，我国国家基本比例尺地形图的测绘离不开传统大飞机的航测。随着公路工程对地形图测绘精度要求的提高，探索采用小型无人机低空航测的方法进行高精度大比例尺地形图测绘的需求越来越多，为了满足工程需要，有必要对影响摄影测量精度的因素进行分析。

伴随着无人机技术的发展，低空摄影测量在工程勘测领域发挥着越来越重要的作用。与此同时，对影像的质量有了越来越高的要求，然而提高影像质量不仅与感光材料的研制，精密仪器的制作有关，还与摄影时的自然条件有很大关系。摄影测量精度除了操作者本身的技术水平外，还受到摄影测量所处的外界自然环境条件和电磁环境的影响，其中自然环境因素中影响程度比较大的有以下几个因素：太阳高度角、光照度、能见度、风速和雨雪天气等，电磁环境中影响程度比较大的有以下几个因素：指南针、地面无线电和卫星信号等。

一、自然环境的影响

（一）太阳高度角

摄影是指使用某种专门设备利用可见光进行影像记录的过程，一般我们使用机械照相机或者数码照相机进行摄影。因此，在摄影过程中，光线对摄影至关重要。

太阳高度角是影响某处太阳光线强度的决定性因素，对于地球上的某个地点，太阳高度角是指太阳光的入射方向和地平面之间的夹角，专业上讲太阳高度角是指某地太阳光线与通过该地与地心相连的地表切面的夹角。太阳高度角简称高度角。当太阳高度角为90°时，此时太阳辐射强度最大；当太阳斜射地面时，太阳辐射强度就小。

对航摄时太阳高度角的选择，是通过对可以反映地面景物亮度反差的地面总照度和散射照度进行测量。通过实践形成对太阳高度角选择的经验："对于平坦地区，为了保持一定的地面景物反差，适合航空摄影的最理想的太阳高度角不应小于20°；对于丘陵地区和一般城镇地区，太阳高度角应大于30°；而在山区和大、中城市航摄时，为了避免地物阴影的影响，太阳高度角应大于45°；对于沙漠地区，为了突出沙漠地区的轮廓和走向，航摄时，太阳高度角应小于30°。"，当各个影响因素满足要求时，才可进行航摄。

航摄时既要保证足够的光照度，又要避免过大的阴影。由于正午时太阳高度角最大，航摄时应避免选择正午进行作业。

（二）光照度

摄影是光与影的艺术，起源于光学中的小孔成像。在衡量拍摄环境时，光照度是一个重要指标。光照度是一种物理术语，指单位面积上所接受可见光的光通量，简称照度，单位勒克斯（Lux）。光照度的大小可以通过手持照度计测量。在摄影时，如果外界光照度过低，容易曝光不足，所得影像偏暗；如果外界光照度过高，容易曝光过度，所得影像偏暗。尽管数码相机可以通过调节光圈及快门速度来创造理想的曝光环境，但仅仅是小范围内有效。当外界光照度严重偏离适宜的光照度范围时，所得影像不能正确反映公路工程实际的地形地貌。因此，为了得到真实的地形地貌影像，需要研究不同地形地貌对应的最佳光照度范围。当外界光强度适宜时，通过调节进光量，容易正确曝光，所得影像亮度与被摄物体实际亮度一致。

光照度在地球表面有空间和时间的变化规律，空间变化包括纬度、海拔高度、地形、坡向；时间变化有四季变化和昼夜变化。具体变化如下所示：

纬度变化：光照度在赤道最大；随着纬度的增加，太阳高度变低，光照度相应减弱。

海拔变化：光照度随着海拔高度的升高而增强，因为海拔高度越高，空气密度越稀薄。

坡向和坡度变化：在北半球温带地区太阳的位置偏南，因此，南坡所接受的光照要比平地多；反之，北坡就比较少。

时间变化：在一年中以夏天光照最强，冬季最弱；就一天而言，正午光照最强，早晚最小。

对自然光来说，由于发光源距离拍摄位置非常远，因此在低空领域，导致航拍相机处于何种高度对拍摄点的光照度影响不大，但是由于光线具有方向性，同一位置不同方向的光照度差别很大。因此，对于低空无人机航拍来说，测得对应的无人机航拍角度相反方向的光照度范围至关重要。

（三）大气能见度

大气能见度，是反映大气透明度的一个指标，包括水平能见度和垂直能见度。航空界定义为具有正常视力的人在当时的天气条件下还能够看清楚目标轮廓的最大水平能见距离。能见度和当时的天气情况密切相关，当出现降雨、雾、霾、沙尘暴等天气过程时，大气透明度较低，因此能见度较差。

水平能见度和垂直能见度密切相关，一般来说，水平能见度良好时，垂直能见度也较好。判断测区内能见度情况有多种方法，一方面可以查看天气预报中天气详情中的能见度预测值，作为参考；另一方面可以利用无人机现场实测，在航测无人机执行任务前，可先进行试飞，利用飞行控制器控制无人机在视距内飞行，先上升到预定航测飞行高度，利用云台上搭载的相机垂直地面，通过图传画面判断垂直能见度；然后飞行到远处，并将云台相机镜头转向飞行控制器方向，根据飞行控制器携带的显示器查看无人机与飞行控制器之间的水平距离，根据无线图传画面所展示的画面情况判断水平能见度。确定好测区内的大气能见度后，以此为依据制定航测计划。

摄影测量时，经常用到低空无人机进行拍摄，因此被摄对象所处自然环境的能见度起着重要的作用。当大气环境能见度较高时，无人机可以安全飞行，并且获得与真实地形地貌匹配的真彩色影像；当大气环境能见度较低时，无法进行低空无人机拍摄，至少影响其安全飞行，容易导致摄影任务失败。

由于航测任务的时效性，有时需要在大气能见度较差的环境下执行。为了尽量减小大气环境能见度对低空无人机航拍的影响，保证航测任务的快速完成，可以研究满足航测要求的最小大气环境能见度范围，参照高速公路上能见度不足时对车辆行驶速度和相邻车辆间距的限制，可以对应地提出针对低空无人机航拍的相关控制条件。

（四）风速

与传统大飞机航测相比，无人机航测具有成本低，机动灵活等特点，然而因为无人机体积和质量小，因此在空中飞行时易受到飞行环境的影响。在影响无人机飞行的外界环境中，风速因素对其影响很大。

风力是指风吹到物体上所表现出的力量的大小。无人机在空中飞行或悬停时，需要不断地消耗动力来保持其运动状态稳定。在空中，即使非常微弱的风，也会使无人机消耗更多的能量，从而减少无人机执行航测任务的续航时间。其中，侧面吹来的风会使无人机偏离原来的航向，新的航向将变为由风速与无人机原飞行速度矢量合成后所得飞行方向。由于无人机航测是按照规划的航线飞行，如果在风力影响下偏离预定航线，可能导致出现航摄漏洞，即所拍摄影像漏掉测区内某一部分，这对于航测任务的完整性非常不利。因为在后期数据处理中，才会发现航摄漏洞，重新补测航摄漏洞比较麻烦，代价也比较高。

而且，风力会影响无人机的飞行姿态，导致无人机航测时云台相机失稳，拍摄的影像有漂移，造成影像模糊。如果风向与无人机航向相反，那么无人机飞行速度将变为原飞行速度减去逆风速度。此外，不同种类、大小的航测无人机对风力的承受能力不同，基本上与航测无人机质量与体积成正比，每种型号的航测无人机出厂时都会给出最大可承受风速。在最大可承受风速范围内，航测无人机可以正常执行航测任务，但是却会消耗更多的能量。由于无人机续航能力有限，要想在一次飞行中完成飞行任务，就要尽量选择风速小甚至无风环境进行无人机航测。在执行航测任务前，航测人员应该查看航测区域内的风力等级，并现场用数字风速仪实测航测区域内的风速大小，根据风速情况制定适宜的航测计划。

（五）雨雪

众所周知，由于工艺原因，目前还不能保证无人机完全的密封防水。无人机内置精密的电子元件，一旦有水侵入，会对电子元件造成非常严重的危害，还会使电动机发生短路，严重时甚至导致无人机坠毁。另外，雨天会妨碍无人机所携带的照相机拍摄，在镜头表面形成一层薄薄的水膜，导致拍摄照片模糊，不能准确反映地形地貌的真实状态，而且雨滴还可能浸入照相机镜头，从而导致照相机受损进而降低其性能。因此，在进行无人机航测前要提前获得航测区域的天气预报，确保在无雨天气执行航测任务。当天气突然变化，有降雨可能或已经开始降雨，应尽快使用控制装置采取措施，尽快使航测无人机安全返航，待气象条件允许时再进行复飞。

雪粒是一种细小的白色不透明颗粒，无人机在空中航测时，雪粒会覆盖在无人机机身上，增加其载重负荷，还会结成冰包裹在机身，降低机体温度，导致无人机高能量锂电池电量迅速下降，缩短无人机续航时间。雪粒在空中形成帘幕效应，影响无人机的视觉感知，降落时不能准确估计自身方位。大量雪粒降落在地表会覆盖原地表形态，然而摄影测量所要获取的是具有粗糙纹理的真实地表影像。因此，当地面覆盖有厚厚的雪层时，无法获取有用的影像，从而影响基于摄影测量所得影像进行后续的三维建模。

总的来说，在进行低空无人机航测时，应注意航测区域的风速及雨雪天气状况，尽量选择在无风或微风且没有雨雪的天气状况。航测人员在执行航测任务前，应尽可能收集测区内的气象信息，并根据实际情况选择航测时间，确保在良好的气象条件下进行航测。

二、电磁环境的影响

普通航拍，可以在视距范围内通过遥控器人工操作。与普通航拍不同，无人机航测的目的是获得测区内比例尺相同的重叠影像。在无人机低空航测时，一般是按照规划的航线在特定区域，利用携带的云台相机，以一定的角度拍摄地面影像。为了保证无人机正确按照预先规划的航线执行航测任务，需要无人机了解机体的位置和航线的位置。谈到位置，就需要了解世界地理坐标系和机体本身坐标系。利用世界地理坐标系定位航线位置，利用机体本身坐标系实现无人机姿态变化。

（一）指南针

导航技术帮助无人机实现精确定位与飞行。目前，航测无人机导航技术主要包括卫星定位导航和惯性导航。卫星定位导航技术，使无人机确定其在世界地理坐标系中的位置和速度。普通航模，由于没有卫星定位导航，只能人工操作其基于机体坐标系向前、后、左、右方向飞行。于是，在飞行控制器里，必须进行坐标转换，把"地理坐标系"转换到"机体坐标系"。指南针就是两个坐标系之间的桥梁，作用就是把定义航线的地理坐标系信息转换成无人机能识别的机体坐标系信息，并时刻校正无人机的飞行方向，否则无人机容易偏离航向。

指南针确定地理方位时会受到磁场干扰，而各地的磁场干扰量不同，因此无人机在不同测区执行航测前必须进行指南针校准来消除磁场干扰。例如，无人机 A 在甲地校准了指南针，获得了甲地的指南针干扰量的估计，并保存在飞机芯片里；当 A 在乙地飞行时，经量测得知乙地的指南针干扰量和甲地的相差很多。如果没有校准指南针，无人机总是会减去上一次在甲地校准时估计出来的指南针干扰量，显然，由于无人机减去一个不正确的指南针干扰量而使得其测量的方向与实际地理方位有偏差。在测区内，如果各地的磁场干扰量大致相同，那么无人机依旧可以识别正确的地理方向。在测区内，当某处的磁场干扰量突然增大时，无人机就会严重偏离航向，轻则导致航测任务失败，严重时会出现炸机危险。

为了避免磁场干扰量异常，无人机航测前要了解测区内强磁场环境情况，避免无人机航测时接近电视塔、高压线、通信基站以及金属矿区等区域，实在无法避免时，间距要保持 20 米以上。此外，每次航测前，应实地校正指南针，提前解决因测区变化导致磁场干扰量差异对指南针正确指示地理方位的影响。

（二）地面无线电

正常情况下，无人机与飞行控制器通过 2.4GHz 频段无线连接，并可从飞行控制器的显示屏上看到图传信息。目前，大多数设备无线通讯采用 2.4GHz 频段，当无人机航测时，当附近 2.4 GHz 频段信道比较拥挤时，会导致无人机与飞行控制器无线连接中断，从而失去图传信号，亦无法用飞行控制器控制无人机。如果出现突发状况，将会导致无人机撞上障碍物，导致航测任务失败。目前，无线网络大多采用 2.4GHz 无线波段，在无线网络全覆盖的大型公共场所会有影响。因此，进行航线规划时，要考虑避开测区内 2.4GHz 无线波段密集区域或选择使用信道较为通畅的 5.8GHz 无线波段。

（三）卫星信号

无人机靠 GPS 卫星定位，并配合各种传感器从而实现按航线飞行，卫星信号的强弱决定无人机定位精度的大小。当飞行区域空旷时，由于没有障碍遮挡反射卫星信号，无人机获得的卫星信号较强，定位精确度高；当飞行区域内有高楼及通信基站时，会反射卫星信号，削减信号强度，导致卫星信号变差，从而导致无人机定位出现偏差，偏离规定的航线，导致航测时所获得影像重叠度及比例尺变化，影响后期数据处理。

三、无人机低空摄影测量

在公路工程领域，利用无人机低空摄影测量进行小区域大比例尺地形建模发挥着越来越重要的作用。

（一）航测无人机选择

为了研究常规消费级无人机是否可以进行公路工程地形建模，本文所选择的消费级无人机 DJI Inspire 1 和 DJI Phantom4Pro。其中，DJI Inspire 1 是一种垂直起飞和降落的小型无人机，可承载高达 465 g 的负载。它配备了若干个导航设备，并通过 GPS 航点编程和测绘航拍区域模式进行航线遥控。来自导航设备的信号通过无线电传输到基站，并保存在机载 Micro SD 卡上，包括可用于外部定位处理的基站的惯性数据，一个稳定的三轴云台且支持一个 1200 万像素的 FC350 数码相机，相机的方向和航拍动作也可以远程控制和编程。

DJI Phantom4Pro 是一种垂直起飞和降落的小型无人机，具有五向避障功能，分别是机身前方、后方、左方、右方和下方，在飞行过程中遇到障碍物可以智能识别，并依据视觉传感器自动选择路线绕开障碍物，然后恢复原飞行状态。它同样配备了若干个导航设备，并通过 GPS 航点编程和测绘航拍区域模式进行航线遥控。来自导航设备的信号通过无线电传输到基站，并保存在机载 Micro SD 卡上，包括可用于外部定位处理的摄站的惯性数据，一个稳定的三轴云台且支持一个 2000 万像素的 FC6310 数码相机，支持机械快门，即使在高速飞行状态下也可获得无变形的影像，相机的方向和航拍动作也可以远程控制和编程。

无人机航测不同于普通航拍，普通航拍是操作者在遥控器的辅助下，在视距范围内，操控无人机在几百米范围内航拍照片，航拍高度通常只有五十米以内，主要目的是娱乐性质，对航拍照片没有特定要求。在这个范围内，只需对周围环境做初步的了解，确保飞行区域远离障碍物即可。无人机航测区域一般较大，多是超视距飞行，航拍高度比较高，可达几百米，因此，需要事先做好周密细致的准备，制定详细的航测计划。一般的，无人机低空摄影测量流程可分为搜集资料、现场踏勘、航拍飞行和数据检查四个阶段。

（二）收集资料

1. 地形资料

当要对某测区进行航测时，要提前了解该测区的地形地貌，收集现有的小比例尺地形图，从原有的小比例尺地形图中了解测区最大高程点和最小高程点，并确定高程基准面。此外，还可以依靠谷歌地球提供的卫星地图，利用坐标定位功能，将界定测区的地理经纬度坐标的边界点输入，然后利用多边形选择功能将各个坐标定位点连接，绘出测区的多边形区域。

然后，切换到三维视图模式，首先查看包围测区的多边形区域，从地形起伏可以判定测区属于平原微丘区或者山岭重丘区。显然，该测区属于平原微丘区，有待结合测区高程分布情况确定属于平原区还是微丘区。

初步判断出测区地形地貌后，将多边形区域对应的谷歌地球影像和高程数据导出，之后将导出的高程数字模型导入图形处理软件中，在该软件中参照界面左侧的高程图例范围读出测区内高程的最大值和最小值，结合图中的真彩色显示地图，估计测区内高程分布。

当航测区域面积比较大时，一般采用分块航测，并选用多条主航线的方式。因此，可以将测区分块，获得各子区块内预估航线所在方位地面投影的高程分布情况，有助于合理选择航摄高度。所以，利用工具栏中的剖面图/视线功能得到预估航线路径的纵断面剖面图，从图中可以明显地得到从航线起点到航线终点之间任何位置的地面高程，基于此在后期航线规划时可以更加精确地设置航摄高度。

2.气象资料

在获得测区内地形资料后，应该了解测区内光照度、大气能见度、风速和雨雪等情况，根据前述影响因素分析，判断航测执行的具体时间。

（三）现场踏勘

现场踏勘是指航测人员在航测准备阶段到达测区，检验搜集资料是否切合实际情况，并进行修改和完善。在上述内容中，依据的现有小比例尺地形图可能已经不符合测区内的现状，当地的卫星地图也可能没有得到及时的更新，对测区内的真实情况不能很好的描述，因此，现场踏勘是无人机低空摄影测量过程中一个重要环节，绝对不能忽略。在测区内，选择特征点明显位置，可用手机自带GPS定位软件采集其坐标，并与收集的地形资料对应点进行对比，分析已有地形资料准确性。如果采集坐标与已有地形资料差异较大，比如平面位置相差20m，高程相差30m，应该确认已有地形资料精度较低。在制定航测计划时，应该考虑已有地形资料的高差。

提出电磁环境干扰无人机导航和无线连接的问题，在实地踏勘中，要对影响无人机正常航测的电磁环境进行仔细的调查，并详细记录，以备制定航测计划时进行修正。

现场踏勘后，应该结合前期搜集地形资料确定航测起飞点和降落点，为了避免飞行过程中，无线电信号受到障碍物遮挡，可选择测区内海拔较高处作为航测起飞点，要求现场比较平坦，无电线，高层建筑等。

（四）空域申请

低空摄影测量过程中，无人机需要在特定空域内沿规划航线拍摄影像。因此，为了航测安全，避免危及测区特定空域内的其他飞行任务，应该向空域管理部门申请，只有获得飞行许可，才可在测区内进行航测。

空域申请时，应提交相关资料，一般包括：飞行内容、预计飞行周期、飞行单位、飞行器型号、飞行高度、任务类型、飞行人员、联系方式和飞行范围等。

（五）航拍飞行

航拍飞行是整个低空摄影测量的核心部分，需要进行周密的计划，通过判断天气条件选择合适的航测时间，然后进行航测准备，最后操控无人机起飞航测，并通过地面站对飞行全过程进行监测。

1. 判断天气条件

气象条件的好坏是低空航测成功的前提，进行航测前，应提前通过当地天气预报，掌握当日天气情况，并观察光照和空气能见度，初步判断气象条件是否达标。到达现场后，应当先采用手持数字风速仪测定风速，本文所用 DJI Phantom 4 Pro 无人机可抗5级风速，最大抗风能力为 10m/s，根据现场风速判定风速对无人机航测的影响程度。之后，采用手持数字照度计测量测区内光照度，当光照度范围为 6000~30000Lux 范围时，满足航测光照度要求；当现场光照度大于 30000Lux 时，应给云台相机镜头安装减光镜，减少镜头进光量，避免过度曝光。对于 DJI Phantom4Pro 无人机，当温度低于 15℃时将会造成续航能力下降，所以应测量现场温度，来评判无人机受低温环境对续航能力的影响。记录当天风速、光照度和现场温度等信息，留备日后数据参考和分析总结。

2. 航测准备阶段

为了避免无人机航测时发生故障，应检查无人机各部件是否连接紧密，各部位有无明显损坏，如有损坏，应进行排查。安装螺旋桨后查看是否安装牢固，桨叶是否完好，严禁安装有破损的桨叶。安装检查后，可以在低空进行小范围试飞，确定无人机状态良好。

到新测区航测时，不论上次测区与新测区距离远近与否，都应该对无人机进行指南针校准。对飞机姿态、角度进行调整，以确保飞机准确通讯。无人机机体内都配备有电子罗盘，磁校准等设备来确保飞机在飞行过程中的自我姿态控制，由于各地地磁情况不一，DJI Phantom 4Pro 自带校准系统用来应对各地不同地磁情况对无人机的干扰以及安全隐患。校准时，校准人员身上不应有金属物干扰，否则会影响指南针校准精度。

将飞行模式调至手动遥控飞行状态，测试机身转向和云台相机倾角是否能按指令操作。手动遥控模式主要用于无人机起飞和降落时遇特殊情况时的应急处理。

3. 无人机起飞航测

飞行路线是参照从应用程序 Google Earth，导出的飞行区的正射影像和数字高程模型设计的。计划航线需要三个不同的参数：飞行区域，摄像机规格和无人机任务。飞行区域信息由测区边界点坐标确定，主航线相对测区的方向角度以及图像中所需的影像重叠率。相机规格是焦距、传感器尺寸。无人机任务指的是无人机一旦到达图像获取的每个航点就必须执行的动作,并包括每个航点的照片数量。一旦将这些信息和飞行姿态都输入到航线规划模块中,它就会自动生成飞行路线并根据计划的图像总数估计飞行持续时间。

各项准备工作完毕后,在 DJI Ground Station Pro 中通过无线电将将航测任务上传到无人机。经过这些步骤后,无人机操控人员手动启动带有无线电控制发射器的无人机,然后将飞行任务上传到无人机,并激活自动飞行路线,使无人机前往第一个航点,然后飞行航线,直到整个研究区域被完全覆盖。无人机操控人员应持飞行控制器待命,观察现场航拍状况,根据需要随时手动调整飞机姿态及飞行高度。当航测无人机完成本次飞行任务,并拍摄完所有图像后,无人机操控人员可选择手动或自动着陆无人机,地面站操作员准备下一条路线。

4. 飞行监测

在飞行过程中,DJI Ground Station Pro 界面显示无人机遥测数据。该程序给出了以下信息:1)无人机的操作时间,2)当前飞行时间,3)无人机在航线中的实时位置,4)无人机接收到的遥控信号的质量,5)卫星导航信号质量,6)电池电量状态,7)飞行速度,8)飞行高度等。在无人机航测过程中,应该时刻关注航测情况。

(六)数据检查

1. 影像数量

无人机航测获得的数据就是测区内的影像数据,当飞行任务完成,无人机降落后。应该把获得的影像数据导入电脑磁盘中,并对比飞行任务中所显示的影像数据数量是否一致。如果有大面积影像缺失,应该检查整个航测流程,找出问题并制定解决办法。针对,小区域航摄漏洞,可以马上规划航线补测,从而保证航测数据的外界影响因素保持一致,有利于后期数据处理。

2. 影像质量

首先通过影像查看软件,采用人工浏览的方式,检查航测影像是否正确对焦,曝光是否合适,是否有明显模糊及变形问题,初步鉴定此次航测所得影像质量是否合格。将不合格影像进行分类,统计出现不合格影像的原因,并提出解决办法。

第四节　公路设计

一、总体设计

总体设计是指在公路设计前对公路的走向布局、路线方案、公路等级、设计标准、技术指标、工程方案、景观及环保等方面进行的总体安排和设计的工作，总体设计是公路具体设计的依据和基础。总体设计的目的是实现公路与自然因素、公路与环境、公路自身各工程间的协调，以保证公路总体布局和设计的经济合理，提高工程项目设计质量和设计水平。

（一）总体设计

1. 总体设计的主要内容

（1）路线方案

公路路线方案是公路路线控制点的连线，是根据指定的公路路线方向（路线起讫点和中间主要控制点）和公路网规划、公路使用功能和等级，结合其他运输体系的布局，考虑社会、经济因素和复杂的自然条件等确定的。公路路线方案是否合理将直接关系到公路本身的工程投资、运输效率和使用质量，影响到公路路线在公路网中的作用。因此合理的公路路线方案研究是关键。

路线控制点是指公路网规定的通过地点、选线过程中对路线走向起控制作用的点。路线起讫点和指定必须连接的城镇以及指定的特大桥、特长隧道位置，为路线基本走向的控制点；大桥、隧道、互通立交、铁路交叉等的位置，原则上应服从公路路线基本走向，一般作为路线走向控制点；一般构造物及中小桥涵的位置应服从路线走向。

起讫点应根据公路网规划和城市规划方案综合考虑选定。重要城市、港站等是公路交通量的集中生成源。高速公路和一级公路起讫点位置宜靠近城市出入口或接于城市外环线上。起讫点除必须符合路网规划要求外，还应对高速公路和一级公路起讫点前后的线形、接线方案进行具体设计。

（2）技术标准、工程规模及工程方案的确定

①设计车辆

设计车辆是指道路设计所采用具有代表性的车辆，其外廓尺寸、载质量和动力性能对道路几何设计具有决定作用，比如确定路幅组成、车道宽度、平曲线加宽等都与设计车辆有密切关系。因此选择有代表性的车辆作为道路设计的依据是必要的。公路设计所采用的设计车辆外廓尺寸规定《公路工程技术标准》。

②设计速度与运行速度

设计速度是确定公路设计指标并使其相互协调的设计基准速度。根据公路的功能（干线公路、集散公路）、设计交通量、拟定公路的等级，并结合沿线地形、地质等状况，经论证确定。

运行速度是路面平整、潮湿、自由流状态下，行驶速度累计分布曲线上对应于85%分位值的速度。

③车道数的确定和标准横断面宽度

高速公路所需车道数和标准横断面宽度主要根据拟建公路的设计交通量、服务水平、设计通行能力，综合考虑公路使用功能、车辆组成、投资金额及工程复杂程度等因素确定。

④合理确定设计路段

高速公路或一级公路可能通过不同的地形分区，应根据地形特征，合理地确定地形类别、设计速度。设计速度不同路段要处理好衔接前后过渡段的线形设计，不出现突变。

⑤考虑沿线城镇的路线布设方式

高速公路和一级公路为起讫点间直达快速交通运输服务的公路，因而决定了它与沿线城镇的关系。常为区域公路网中的重要结点，为吸引沿线交通量和促进地区经济发展，路线不宜离开城镇太远，应结合城镇发展规划，确定其连接方式（穿越、绕行或以支线连接）和地点，一般以距城镇规划区 2~5km 为宜。

⑥重大工程地质病害处理方案

调查沿线重大工程地质病害的范围、分布和严重程度，论证并确定公路绕避或工程地质整治方案。

⑦高速公路分期修建问题

对分期修建高速公路，不提倡采用半幅分期修建。对因建设资金限制和沿线区域交通发展不平衡而确需分期的公路，应根据近、远期交通量，社会经济，自然条件以及建设资金等情况，应按远期规划的技术标准做出总体设计，制定分期修建方案并做出相应的设计。

（3）线形设计

公路线形是由公路平、纵、横构成的三维空间形状。公路的基本形状是在公路选线阶段确定的，公路选线时已开始公路线形设计的工作。线形设计应考虑车辆行驶的安全舒适，驾驶员的视觉和心理反应，引导驾驶员的视线，保持线形的连续性，同时注意与当地环境和景观协调一致。公路是一个线形带状构造物，反映在驾驶员眼前的是立体形状。研究或评价线形的优劣时，应以平面、纵断面组合的立体线形为主要对象。公路线形的好坏.可从经济性、快速性、安全性和舒适性四个方面来评判。

（4）立体交叉位置及其形式选择

高速公路和一级公路，其起讫点间可能会有数条被交路（包括与沿线重要城镇的连接支线），应根据被交路的等级、使用任务和性质、交通条件、社会条件、自然条件等决定交叉类型和位置。立交位置选择主要考虑高速及一级公路所经过城镇的规模、重要程度及两立交的间距。而立交形式选择取决于相交路线的等级、交通条件及自然条件等因素。

（5）交通工程沿线设施

根据公路的使用功能、等级、交通量，确定拟建公路的安全设施、管理设施、服务设施以及监控、通信、照明等的合理布局和建设规模，并检查与公路主体工程设计和环境的适应情况。收费公路应在论证收费制式的基础上，确定收费方式和收费站的布设位置。

（6）公路环境保护设计

公路环境保护设计应贯彻保护优先、预防为主、防治结合、综合治理的原则，并结合工程设计开发利用环境、尽可能地改善和提高公路环境质量。

总体设计中应充分考虑公路对环境所带来的不利影响。如车辆噪声的影响、公路建设对沿线农田水利设施与水土保持的影响、开挖或填筑路基对自然植被的影响，处理工程地质病害、开挖隧道等改变水文情况对农作物的影响，路线对生态环境、行政区划、农业耕作区、水利排灌系统等现有设施造成分隔产生的影响，对城镇规划的影响，对文物、遗址、古迹、风景区及路域景观的影响等．设计时应采取相应的措施及对策，以防止或减缓公路对环境的影响。

（7）公路景观设计

安全和舒适是路线设计阶段要达到的重要目标。驾驶员或乘客的舒适感和安全感是通过视觉和运动感觉得到外界信息．在身体上和心理上的综合反应。这些信息来自两个方面：一是公路内部的线形协调，二是公路与周围环境的外部协调。前者表现为线形设计，后者则属于景观设计的范围。公路景观设计是使公路立体线形与桥梁、隧道、边坡、沿线设施等人工构造物构成同自然景观相协调的建筑群体。其具体要求如下。

通视良好，要求路线平、纵、横构成三维空间充裕，以保证必要的视距与视野，使驾驶员与乘客感到线形流畅，景观协调，行车安全舒适。

诱导视线，各种设施所构成的视觉系统，应使驾驶员在视觉上能预知公路前方方向和路况的变化，并能有效地采取安全行驶的措施。

景观协调，公路的各种构造物本身不仅造型美观．而且要同自然景观融为一体，尽可能减少和消除公路对自然景观的破坏。高速公路经过历史文化古迹时要注意保护和利用古迹创造景点。

环境保护，公路植被可减缓公路兴建对沿线地区自然的破坏，通过适当规划公路植被绿化，可使公路融入当地自然环境。

1. 总体设计的文件组成

以施工图设计阶段为例，介绍总体设计的文件组成。具体内容见《公路工程基本建设项目设计文件编制办法》。

（1）项目地理位置图

示出路线在省级以上交通网络图中的关系及沿线主要城镇等的概略位置。

(2)说明书

说明书组成内容包括：①扼要说明任务依据及测设经过；②技术标准；③路线起讫点、中间控制点、全长、沿线主要城镇、河流、公路及铁路等及技术标准、工程概况；④初步设计批复意见执行情况；⑤沿线地形、地质、地震、气候、水文等自然地理特征及其与公路建设的关系；⑥沿线筑路材料、水、电等建设条件及与公路建设的关系；⑦与周围环境和自然景观相协调情况；⑧山区公路复杂路段局部路线方案的优化及比选论证情况；⑨分期修建工程分期实施设计的说明和对工程实施的建议；⑩各项工程施工的总体实施步骤的建议及有关工序衔接等技术问题的说明以及有关注意事项；⑪新技术、新材料、新设备、新工艺的采用等情况；⑫与有关部门协商情况。

(3)图表及附件

路线平、纵面缩图、主要技术经济指标表、公路平面总体设计图。

附件包括初步设计（或技术设计）批复意见、测设合同的必要内容、有关指示、协议和纪要等复印件。

（二）交通量与服务水平

1. 交通量表达方式

（1）设计交通量

交通量是指单位时间内通过道路某一断面的车辆数，其计量单位常用平均日交通量或小时交通量。设计交通量是指拟建道路达到预测年限时所能达到的年平均日交通量。

（2）设计小时交通量

小时交通量是以小时为计算时段的交通量，是确定车道数、车道宽度和评价服务水平的依据。公路设计小时交通量宜采用年第 30 个小时交通量，也可根据当地公路小时交通量的变化特征，采用年第 20~40 位小时之间最为经济合理时位的交通量。

（3）车辆折算系数

公路交通量换算采用小客车为标准车型。确定公路等级的各汽车代表车型和车辆折算系数规定《公路工程技术标准》。

2. 交通量调查与预测

交通调查的内容应该根据规划的对象及目标来确定。对于道路网络交通规划来说，需要先把研究区划分为交通小区，以小区为单位进行交通规划调查。因此调查内容应包括两部分，一是与交通相关的基础数据调查，包括社会经济及自然条件、土地利用、交通系统状况等方面；二是起讫点调查。调查的资料加以整理分析后，将作为公路设计标准的依据。

交通流量预测是预测技术在交通领域的运用，是对规划期内的公路运输发展作出科学估计，通过过去和现在交通运输网的组成和特性进行分析，进而推知未来区域公路运输网上交通流量构成和分布特征。

公路建设项目预测交通量一般由趋势交通量、诱增交通量和其他运输方式转移交通量组成。

趋势交通量是在区域交通需求正常条件下预测的建设项目交通量。诱增交通量是建设项目实施后，诱发了区域交通需求增长，据此预测的建设项目交通量。转移交通量是由于建设项目的实施，引起区域交通条件的变化，而使其他运输方式与公路建设项目间相互转移的交通量。在进行建设项目交通量预测时，趋势交通量、诱增交通量、转移交通量宜分别预测。

公路建设项目交通量的预测，一般采用以汽车出行起讫点矩阵为基础的"四阶段预测法"。交通调查中习惯用"四阶段预测法"预测交通需求，即①预测未来经济社会发展趋势；②预测小区交通总需求，即交通发生、吸引总量预测；③预测小区发生、吸引总量在区域间的分布；④把小区间的交通量分配到公路网的具体路线上，预测建设项目的交通量。

交通预测的方法很多，社会经济发展预测方法常用专家法和回归分析法。交通发生吸引预测常用方法有增长率法、相关分析法和强度指标法。交通分布预测常用现在状态法和综合模式法。交通分配方法包括全有全无法、考虑容量限制的最短路径迭代分配法、多路径概率分配法。

（三）路线方案比选

1. 路线方案的拟定与比选

（1）路线方案的拟定

公路路线方案选择是路线设计中最根本的问题，目的是合理地解决设计道路的起伏、讫点和走向。一般新建公路的走向，已在国家或当地路网规划中有了初步规划。

公路路线的起、讫点及中间必须经过的重要城镇或地点，通常是由公路网规划所规定或主管部门根据国家或地方经济建设需要制定的。这些点即为控制点，把控制点连接成线，就是路线的总方向或称大走向。两个控制点之间常有若干可供选择的不同走法，有的可能沿某河、越某岭，也可能沿某几条河、翻某几个岭；可能走某河的这一岸，靠近某城镇；也可能走对岸，避开某城镇等。

路线方案是否合理，不但直接关系到公路本身的工程投资和运输效率，更影响到路线在公路网中是否起到应有作用，即是否满足国家的政治、经济、国防的要求和长远利益。

（2）路线方案比选

路线方案比选是对有比较价值的路线方案进行技术指标、工程造价、自然环境、社会环境等重要影响因素进行同等深度的技术经济论证及效益分析，通过调查、分析、比较、选择，提出合理的推荐方案。方案比选可按下述指标进行。

技术指标比选：包括路线长度、圆曲线最小半径及个数、最大纵坡及长度、交叉个数及回头曲线个数等指标。

经济指标比选：包括土石方、排水及防护工程、路面、桥梁及隧道、涵洞、通道、征地及拆迁等工程数量和工程造价等指标。

经济效益及社会效益分析比选

参照上述技术、经济、效益等的计算比较，推荐较合理路线设计方案。

2. 影响路线方案选择的主要因素

高速公路和一级公路的任务主要是解决起、讫点间直达客货运输。因此路线除必须经过的控制点外，一般对沿线城镇不宜过多靠近，路线的走向应力求顺直，不可过多偏离路线总方向，以缩短直通客货运输的距离和时间。对有些政治、经济控制点，路线经过有困难时，应做出比较。对于地方公路则宜靠近城镇和工矿区，以满足当地客货运输的需要。

对于严重不良地质的地区、缺水地区、高烈度地震区以及高大山岭、困难峡谷等自然的障碍，选线时宜考虑绕避。

如同一条三级公路，在翻越垭口时，若采用的最大坡度不同，路线的走向是不同的。采用较大的路线纵坡，可使路线更靠近短直方向。

路线应在满足使用功能和性质要求的前提下，综合考虑自然条件、技术标准和技术指标、工程投资、施工工期限和施工设备等因素，通过多方案的比较，精心选择，提出合理的推荐方案。

3. 路线方案选择的步骤方法

路线方案选择方法如下：

收集资料，通常应收集资料如下：

各种比例尺的地形图、卫星相片、航摄相片和以往的勘测设计资料。

交通量及交通组成等交通调查资料。

相交道路的主要技术标准、平面与纵断面图、交通量以及设计、施工和运营资料。

路线行经地区的地质、水文、气象等自然条件资料。

路线行经地区的城镇、工矿、铁路、航空、水利建设和规划资料。

与路线方案有关的统计资料。

勘察要求做到以下几点：

初步落实各控制点的具体位置。

对路线、大桥、隧道均应提出推荐方案。

分段提出采用技术标准和主要技术指标的意见。

在深入调查的基础上，通过比较，选定路线必经的控制点，如越岭的垭口、跨较大河流的桥位、与铁路或其他公路交叉地点，以及应绕避的城镇及大型的不良地质地段等。对于地形、地质、地物情况复杂的地区，应提出路线具体布局的意见。

分段估算各种工程量，如路基土石方数量，路面工程量，桥梁、涵洞、隧道、挡土墙等的长度、类型和工程数量等。

筑路材料调查。调查当地出产材料如砂石材料、石灰等，以及外购材料如钢筋、水泥、木材等的规格、价格、运距、运输方式、供应数量等情况。

其他如沿线民族习惯、居住、生活供应、水源、运输条件、气候特征、沿线林木覆盖、地形险阻等情况也应进行调查。

分项整理汇总调查成果，编写工程可行性研究报告，为上级编制或补充修改设计任务书提供依据。

二、平面设计

（一）汽车行驶轨迹及平面线形要素

从理论上讲，平面线形的构成要素应与汽车行驶的轨迹相吻合，只有这样才能保证行车的安全、顺适和工程的经济性。

1.汽车行驶轨迹的特征

经大量的行车观测和实地调查，汽车行驶轨迹线的特征如下：

轨迹线是连续的，即在任何一点上不出现错头、折点或间断；

轨迹线的曲率是连续的，即轨迹上任何一点不出现两个曲率值；

轨迹线的曲率对里程或时间的变化率是连续的，即轨迹上任何一点不出现两个曲率变化率值。

2.平面线形要素

经分析，上述特征与汽车转向机构中导向轮（或转向轮）与车身纵轴面之间的角度（称转向角）有关，即：

当汽车转向角为零时，其轨迹为直线；

当汽车转向角为常数时其轨迹为圆曲线；

当汽车转向角为变速时（即逐渐转向），则其轨迹为曲率渐变的曲线（即缓和曲线）。

道路平面线形是由上述三种基本几何线形即直线、圆曲线和缓和曲线合理组合而构成，高速公路、一级公路、二级公路、三级公路平面线形应由直线、圆曲线、缓和曲线三种要素组成。四级公路平面线形应由直线、圆曲线两种要素组成。

平面线形必须与地形、景观、环境等相协调，同时注意线形的连续与均衡性，并同纵断面、横断面相互配合。

（二）直线设计

1. 直线的线形特征

一般在选线和定线时，只要地势平坦，无大的地物、地形障碍，选线、定线人员都会首选考虑使用直线。其主要特征是：

直线以最短的距离连接两目的地，具有路线短捷、缩短里程和行车方向明确的特点。

直线具有视距良好、行车快速、易于排水等特点。

由于已知两点就可以确定一条直线，因而直线线形简单，容易测设。

从行车的安全和线形美观来看，过长的直线，线形呆板，行车单调，易使驾驶员产生疲劳，往往是发生车祸较多的路段。

直线虽然路线方向明确，难以与地形及周围环境相协调。特别在山岭区、丘陵区。

笔直的道路给人以简捷、直达、刚劲的良好印象，在美学上直线也有其自身的视觉特点。

2. 直线的设计标准

（1）直线最大长度

一些国家对直线的最大长度作了规定：德国规定不超过20V；苏联规定为8km；美国为4.83km。我国目前尚无具体的规定。

（2）直线的最小长度

①同向曲线间的直线最小长度

同向曲线是指两个转向相同的相邻曲线间连以直线形成的平面线形。因此设计速度大于或等于60km/h时，同向圆曲线间最小直线长度（以m计）以不小于设计速度（以km/h计）的6倍为宜。

②反向曲线间的直线最小长度

反向曲线是指两个转向相反的相邻曲线间连以直线所形成的平面线形。由于两弯道转弯方向相反，考虑其超高和加宽缓和的需要以及驾驶员的操作方便，其间的直线最小长度应予以限制。反向圆曲线间的最小直线长度（以m计）以不小于设计速度（以km/h计）的2倍为宜。

③相邻回头曲线间的直线最小长度

回头曲线是指山区公路为克服高差在同一坡面上回头展线时所采用的曲线。由一个回头曲线的终点至下一个回头曲线起点的距离，设计速度为40km/h、30km/h、20km/h时，分别应不小于200m、150m、100m。

（3）直线设计要点

路线不受地形、地物限制的平原区或山间的开阔谷地；

市镇及其近邻或规划完整的农耕区等以直线为主体的地区；

为缩短构造物长度以便于施工的长大桥梁、隧道路段；

为争取较好的行车和通视条件的平面交叉前后；

双车道公路在适当间隔内设置一定长度的直线，以提供较好条件的超车路段。

（三）圆曲线设计

1. 圆曲线的线形特征

从圆曲线的使用特征分析，其主要特点是：

曲线上任意一点的曲率半径 R 为常数，故测设比缓和曲线简便。

圆曲线上的每一点都在不断地改变方向，因而汽车在圆曲线上的行驶要受到离心力，汽车在平曲线上行驶时要多占用路面宽度。

视距条件差。汽车在圆曲线内侧行驶时，视线受到路堑边坡或其他障碍物的影响，视距条件差，容易发生交通事故。

较大半径的长缓圆曲线具有线形美观、舒适、行车舒适等特点。

2. 圆曲线设计要点

圆曲线设计要点如下：

在适应地形的情况下宜选用较大的圆曲线半径。

平曲线半径及确定要点。

在确定半径时，应注意以下：

一般情况下宜采用极限最小半径的 4~8 倍或超高为 2%~4% 的圆曲线半径；

地形条件受限制时，应采用大于或接近于一般最小半径的圆曲线半径；

地形条件特别困难而不得已时，方可采用极限最小半径；

应同前后线形要素相协调，使之构成连续、均衡的曲线线形；

应同纵面线形相配合，应避免，样径曲线与陡坡相重叠；条件反算并结合标准综合确定。

每个弯道半径值的确定，应按技术标准根据实地的地形、地物、地质、人工构造物及其他条件的要求，按合理的曲线位置，用外距、切线长、曲线长、曲线上任意点线位、合成纵坡等控制。

圆曲线使用时应注意与前后直线、缓和曲线协调配合，参数的选用应符合标准及规范的要求。

（四）缓和曲线设计

1. 缓和曲线线形特征及作用

（1）线形特征

缓和曲线是在直线与圆曲线之间或者半径相差较大的两个转向相同圆曲线之间设

置的一种曲率逐渐变化的曲线。其特征如下：

缓和曲线曲率渐变，设于直线与圆曲线间，其线形符合汽车转弯时的行车轨迹，从而使线形缓和，消除了曲率突变点。

由于曲率渐变，使公路线形顺适美观，有良好的视觉效果和心理作用感。从公路线形美学和驾驶员视觉心理的观点来看，加入缓和曲线也是有利的。

在直线和圆曲线间加入缓和曲线后，使平面线形更为灵活，线形自由度提高，更能与地形、地物及环境相适应、协调、配合，使平面线形布置更加灵活、经济、合理。

与圆曲线相比，缓和曲线计算及测设均较复杂。

（2）缓和曲线的作用

①线形缓和

在直线上，曲率半径为无穷大，曲率为零，而在圆曲线上，曲率为1/R，曲率半径为常数R。若两种线形径相连接，则在连接处形成曲率突变点，这种组合线形视觉效果差，有折点和扭曲现象。

②行车缓和

汽车由直线直接驶入圆曲线或由大半径圆曲线直接驶入小半径圆曲线，其离心力发生了突变，使行车安全感和舒适受到影响。另外从驾驶员转弯操纵来看，汽车前轮转向角逐渐变化，其中间需要插入一段逐渐变化的缓和曲线，才能保持在车速一定的情况下使汽车前轮的转向角度。至逐渐转向，从而有利于驾驶员操纵转向盘。

③超高和加宽缓和

为适应汽车转弯的特点，公路在圆曲线上设置有超高和加宽。设置超高和加宽也需要有一个缓和过渡段。

2.缓和曲线设计标准

直线同半径小于不设超高最小半径的圆曲线径相连接处，应设置缓和曲线。四级公路可将直线与圆曲线相连接，用超高、加宽缓和段代替缓和曲线。

半径不同的同向圆曲线径相连接处，应设置缓和曲线，但符合下述条件时可不设缓和曲线。

所选择的缓和曲线长度还应大于或等于超高缓和段和加宽缓和段长度的要求。

三、纵断面设计

（一）道路纵断面概要

纵断面设计的主要任务就是根据汽车的动力特性、道路等级、当地的自然地理条件以及工程经济性等，研究起伏空间线几何构成的大小及长度以便达到行车安全迅速、运输经济合理及乘客感觉舒适的目的。纵断面设计标准就是根据汽车行驶的要求规定的道路纵断面和竖曲线设计的技术指标。纵坡设计标准主要有：最大纵坡、坡长限制、缓和坡段、其他纵坡标准等。竖曲线设计标准主要有：竖曲线最小半径和竖曲线最小长度。

（二）纵断面设计标准

1. 纵坡设计标准

（1）最大纵坡

最大纵坡是指在纵坡设计时各级公路允许采用的最大坡度值。它是公路纵断面设计的重要控制指标，在地形起伏较大地区，直接影响路线的长短、使用质量、运输成本及造价。

高速公路和改建工程，受地形条件或其他特殊情况限制时，经技术经济论证，最大纵坡可增加1%。最大纵坡设计时不可轻易采用，应留有余地。在受限制较严，如越岭线为争取高度、缩短路线长度或避开复杂工程等，才有条件地采用。

（2）高原纵坡折减

在高海拔地区，因空气密度下降而使汽车发动机的功率降低，导致汽车的爬坡能力下降，因此，对位于海拔3000m以上的高原地区，各级公路的最大纵坡值应按规定予以折减。最大纵坡折减后若小于4%，则仍采用4%。

（3）最小纵坡

在长路堑、低填设边沟路段以及其他横向排水不通畅的路段，为保证排水要求，防止积水渗入路基而影响其稳定性，均应采用不小于0.3%的纵坡。当必须设计成平坡或小于0.3%的纵坡时，设边沟路段应作纵向排水设计。

（4）平均纵坡

平均纵坡是指一定长度的路段连续上坡或下坡路段纵向所克服的高差与路线长度之比。是为了合理运用最大纵坡、坡长及缓和坡长的规定，以保证车辆安全顺利地行驶的限制性指标。二级及二级以下公路越岭路线连续上坡（或下坡）路段，相对高差为200~500m时平均纵坡不应大于5%；相对高差大于500m时平均纵坡不应大于5%，且任意连续3km路段的平均纵坡不应大于5%。

（5）最短坡长限制

最短坡长的限制主要是从汽车行驶平顺性的要求考虑的。如果坡长过短，使变坡点增多，汽车行驶在连续起伏地段产生的增重与减重的变化频繁，导致乘客感觉不舒适，车速越高越感突出。从路容美观、视觉效果、相邻两竖曲线的设置和纵面视距等也要求坡长应有一定最短长度。

（6）最大坡长限制

公路纵坡的大小及其坡长对汽车正常行驶影响很大。纵坡越陡，坡长越长，对行车影响也越大。主要表现在使行车速度显著下降，长时间使用低速挡会使发动机发热过分而使效率降低，水箱沸腾，行驶乏力。而下坡时，则因坡度过陡，坡段过长而使刹车频繁，影响行车安全。因此，为保证行驶质量和行车安全，对陡坡的坡长应加以限制。

（7）合成坡度

合成坡度是指路面上的纵向坡度与横向坡度组合而成的坡度，其方向即流水线方向。将合成坡度控制在一定范围内，目的是控制急弯和陡坡的组合，防止车辆在弯道上行驶时由于合成坡度过大而引起的不适和危险。

2.竖曲线设计标准

（1）竖曲线半径的选用

各级公路在纵坡变更处均应设置竖曲线，竖曲线的半径应大于我国《公路工程技术标准》中规定的竖曲线的最小半径和最小长度。

（2）竖曲线最小长度

当坡差很小时，由计算得来的竖曲线往往很短，这样的竖曲线在视觉上不好，会给驾驶员一个很急促的折曲感觉，为了避免这种情况出现，坡差小时应尽量采用大的竖曲线半径。

（三）纵断面设计与计算

纵断面设计是根据选线（定线）意图结合道路沿线地形、地质以及桥涵和重要建筑物进出口、沿街地坪标高等方面的要求，在综合考虑工程技术与工程经济的基础上最后定出路线纵断面设计线的工作。纵断面设计的主要任务就是根据汽车的动力特性、公路等级、当地的自然地理条件以及工程经济性等，确定起伏空间线几何构成的大小及长度，以便达到行车安全迅速、运输经济合理及乘客感觉舒适的目的。

1.纵断面设计要求与控制因素

（1）纵断面设计要求

①纵坡设计的要求

平原地形的纵坡应均匀、平缓。

丘陵地形的纵坡应避免过分迁就地形而起伏过大。山区的沿河线，应采用平缓的纵坡，坡长不宜超过规定的限值，纵坡不宜大于6%。

山区的越岭线纵坡应力求均匀，不应采用极限或接近极限的坡度，更不宜连续采用极限长度的陡坡夹短距离缓坡的纵坡线形。越岭展线不应设置反坡。

山区的山脊线和山腰线，除地形因素不得已时采用较大的纵坡外，在可能条件下应采用平缓的纵坡。

②竖曲线设计的要求

竖曲线应选用较大的半径。当地形条件受限制时，应采用有大于或接近于竖曲线最小半径的"一般值"；地形条件困难不得已时方可采用"极限值"。

有条件时，宜采用大于等于视觉所需要的最小竖曲线半径值。

注意相邻竖曲线的衔接。

（2）纵断面设计控制因素

纵断面路基设计标高规定如下：

新建公路的路基设计标高：高速公路和一级公路采用中央分隔带的外侧边缘标高；二、三、四级公路宜采用路基边缘标高，在设置超高、加宽地段为设超高、加宽前该处边缘标高。

改建公路的路基设计标高：一般按新建公路的规定执行，也可视具体情况采用中央分隔带中线或行车道中线标高。

对于双向分离式路基，可采用分向路基的中线。

设计洪水频率的规定：

沿河及可能受水浸淹的公路，按设计标高推算的最低侧路基边缘标高，应按照规定洪水频率计算水位加壅水高、波浪侵蚀高和 0.5m 的安全高度。

沿水库上游岸边的路线，路基最低侧边缘标高应考虑水库水位升高后地下水位壅升，以及水库淤积后壅水曲线抬高及浪高的影响；在寒冷地区还应考虑冰塞壅水对水位增高的影响。

大、中桥桥头引道（在洪水泛滥范围内）的路基最低侧边缘标高，一般应高于该桥设计洪水位（并包括壅水和浪高）至少 0.5m；小桥涵附近的路基最低侧边缘标高应高于桥（涵）前壅水水位至少 0.5m（不计浪高）。

纵断面设计主要控制因素：

路线起讫点及中间控制点的要求。

构造物及附属设施的控制要求。

（二）纵坡设计

纵坡设计必须满足《标准》关于纵坡的有关规定，不轻易使用极限值。

纵坡应力求平缓，避免连续陡坡、过长陡坡和反坡。

纵面线形应连续、平顺、均衡，并重视平纵面线形的组合。从行车安全、乘客舒适和视觉良好的要求来看，要求纵坡设计要注意以下几点：

短距离内要避免线形起伏过于频繁。

避免凹陷路段

在较长的连续陡坡路段，宜将最陡的纵坡放在底部，接近顶部的纵坡放缓些。

注意与平面线形的配合。

纵坡设计应结合自然条件综合考虑。为利于路面和边沟排水，一般情况下最小纵坡以不小于0.5%为宜。在受洪水影响的沿河路段及平原区的低洼路段，应保证路线的最低标高，以免受洪水冲刷，确保路基稳定。

纵坡设计应争取填挖平衡，尽量利用挖方作就近填方，以减少借方和废方，降低工程造价。

纵坡设计应根据公路沿线的实际情况，适当照顾农业机械、农田水利等方面的要求。

四、横断面设计

（一）横断面组成及设计

1. 横断面组成

（1）一般组成

行车道：公路上供各种车辆行驶部分的总称，包括快车行车道和慢车行车道。

路肩：位于行车道外缘至路基边缘，具有一定宽度的带状结构部分。

中间带：高速公路及一级公路用于分隔对向车辆的路幅组成部分，通常设于车道中间。高速公路与一级公路的横断面组成。

（2）特殊组成

爬坡车道：设置在高速公路和一、二级公路的上坡路段，供慢速上坡车辆行驶用的车道。

加减速车道：供车辆驶入（离）高速车流之前（后）加速（减速）用的车道。

错车道：在单车道道路上，可通视的一定距离内，供车辆交错避让用的一段加宽车道。

紧急停车带：在高速公路和一级公路上，供车辆临时发生故障或其他原因紧急停车使用的临时停车地带。

避险车道：设置于连续长、陡下坡路段右侧弯道路段避免车辆在行驶中速度失控而造成事故的路段，是在特殊路段设置的安全车道。

2. 路拱、边沟和边坡

（1）路拱及横坡度

路拱的形式有直线形、抛物线形、折线形和双曲线拱形，但考虑机械化施工的要求，一般采用直线形。路拱坡度一般采用双向坡面，由公路中央向两侧倾斜；对于分离式路基且降雨量不大也可采用单向路拱横坡，但在积雪冰冻地区，应设置双向路拱。高速公路、一级公路位于中等强度降雨地区时，公路拱坡度宜采用高值；位于严重强度降雨地区时，路拱坡度可适当增大。

（2）边沟

边沟的作用是排除边坡及路面汇集的地表水，以确保路基与边坡的稳定。在公路挖方路段以及高度小于边沟深度的低填方路段应设置边沟。在路堤较高、边坡坡面未做防护而遭受路表面水流冲刷，或者坡面虽已采取防护措施，但仍有可能受到冲刷时，应沿路肩外侧边缘设置拦水带，汇集路面表面水，然后通过泄水口和急流槽排离路堤。

边沟形式主要有梯形、矩形及三角形，形式的选定取决于排水流量的大小、土质情况、公路性质以及施工方法。一般情况采用梯形边沟，岩石地段可做成矩形边沟。

（3）边坡坡度

路基边坡坡度应根据当地的土质类型、岩石构造和风化程度、水文条件、填筑材料、边坡高度及施工方法等因素分段确定。路基边坡设计一般分为路堤边坡和路堑边坡。路基边坡一般多采用直线形，当填挖高度较高或填方用不同土质分层填筑时可采用折线边坡。路基边坡坡度应根据填筑材料和边坡高度等按《公路路基设计规范》的规定选取。

（二）加宽值和加宽过渡段长度的确定

1.加宽值的确定

二级公路、三级公路、四级公路的圆曲线半径小于或等于250m时，应设置加宽。圆曲线上的路面加宽应设置在圆曲线的内侧。加宽值的大小应根据平曲线半径的大小，以及加宽类别选取。

圆曲线加宽类别应根据该公路的交通组成确定。二级公路以及设计速度为40km/h的三级公路有集装箱半挂车通行时，应采用第3类加宽值；不经常通行集装箱半挂车时，可采用第2类加宽值。四级公路和设计速度为30km/h的三级公路可采用第1类加宽值。

2.加宽过渡段长度的确定

设置回旋线或超高过渡段时，加宽过渡段长度应采用与回旋线或超高过渡段长度相同的数值。

不设回旋线或超高过渡段时，加宽过渡段长度应按渐变率为1∶15且长度不小于10m的要求设置。

（三）超高过渡方式

1.无中间带公路

超高横坡度等于路拱坡度时，将外侧车道绕路中线旋转，直至超高横坡值。

超高横坡度大于路拱坡度时，分别采用以下三种过渡方式：

绕内侧车道边缘旋转：新建工程宜采用此种方式。

绕路中线旋转：改建工程可采用此种方式。

绕外侧车道边缘旋转：路基外缘标高受限制或路容美观有特殊要求时可采用此种

方式。

2. 有中间带公路

绕中间带的中心线旋转：中间带宽度小于或等于 4.5m 的公路可采用。

绕中央分隔带边缘旋转：各种宽度中间带的公路均可采用。

分别绕行车道中线旋转：车道数大于 4 条的公路可采用。

3. 分离式路基公路

分离式路基公路的超高过渡方式，宜按无中间带公路分别予以过渡。

（四）横断面上超高值计算

1. 无中间带的公路

无中央带的公路的超高方式有三种，常用的只有两种：绕行车道中心旋转（简称绕中线）、绕未加宽未超高的内侧路面边缘旋转（简称边线旋转），前者一般适用于旧路改建，后者用于新建公路。以下超高值计算均为与设计高之高差，设计高的位置为路基外侧边缘。

绕内边线旋转先将外侧车道绕路中线旋转，待达到与内侧车道构成单向横坡后，整个断面再绕未加宽前的内侧车道边线旋转，直至超高横坡值。

绕中线旋转先将外侧车道绕路中线旋转，待达到与内侧车道构成单向横坡后，整个断面绕中线旋转，直至超高横坡度。

2. 有中间带的公路

有中间带的公路的超高方式有三种：绕中央分隔带边缘旋转；绕各自行车道中心旋转；绕中间带中心旋转。第一种方法适用于各种宽度的有中间带的公路，第二种方法适用于车道数＞4 的公路或分离式断面的公路，第三种方法适用于中间带宽度＜4.5m 的公路。

第三章 公路几何线形设计

第一节 设计控制要素

我国公路建设已经进入快速发展阶段，2006年新增公路通车里程 5.7×10^4 km，其中新增高速公路 14600km，全国公路通车总里程达到 191×10^4 km，其中高速公路近5万多公里，公路建设速度、尤其是高速公路的建设速度十分喜人。此外农村公路建设力度和新改建沥青路和水泥路里程也是前所未有的。全年共完成新改建农村公路 16.2×10^4 km。我们用十几年的时间，走过了西方发达国家需要几十年才能走完的公路建设之路。

展望未来，公路建设任重道远。党的十七大提出全面建设和谐小康社会，实现现代化的宏伟目标。全面建设小康社会对公路交通提出新的要求，就是在21世纪头20年这一重要战略机遇期，必须实现公路交通新的跨越式发展。

根据党的十七大精神，交通运输实现新的跨越式发展的奋斗目标：到2010年使公路水路交通对国民经济的制约状况得到全面改善，2020年基本适应国民经济和社会发展需要。基本思路是：要全面树立可持续的发展观，正确把握发展度、协调度、可持续度三者的关系，正确处理局部与全局、眼前与长远的关系，正确处理发展与人口、资源、环境的关系，保持交通健康稳定的发展态势，认真解决好发展速度与建设质量、规模扩张与合理把握标准、合理经济的工程方案比选与生态环境保护、建设改造与养护管理等诸多矛盾，实现质量型、效益型、功能型和可持续的跨越式发展。当前一个重点是要处理好质量与速度的关系。要把解决建设能力的有限性与社会需求不断增长的矛盾作为工作重点。交通部党组提出："无论是高等级公路、农村公路，宁可速度慢一些，也要把事情做精、做细、做好。"这是对我们从事公路规划设计的人员提出的新的要求。

一、公路设计的灵活性

在保护尤其是加强建设环境、自然风景、人文历史及社会资源的同时为公众提供安全、高效的交通运输服务是他们面临的一个巨大的挑战",提出了公路设计灵活性的新理念。

公路设计灵活性的新理念并不是试图去创建一个新的标准。实际上,这种设计新理念是建立在灵活应用现有的规范、标准、规章制度和法律规定基础之上,在不降低安全性的前提下,通过灵活设计寻求达到更符合公路沿线可持续发展的需要和经济利益的目标。由于我国主要以通过立法为公路建设提供了稳定的建设资金,并有效利用这些资金的杠杆作用,在保证公路建设顺利完成的同时,确保有价值的自然风景和人文历史遗迹的留存。具体体现是要求设计人员能够具有创新的设计思维,充分考虑公路交通系统的安全性与满足出行需要的同时,还必须全面地考虑地区性经济发展和效益,公路交通系统沿线的自然保护,绿化长廊自然景观、历史遗迹、美学与其他文化价值。公路设计中一个重要的概念便是每一个公路建设项目都具有特殊性,包括项目所在区域的地理位置、地形地质条件、沿线社会环境特点等因素、公路使用者的需求以及所面临的挑战与机遇。设计者所面临的任务是寻求一种在安全和周围自然以及人类环境之间的协调与结合,为了做到这一点,设计师需要采取灵活性主要是以下:

(1) 允许各个州标准的取值范围具有灵活性;
(2) 当受环境条件严格约束时,可以有特殊设计;
(3) 对规划阶段的决策进行再评估;
(4) 需要时允许降低设计车速;
(5) 维持现有道路的平、纵、横断面,仅重新罩面、修复和更换标志;
(6) 认真考虑可选择的指标,特别是对于景观道路;
(7) 检查设计参数和指标在安全和运行中的效果。所有这些方法其目的是让设计者在设计公路时创造性地灵活运用他们的专业知识与判断能力。这种灵活性在有效发挥公路功能与运营安全的同时,还可使公路适应自然与人文环境。

二、灵活性在规划设计中的应用

我国各省、市、县公路建设各个阶段的要求和内容大体经历5个阶段:

规划→项目建设→实地勘测详细设计→征地拆迁→组织施工。

表 3-1　公路建设初级阶段可划分五个阶段

阶段	主要工作内容
规划	国家交通部、省、市交通厅、城市规划部门及政府视投资可能确定工程项目
项目开发	工程项目得到更加明确的定义，制定可供选择的路线走廊带及设计标准(指标)，并提出推荐方案
详细设计	进行实地勘测、详细设计，绘制详细施工图、计算工程量及编制工程概预算
征地	征用项目需要的用地和购买路基填土石方
施工	进行招投标选择施工单位，并开始施工建设

从上述阶段划分和工作内容看，"项目建设初级阶段"也就是项目的前期工作(可行性研究和初步设计)，"详细设计"施工图设计，"征地"和"施工"也就是施工阶段。规划阶段主要是确定建设项目的目标与需求、确定建设项目的功能、面临的问题与挑战及其他重大决策，确定建设项目的功能对于合理运用标准和设计指标非常重要，要依据道路所提供的交通服务特点(如短途或长途、城市道路或是旅游道路等)确定其功能。所有的道路按照功能可以归入表3-2中三类公路中的一类。

不同功能类别的公路在提供机动性和居民出入服务方面是有着本质的联系区别。干线公路提供高水平的机动性和严格的出入控制，地方道路虽然提供进入邻近区域的便利性，但机动性较差。集散道则在机动性与居民出入方面处于平衡。

表 3-2　公路功能分类

功能分类	服务内容
干线公路	有一定程度的出入控制，提供最高服务水平，保证能以最高速度不受干扰行驶最长的距离
集散道	聚集地方公路上的交通并连接到干线公路，提供一般服务水平，保证能以较低速度短距离行驶
地方道路	包括干线公路和集散道以外的所有公路；主要为居民区或经济活动地提供出入

3 功能分类设计

公路设计与城市道路几何设计政策和城建规划是作为公路设计参考资料。比如国外 AASHTO 的"绿皮书"中明确阐述公路功能分类与设计标准之间的关系。州、县、市的公路设计手册同样也将设计标准与公路功能分类联系在一起。AASHTO"绿皮书"中指出："设计过程的第一步便是确定该设施所要提供的服务功能。

满足该功能所需的预期交通量和交通组成的服务等级为公路设计者提供了一个设计基础，据此他们可以在现有设计指标范围内(针对具体功能类型的公路)选择合理、经济的设计车速及几何线形设计标准"。所以为实现党的十七大确定的发展目标，给我国公路建设带来了重要机遇,作为公路设计人员必须勇攀科技高峰和超前意识,跟上社会经济发展的步伐。

公路功能分类得以确定,那么就有相对应的设计车速范围。在允许的设计车速范围,与平纵线形设计有关的一些主要限制性设计参数也就可以确定。同样是功能分类以确定,那么基本上公路横断面指标就可以建立,包括车道宽、路肩宽、中央分隔带的类型与宽度及其他一些主要设计要素。

即使某段公路的功能分类得以确定,但是作为主要控制要素的设计车速的确定还是有一定的弹性。比如表3-3针对不同的公路功能分类的设计车速有一定的弹性范围。

表3-3 不同公路功能分类的设计车速范围

功能分类	35 (mk/h)	50 (mk/h)	65 (mk/h)	80 (mk/h)	100~120 (mk/h)	120~160 (mk/h)
公路主干道高速				X	X	X
公路次干道高速				X	X	X
公路集散道	X	X	X	X		
公路地方道路	X	X	X			

我国刚刚颁布施行的"公路工程技术标准"也已经纳入了公路功能选择技术标准的内容。此外,规划阶段特别强调重视公众参与。因为越来越多的公众参与项目规划阶段的工作是公路建设项目成功的一个重要因素。当一个项目完成规划并计划实施后,就进入该项目的开发阶段(前期工作)。在这一阶段,将加强对环境影响的分析。环境影响评估的深度差别很大,取决于该项目的规模与影响力。该阶段主要包括以下几个方面工作:对项目目标与需求进行细化;研究大量的比选方案;对比选方案进行评估包括其对自然环境和建设环境的影响等。

目前我国在可行性研究阶段也进行环境影响评价工作,但是,环境影响评价通常是在方案研究完成后被动地、无条件地接受既定方案的情况下进行,方案研究时环境影响评价不具有应有的影响力和否决权,没有起到参与方案研究的作用,这是值得我们注意的问题。有关设计灵活性,主要是在项目开发和详细设计阶段,因此重点介绍项目开发阶段和详细设计阶段的灵活性把握。为了充分运用设计的灵活性,重点应把握以下几点:

(1)切实做好踏勘调查工作。多年来,各设计院已经形成了较为全面的外业踏勘调查工作重点,但是以人为本和注重环境方面尚显不足。发达国家在项目开发的初级阶段(可行性研究阶段)在外业踏勘调查内容上特别重视项目沿线的社会、自然地理、人文、历史、文化等环境调查,为合理确定建设标准和设计指标打下坚实的基础。对

于公路建设项目而言,重要的是:

A、充分考虑道路沿线景观和视觉效果 B、保护原始景观 C、尊重河流、小溪及自然排水系统 D、充分认识到边界、护栏、树木形成的线条 E、尊重历史上形成的小路 F、认识远山的景观、山脉、河流、湖泊、海洋及地平线 G、保护原始地貌 H、提供良好的视野。因此,在公路建设项目可行性研究阶段的外业调查中,除了注重地质、地形、水文等工程建设条件的调查外,还应围绕以下问题进行调查,这些问题充分体现了以人为本和环境保护的理念。

a 该通道的物理特征是什么?是位于城市、郊区还是农村?是干线公路、集散道路还是地方道路?是否具有旅游路特点?

b 除车辆交通以外这条通道将被如何利用?沿旅游线路是否有目的景点,如有则是否需要供行人通过的安全通道?自行车及其他非机动车辆或行人是否使用此条道路?

c 沿此通道生长何种植被?这种植被是疏是密,是否有许多树木或特别植物?

e 这条路上是否有重要的观光景点?

f 现有公路的状况、标准如何?是否融入周围环境?

g 该条道路上是否存在文物或特别敏感的环境特点(如湿地或濒临灭绝的物种栖息地)?

h 与该地区的其他道路相比,此路状况如何?

r 该地区是否存在公众希望保留的特别之处或特征(如乡村特点)或希望改变的特别之处(如密集的电线)?

k 该地区是否存在不同的民族地区?不同民族地区习惯、特征/特点及文化差异有何不同?可能的解决方案是否会对不同的民族产生不同的影响?

j 是否存在儿童、老年人或残障人士聚集的情况?如有则应有专门设计及入口需求(如人行横道、路缘坡、可视交通信号、中央安全带)。

(2) 灵活运用设计标准。AASHTO 的"绿皮书"在美国被视为公路设计标准,但是它实际上是有关道路几何设计的一系列指导方针,我们设计人员在使用这套指导方针时有一定的灵活性。该书序言中申明:

"此书的目的在于向设计人员提供指导方针,通过对关键性的尺寸设计给出推荐的设计数值范围。允许充分的灵活性是为了鼓励针对特殊的情况给出合适的独立设计方案。美国是一个联邦制国家,各个州可以根据自己的实际情况制定自己的法律,包括自己的设计标准。为了使"绿皮书"中的设计准则、标准更具有适用性,要根据我国的国情和地貌,各省、市、县及乡村具体的经济发展以及人群居住状况进行参考采用。

(3) 超标设计。尽管在所有主要公路设计要素中确实存在着一定范围的灵活性,但是仍然存在即使使用最低标准也会导致较高造价或对周围环境产生巨大影响的情况。对于这些情况,超标设计允许使用低于"绿皮书"中规定的最小允许值标准。

对于国家公路网项目，FHWA 要求所有的超标设计必须以一定的方式加以论证并备有论证说明。同时要求针对以下 13 项特定的设计控制指标要经正式批准方可采用。这 13 项指标包括：

①设计车速，②车道宽度，③路肩宽度，④桥宽，⑤构造物通行能力，⑥平曲线，⑦纵断面，⑧纵坡，⑨停车视距，⑩横坡，11 超高，12 竖向净空，13 横向净距（不包括禁停车区）在评估超标设计时应注意以下几点：

a 应该考虑这种差异对公路设施安全性及运营的影响，以及其与前后公路路段的兼容性；

b 应该考虑该公路的功能分类、交通量及交通流特性、项目类型及该公路历史上的交通事故；

c 还应该调查如果坚持达到标准引起的工程造价，以及对景观、历史文化或其他环境要素的最终影响；

d 最后还应考虑以下三个问题：设计指标被降低到什么程度？该超标的设计指标会不会影响其它指标？是否存在运用其他的设计要素可以减轻这个问题？

四、设计控制要素

为了灵活运用平纵面线形和横断面在内的公路设计要素，设计人员必须掌握基本控制要素与标准之间的关系。基本控制要素中最重要的就是公路的功能分类，其它控制要素包括，但并不仅局限于以下几方面：

(1) 设计车速；

(2) 设计拥挤度（如设计年高峰小时服务水平）；

(3) 设计车型的物理特性；

(4) 设计车型的性能（尤其在山岭重丘区要考虑重型卡车，对于旅游地区考虑巴士和休闲娱乐车）；

(5) 驾驶员适应沿线设施的能力（如习惯于高速公路的旅行者利用附近的城市居民街道低速行驶的能力）；

(6) 公路设施交通需求现状及设计年平均日交通需求（如平均日交通量及高峰小时交通量，公路上客车及货车的比例）。

上述要素中最为重要的是设计车速。对于大多数公路而言，一旦一条公路确定了功能分类，与之相关的设计车速也就得以确定，对公路设计人员来说，设计灵活性应围绕以车速、安全、环保、实效和质量进行设计。设计车速：对于一条公路具体的路段而言，在理想条件下公路设计要素起主导作用时，在该路段要保持最大的安全速度。

从某种意义上讲，公路所有的几何线形设计指标都受到确定性的设计车速的影响。

一些公路设计指标与设计车速有直接联系，或不同程度的受其影响，这包括平曲线、超高、视距及纵坡。其它一些设计指标受设计车速的影响不是很大，如路面、路肩宽度、挡墙及护栏的水平净距。但这些要素的设计对车辆的行驶速度影响很大。因此，设计车速越高，对这些设计要素使用的标准就越严格。

最新公路设计依据功能分类如高速公路、干线公路、集散道路及地方道路)对于设计车速规定一个取值范围而不是一个固定值。表3-4给出了位于平原地区、丘陵地区和山岭重丘地区的各类公路的最低设计车速。

表3-4 不同类型的公路最小设计速度 (单位：km)

地形	高速公路 公路	高速公路 城市道路	干线公路 公路	干线公路 城市道路	集散和地方道路 公路	集散和地方道路 城市道路
平原	80~100	70~80	70~80	40~70	30~60	30~50
丘陵	70~80	60~70	50~70	30~60	30~50	30~40
重丘	60~70	50~60	40~60	30~50	30~40	20~30

表3-4中所列的数据是新建或改建公路在不同的地形条件和交通量下的最低允许设计车速。公路设计人员需要在采用较高设计车速带来的较高车辆运营速度产生的效益与由于采用较高设计车速而在设计上缺乏灵活性之间进行平衡。最大限度的运用设计的灵活性是十分重要的。设计的灵活性重点在诸如设计参数的取用、路基边坡防护形式、路肩及边沟形式、护栏的形式以及交通信号标志等处理上，都采用一些新型的标志明显设施，如典型参考性范例。

典型范例：我们沿着328km长的沈大高速公路行驶，途经灯塔、辽阳、鞍山、营口等中小城市，在进入沈阳市和大连市路段时很容易发现这条路的所有要素相互结合，体现了"公园大道"人性化的理念。其位置与周围的植被看起来是那样的自然。路面的宽度取的是中值，对向车辆通过一条绿色的分隔带隔带，路肩都覆盖有绿草，沿路两侧是绿色的长廊尽收眼底，尽管该路周边的居民有所增长，但是当行驶在这段路时，树的密度与通过规划实现的渐变的地面线将增长的居民楼也不影响行驶的视野。这段公园式大道设计最为闪光的地方之一便是它的高架桥。尽管所采用的建筑材料和桥型不同，从混凝土桥到钢结构桥，从梁桥、板桥到拱桥，每座桥型的设计都不相同，然而它们混为一体，所有设计的跨径都不相同，从跨度和高度上都符合当地经济发展及纵横交错的离交要求，这让人们觉得沿线整体设计和公路的构筑物与周边的建筑物相和谐，在大都城市和中小城市之间成为一条优美的交通风景带。

第二节　平面线形

路线是道路的主骨架，其设计的优劣直接关系到公路自身功能的发挥，合理的平面线形设计可以保证车辆行驶的安全性和舒适性，平面线形设计在公路建设的整个过程中具有举足轻重的作用。因此在路线平面设计时应当结合地形的变化情况，巧妙地运用各种线性要素，进行各种组合设计的尝试，权衡各方面利弊设计出合理、科学、实用的公路。

一、平面线形设计的原则

（一）平面线形要尽量顺应地形，避免大填大挖

平面线形应简洁、平顺，并与周围地形地物相适应，与现场环境相协调。直线长度的确定、圆曲线半径的选择、缓和曲线参数的选用都首先取决于地形地物等具体条件，一味追求路线平面设计指标的"高、大、上"，而忽视驾乘人员的实际感受是不可取的。

（二）相邻的两曲线之间应满足直线最小长度的要求

3-4　曲线间直线的最小长度

设计速度 V（km/h）	120	100	80	60	40	30	20
直线最小长度（m） 同向曲线间（6v）	720	600	480	360	—	—	—
直线最小长度（m） 反向曲线间（2V）	240	200	160	120	—	—	—

二、保持平面线形的均衡和连贯

（一）长直线的尽头避免接小半径曲线

在地形平坦开阔地区，直线所占比例往往较大，出于车辆行驶安全考虑必须对直线最大长度加以限制，否则有可能诱发交通事故。同时为了防止公路平面线形发生突变，即：长直线的尽头接入小半径的平曲线，可以采用过渡措施加以弥补。比如：在长直线和小半径平曲线之间插入中等曲率的过渡性曲线，但要注意使纵坡尽可能小。

（二）高低指标之间要有过渡

由于公路沿线地形的变化，不同路段的设计速度有可能不同，此时就需要进行灵活处理。同一条路线前后衔接处一定范围内的高低指标之间应逐渐过渡，避免产生畸变，否则会造成公路线形的扭曲，进而影响到公路的视觉效果和驾乘人员的舒适性。设计速度高的一侧应尽量采用较低指标，而设计速度低的一侧应采用较高指标，保证平纵指标大致均衡。

三、平曲线应具有足够长度

一方面从设置缓和曲线的角度考虑，平曲线至少要保证两条缓和曲线的插入，以满足公路线形的要求；另一方面满足驾驶员操作方向盘的时间以及乘客的心理要求看，平曲线的长度都不宜过短。

表 3-5　平曲线的最小长度

设计速度（km/h）	120	100	80	60	40	30	20
一般值（m）	600	500	400	300	200	150	100
最小值（m）	200	170	140	100	70	50	40

四、尽量避免出现小偏角曲线

小偏角曲线（$\theta \leq 7°$）容易造成驾驶员的视觉错误，使其将曲率看得比实际要大，容易造成操作失误继而诱发交通事故。

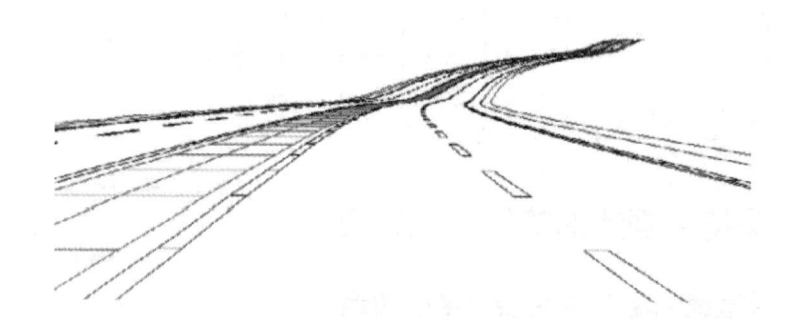

图 1　小偏角曲线易诱发交通事故

五、平纵线性组合设计的要点

（1）保持驾驶员视觉的连续性，通过自然来进行视线诱导。
（2）平、纵面线形指标应尽量均衡，即：竖曲线的起终点落在平曲线内。

（3）选择恰当的合成坡度，保障路面排水和行车安全。

（4）注意和公路周围的自然景观保持协调。

路线平面设计是公路设计中的首要问题，伴随着我国公路等级的提高、行车速度的加快，以及驾驶员和乘客的心理和生理客观要求的满足，人们对路线的设计不仅仅停留在平、纵、横设计上，而是追求最优组合，使公路路线设计既满足相关规范的规定，又可以节省费用提高工程建设质量和经济效益。

第三节 纵断面

一、纵断面设计要点

（一）山岭重丘区条件下的标高控制

所谓设计标高的控制是指在纵坡设计时将路线安排在哪一个高度上最为合适。在山岭重丘区，地面有一定的高差，除局部地段外路线在纵断面上克服高差不很困难。因此，设计标高的选定，主要由土石方平衡和降低工程造价所控制。在山岭重丘区，地形变化频繁，地面自然坡度大，布线有一定的困难。因此，设计标高主要由纵坡度和坡长控制，但也要从土石方平衡及路基防护工程经济性等方面考虑，力求降低工程造价。沿溪（河）路段，为保证路基安全稳定，路基一般应高出规定洪水频率的计算水位加涌水高、波浪侵袭高和0.5 m以上。

（二）山岭重丘区条件下的纵坡设计在山岭重丘区进行纵坡设计时，必须尽可能避免对地形比较复杂、地形起伏比较大的地区进行。在沿河路段的纵坡设计时，必须保证纵坡的平缓性，并且应该对坡长进行合理的设计。在高等级公路设计中，最好不对陡坡进行利用。越岭线不应设置反坡，以免浪费高程；公路沿线是山区时，在纵坡设计中要对沿线的地形进行综合考虑，在没有其他办法的情况下才能够对比较大的纵坡进行利用。

（三）转坡点位置的确定

转坡点是两条相邻设计纵坡线的交点，两转坡点之间的水平距离称为坡长。转坡点位置的确定，直接影响到纵坡度的大小，坡长，平、纵面组合，土石方填挖平衡和公路的使用质量。因此，在确定转坡点位置时，要对路线线形以及工程的开挖和填方工程进行最为理想的设计，并且需要对工程中的纵坡值以及坡长进行合理的确定，同时需要对各个方面的因素进行协调处理，使其相互配合。除上述之外，为了在相关计算中比较简便，所以通常会将转坡点的位置设置在桩号是整数地方。

二、案例分析

（一）工程概况

S309 惠水七里冲至威远段公路（二级公路）两阶段施工图设计。采用的各项技术指标如下表 3-6。

表 3-6 主要技术指标表

序号	指标名称	技术指标	采用指标
1	公路等级	二级	二级
2	设计速度	40 km/h	40 km/h
3	路基宽度	8.5(12.0) m	12.0(22.0) m
4	行车道宽度	10.5 m	10.5 m
5	设计汽车荷载等级	公路—Ⅱ级	公路—Ⅱ级
6	桥梁宽度	净11.0+2×0.5	净11.0+2×0.5

（二）纵坡设计

1.纵坡设计的步骤

(1) 设计前的准备。在设计图纸上，需要根据指定的比例对工程的桩号以及标高进行确定，对路线进行描绘。里程桩包括路线起点桩、终点桩、交点桩、公里桩、百米桩、整桩 (50 m 加桩或 20 m 加桩)、平曲线控制桩 (如直缓或直圆、缓圆、曲中、圆缓、缓直或圆直、公切点等)，桥涵或直线控制桩、断链桩等。

(2) 标注控制点。在公路工程中需要对工程的各个点设置标高控制点，主要设置的地点包括公路的起点、终点、重要的涵洞、重要的桥梁等等。

(3) 试坡。在已标出"控制点"的纵断面图上，需要根据公路路线选择的原则以及设计要求，并且根据沿线地形的变化，以上述所得出的标高控制点为主要依据，进行试坡。在确定试坡线之前，需要对多种方案进行综合比较分析，制定出最为合理的试坡线。

(4) 调整。对照技术标准检查设计的最大纵坡、最小纵坡、坡长限制等是否满足规定，平、纵组合是否适当等，若有问题应进行调整。

(5) 核对。选择有控制意义的重点横断面，如高填深挖，作横断面设计图，检查是否出现填挖过大、坡脚落空或过远、挡土墙工程过大等情况，如果在核对中发现问题需要采取有效的措施对其进行有效的处理。

(6) 定坡。在对工程的标高、边坡点以及坡度值检查核实并且确定无误之后，就可以对其具体数值进行确定。坡度值要求取到 0.1%，变坡点一般要调整到 10 m 的整桩号上。

(7) 设置竖曲线。在公路路线转折处，为了保证行车的平顺，必须设置竖曲线，竖曲线的确定主要根据相关规范技术要求，对竖曲线的半径进行合理地确定，并且通过合理的计算得出竖曲线的各项要素。

(8) 计算各桩号处的填挖值。根据该桩号处地面标高和设计标高确定。

2. 设计要点

(1) 最大纵坡。本公路工程建设是在山岭重丘区，根据相关规范和要求并且结合公路工程的实际情况得出本工程最大纵坡为7%。(2) 最小纵坡。通过调查发现本工程处于山岭重丘区，根据最小纵坡的设计标准以及工程实际情况，得出本工程最小纵坡设计为0.3%。(3) 合成坡度。合成纵坡主要通过计算取得，其计算公式

$$I = \sqrt{i_h^2 + i^2}$$

（三）竖曲线设计

纵断面上相邻两条纵坡线相交的转折处，为了保证在行车的过程中不会发生安全事故，保证行车的平顺，必须设置一条曲线，这个曲线就被称作竖曲线。在对竖曲线通常采用平曲线或二次抛物线两种。但在设计和计算上抛物线更为方便，故一般采用二次抛物线的形式。

各级公路在纵坡变更处应设置竖曲线，竖曲线可采用抛物线或圆曲线。该二级公路竖曲线半径最小值为700 m。

1. 竖曲线设计要满足竖曲线最小半径和最小长度的要求

汽车行驶在竖曲线上，如果半径太小，会阻挡司机的视线。为了行车的安全，对竖曲线的最小半径或最小长度应加以限制。

凸形竖曲线：计算行车速度在40 km/h时：一般最小半径为700 m；极限最小半径为450 m；竖曲线最小长度为35 m。凹形竖曲线：计算行车速度在40 km/h时：一般最小半径700 m；极限最小半径450 m；竖曲线最小长度为35 m。

2. 竖曲线要素的确定

如图3-2为竖曲线要素图。

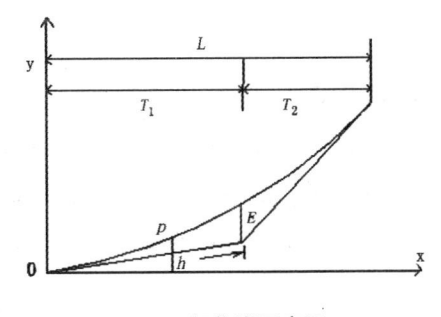

图3-2 竖曲线要素图

第四节 线形组合

随着社会经济的发展以及生活质量的提高，人们对于交通出行的建设的需求，也越来越高，特别是对于道路建设的需求，因此，对于公路建设的研究就十分的重要了，在公路的建设中，其线路的线性组合设计又是其中建设的重点。

在公路线形及线形组合的设计中，设计的基本原则是要求设计者与开发者，需要根据具体的实际公路的路段状况，周围环境，土质因素等等，进行合理化的方案设定与建设，同时，在此基础上，还需要根据汽车行驶中的安全性因素，来进行安全措施的设计与建设。因为，公路线形及线形组合的设计，是关系到公众的出行生命安全，设计的不合理，很容易造成交通事故的发生。因此,对公路线形及线形组合的优化设计，对于社会稳定发展来说，是至关重要的。

一、影响公路线形及线形组合设计的几点因素

（一）车辆的行驶速度

在公路线形及线形组合的设计中，汽车的行驶速度是一个重要的参考数据，特别对于线性的设计而言，行驶速度在线形设计中起到了相当大的作用。汽车在公路上行驶时，不同的路况会有不同的行驶要求，驾驶人员会根据不同的路况，采用不同的行驶速度，但是这些车辆的行驶速度都会超过预计的车速。因此，这就需要对实际的车辆行驶速度，进行检测与数据的采集，从而有效地改进和优化。但是，根据公路线性设计的具体经验，仅仅只关注形式速度，是远远不都准确地计算出公路的线性参数的，汽车的行驶速度，很大程度上是有一定的限制的，所以，这个单一因素，是无法进行设计与判断的。是需要与多个数据结合，才可以设计出具体的线形，同时，车辆的行驶速度，也不是一个常量，他会根据车辆的不同种类，性能而变化的，因此，车辆速度会随着线路线形的标准的改变而改变，这就使得路线的设计要尽可能地和实际速度达到一致。

（二）美学在线形设计中的应用

高质量的公路设计，不但设计的安全性合理，而且其设计因素中的视觉效果，以及美观性也是很重要的。这种美学上的设计，可以增强车辆驾驶人员的判断力，缓解在单一路段中的疲惫感，因此，美学设计这个因素，在公路线形的设计中，也是至关重要的。

但是，就目前而言，很多公路的线性设计还没有体现出美学的设计原则，或者说

是还没有准确地运用进去，很多的路段的设计都是十分地单调乏味，这就会存在很大的安全隐患。将美学与公路设计的合理科学地结合，可以改善公路的环境与直观视觉感受，同时也能在一定程度上，减少安全事故发生的概率，因此，正确地将美学应用到公路线形的设计上是非常重要的。

二、公路线形及线形组合设计的基本要求

在公路线形及线形组合的设计过程中，公路线性曲线的组成，多采用的是连续曲线的形式，因为由连续曲线所组成的直线，在直观视觉的角度上，又比那些长短不一的曲线所组成的公路线性，要更加符合驾驶员的视觉要求，从而可以有效地提高公路驾驶的安全性。

当然，在平面线形设计时也应注意以下几个方面：使驾驶员视觉流畅，不易疲劳；尽量采用大曲线长度；使驾驶员心理舒适；直接、连续、与地形地貌相协调，并结合周围环境，尽量选择半径较大的曲线，使用足够长的直线，避免连续急弯。复合线是由平面线和垂直线组成的三维线。如果比例使用得当，会使人感到舒适，不易疲劳，并有美感，从而增强驾驶安全性。相反，它会使道路线形产生扭曲、破碎的效果，容易给驾驶员造成错觉，进而误判事故。因此，在进行组合线形时，不仅要考虑路线的选择，还要在设计中重视这些设计中的要点。通过这些原理与基本要求，可以将平面与轮廓的对齐结合起来，使驾驶员能够看到一个平滑美观的公路线形组合的设计。

三、公路线形及线形组合的优化设计

（一）纵断面线形优化

在公路线形及线形组合的设计中，纵断面线形对于纵坡的线性设计是至关重要的。纵断面线形设计，讲究的是纵坡的坡度大小与其总共长度之间的优化比例关系，这种对于比例进行优化协调的设计，可以有效地控制公路中行驶车辆的速度，安全性，舒适度的状况，从而使得公路更加人性化，更加符合驾驶员的行驶要求。同样，从直观视觉的角度来看，因为一般的公路中的纵断面的线性是单调乏味的，这就很大可能会对驾驶人员造成视觉上的疲劳，从而引发安全事故，如果设计中，忽略了深沟，暗凹等路况，那么就更加危险了。通过设计连续、平滑且圆顺的公路线性，以及采用多点曲线组成的直线，可以很大程度上减少安全事故发生的概率，如果交通路段相对较为复杂，采取这种线形组合还是更加有利的。因此，纵断面线形的优化对于公路的线性组合设计，是十分具有研究价值的。

(二)平纵线形组合及其优化设计

公路线形设计只有平面线形和纵断面线形设计,不但单调,而且不一定是一个好的设计。因此,为了满足驾驶员对视觉和心理舒适性、美观性和与环境协调性的要求,最后,通过各种实验和讨论,将平面线和轮廓线结合起来,进行三维线性设计。在利用这一立体线形时,应充分结合公路所处的地理位置、周边环境

和自然风景区。在这种平纵线型组合的优化设计中,有两种主要的组合方式,以及其中主要注意的细节。

(1)平竖曲线组合

平竖曲线组合的设计中,在线形组合保持均衡的条件下,平曲线与竖曲线的半径相对较小,其中的曲率圆在公路的设计中,会出现重合现象,因此,优化设计中,要避免,这两种曲线的相互交合,以及也要避免在一个路段中,平竖曲线相互重叠出现的情况,这种情况会使得驾驶人员没有安全感。

(2)直曲线组合

在公路线性及其线性组合的设计中,直曲线的组合设计要严格避免公路路径中的短半径曲线问题。比如说,在长直线的下坡路段中,路径的设计引入凹形曲线规划方案,这样的话,使得路段前方的视野并不清晰,就会导致驾驶员误判前方路段的情况,容易加速,从而容易引起交通事故。与此同时,在设计中,特别是对于多重转弯处的路段,也不能设计短曲线的公路线性方案。

总的来说,公路线路及线性组合设计,在公路的整体性工程中起主导作用,同时,对整体设计工程中的其他的设计方案也具有参考的价值,是其他设计的基础,它负责向其他设计组,传递基本公路线性设计的数据。可以说,公路线性设计的好坏,决定着公路整体性工程的成败。线路设计组在设计的过程中,也需要对外与不同部分的主管沟通,并将设计的参数、数据、资料在公路整体性工程的其他部门之间传递,从而促进公路工程的建设效益。

第五节 线形设计连续性

一、概述

从 20 世纪末开始,中国逐渐对城市道路建设重视起来并逐步进入了城市道路建设快速发展的阶段。从 1995 至 2010 年的 15 年间,中国的公路建设投资总金额大约为 2 万亿元。到 2006 年底,公路运输总里程达到了 196×10^4 km,这一长度处于世界第三

位。中国城市道路的基本骨架已经形成，这必将促进沿线经济的进步和发展。公路不仅促进城市与城市之间的、地区与地区的联系，而且促进了地区之间的经济文化交流。所以，可以说城市道路已经成为各个城市发展的主要促进因素，它在国民经济发展中占据着不可或缺的地位。

本文所研究的基于运行速度的道路的线形设计表现出了线形设计在道路设计中的重要性。道路的线形在很大程度上决定了道路运行条件的好坏，所以，可以说道路的线形设计是道路设计的核心，它最后确定了道路在空间中的位置和驾驶员对道路的视觉感受。道路在竣工后改变其线形非常复杂并且可能性极低，道路的线形将会一直影响车辆在道路上的运行情况。道路线形的好坏，对行车安全、经济性、舒适性和通行能力起着决定性的作用。所以，设计者在对道路线形进行设计时，必须充分研究道路周边情况，最后严格施工，保证道路线形的正确性。

运行速度的概念

在道路设计的过程中，车速是我们需要控制的关键参数。因为车辆速度将会直接对道路周边设施和其他车辆安全产生直接影响。除此之外，运行速度还对道路的曲线半径、车道的尺寸和数目等因素起着一定的影响作用。

运行速度又称行驶速度，其一般含义是在良好的气候和正常交通条件下，大多数驾驶员在某条道路驾驶汽车时所采用的实际车速。在驾驶汽车时，会因为各种不同的因素综合影响，导致驾驶速度不尽相同。即使是同一个驾驶员驾驶着同样的汽车，也会因为不同时间段的心理状况不同而导致驾驶速度不相同。根据相关研究可以发现，驾驶员中有百分之十五的人喜欢飙车，也就是说，这部分人在驾驶汽车时的速度会比大部分的驾驶员快很多。而设计者在设计道路时要满足大部分人的驾车速度要求而不是所有驾车人员的要求。因此，设计者就有必要为这大部分人选取一个具有代表性的运行速度值，并以此为基础来进行道路设计。

三、影响运行速度的因素

（一）驾驶员因素的影响

汽车最终是由驾驶员来控制的，所以，设计者有必要先了解驾驶员的驾驶过程。其过程可用图 3-3 表示。

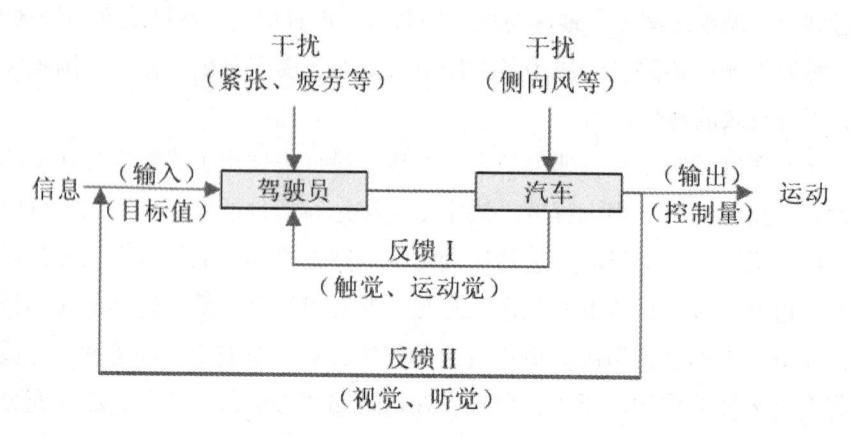

图 3-3 驾驶员工作模式图

从图 3-3 可以发现，驾驶员工作过程大致可以总结为：了解情况、做出判断和操纵汽车三个部分。在这个驾驶过程中，驾驶者可能受到外界因素或者内部因素的干扰，其中外部因素包括气象条件、道路条件等；内部因素包括自己的精神状态和疲劳情况等。

而在驾驶员驾驶汽车的过程中，绝大部分的信息是依靠自己的视觉获得的，这些信息将决定着驾驶员的对驾车情况的判断，其中驾驶员的视力与运行速度的关系见表 3-7。

表 3-7 驾驶员视力安全与运行速度的关系

视力	安全运行极限车速/（km/h）	安全感
1.0	>50	安全、舒适
0.75	30～50	产生不安全感、不舒服
0.5	20～30	产生危险感、小心驾驶
0.25	<20	有显著危险感、无法驾驶

人们在头部静止时两眼所能看到的视野定义为静止视野，头部不动但眼睛转动所看到的视野定义为动视野。在驾驶汽车中，驾驶员的视野情况会极大程度的影响行车安全，并且我们的有效视野会由于行车速度的增加而变得狭窄。综合来说，如果在设计道路时运行速度设定得较高的话，将会对行车安全造成一定影响。

（二）汽车因素的影响

道路的设计主要是为了汽车安全行驶的，而车辆的行驶速度必然与汽车本身的性能有关。汽车的动力性能越好，其最大行驶速度就越高。不同的车型其动力特性也不一样，这就导致不同车辆的最大行驶速度不同。而我们在进行道路的线形设计时，需要考虑的运行速度主要是小客车和中型载重汽车的运行速度。目前，我国所拥有的小客车主要有奥迪、大众、夏利、奥拓等，中型载重汽车主要有东风和解放等。

（三）道路综合状况的影响

道路的综合状况包括道路的平、纵、横各项指标和道路的曲率半径。在大部分的道路设计中采用的线形为直线，因为直线道路具有方向明确，距离短并且视野开阔等优点，所以大量使用。但是，由在道路设计时要根据当地地形做适当调整，不能一味地采用直线道路，所以，设计者还应控制好直线道路的长度。在道路转弯时要用弧线道路，而在设计时要选取合适的曲率半径，因为道路的曲率半径对车辆的运行速度也有着一定的影响。而在道路的平纵横三项指标中，平度决定了道路的平坦程度，纵度决定了道路的坡度；而横度则指的是道路横断面，主要包括行车道、路肩、中间带等部分，这些因素都对道路的运行速度有所影响。

（四）周围环境因素的影响

道路在设计时，其周边环境也会对道路的运行速度产生影响。这些因素主要包括：交通环境、气候环境和路侧景观环境。（1）交通环境的影响：这一因素具体包括汽车行驶的交通量、行人出行情况、红绿灯情况等，它们都对车辆的行驶速度有明显影响，特别是混合交通量大的普通公路。（2）气候环境的影响：气候条件包括外部的雨雪，风向、温度、气压、光亮程度等，这些气候条件都对驾驶员有着不同程度的影响。（3）路测自然环境的影响：路测自然环境主要是通过影响驾驶员的心理和视觉进而带来影响汽车运行速度的。如果周围环境好，这就会大大降低驾驶人员的视觉疲劳，驾驶人员的心理也会比较轻松，这种情况下驾驶员就会对运行速度较好地控制。

四、运行速度预测模型和线形连续性评价指标

（一）运行速度预测模型

基于运行速度的道路线形连续性设计中最关键的问题便是确定不同线形下的运行速度模型，这样就可以在道路上测试和预估各路段的运行速度值[4]。研究不同线形下驾驶员的实际运行速度是本文的重点内容，为了得到比较可靠的模型，必须采集大量的数据并对其进行分析处理，本文采用的处理分析方法为数理统计中的线形回归方法，其基本原理如下公式。

设在一无限总体中，因变量 Y 与自变量 X1、X2、…、Xp 之间存在线形依赖关系，那么，给定一组自变量的取值 X1t、X2t、…、Xpt，因变量 Y 就会依照下面的等式取值：

$Yi= β0+ β1X1i+ β2X2i+ ··· + βpXpi+ εi$

上式称为多重线形回归模型。回归分析的根本目的，就是确定模型参数的具体数值，从而确定因变量与自变量之间线形关系的具体形式。

（二）基于平面和横断面的运行速度预测模型

在我们目前研究中，对于平面与运行速度的关系以及横断面与运行速度的关系掌握得还不是很透彻，所以，必须通过实验来建立起模型并计算出它们之间的关系。根据我国的实际研究进展，由于技术还不够成熟，所以，引入德国的研究方法。德国的研究方法需要建立平面的曲度、横断面的路面宽度和汽车运行速度的关系，这样，就可以从图中看出汽车的运行速度。其中，横断面对汽车的运行速度影响主要是通过行车道路的宽度来影响驾驶员的心理状况，进而影响驾驶员的驾驶速度。

（三）线形连续性评价指标和评价标准

道路的连续性是指：道路的几何条件既不违背驾驶员的期望，也不违背驾驶员安全地操作和驾驶车辆的能力，即：线形连续的道路设计确保驾驶员能够沿着路线以期望速度行驶。不连续的线形具有以下特征:(1)公路上线形指标有很大增大或减小;(2)某些路段线形指标有很大的变化率;(3)平均指标和单个指标间有很大的差别。

从上面的特征可以看出：线形指标如果变化过大就会成为导致公路线形不连续的一个关键因素。而线形指标的不连续大都是经过驾驶员和乘客的身体感觉体现出来的。

线形指标的变化是否符合驾驶员的期望，车辆的运行速度变化是否符合乘客舒适性的要求等，最终表现出来的是汽车的运行速度是否连续，而运行速度的连续会进一步影响道路的连续。

运行速度在道路设计中的应用基于运行速度的道路线形连续性设计就是对运行速度的应用，其具体的应用思路为：首先，在道路设计时根据运行速度拟定设计方案；其次，在这个方案上对整体线路进行运行速度的验证；最后，再根据验证结果对道路的线形进行适当的修订。具体步骤如下：

1）初始设计。根据相关资料确定一个比较合理的原始方案，并根据运行速度进行道路的线形连续性设计，并绘制一些图纸。

2）划分分析路段。在道路的线形连续设计时，因为高度的不同而存在不同的路段，其中包括平直道、下坡道、上坡道、弯道等。在每一段都应该根据不同模型来进行运行速度的分析。

3）运行速度的预测。在进行运行速度预测时，也应该根据不同的路段来评测。按照不同的路段类型进行运行速度预测其中最主要是直线段的速度预测。

4）线形的连续性检测。线形连续性检测时主要是检测两个相邻路段。如果两个相邻路段的运行速度差在10km/h，则表明连续性很好。如果线形连续性达不到相关要求，则要进行调整。

5）设计速度的一致性检查。在完成了以上步骤后，就要做最后的一致性检查，如果路段的运行速度大于原拟定的设计速度，也需要对道路路线做一定的修改。

6）修改图纸。这一步就需要综合上面的修改结果对图纸做相应的修改。

7）完成设计。在上述所有步骤完成后，就完成了道路的线形设计。

第六节　爬坡车道、避险车道与紧急停车带

一、项目概述

郑州至洛阳段高速公路是国家规划的"五纵七横"之一"连霍国道主干线"的重要组成部分，也是河南省及整个中原地区高速公路网的主骨架，1995年开通运营，项目沿线属于黄土塬边缘冲沟地带和伊洛河冲积谷地地带，地形起伏较大，沟壑壁立。受地形的限制，此段公路最大纵坡达4.2%，对应坡长达3.61km，当重载车辆行至上坡路段时，由于车速突然降低，占据行车道，使后面小车无法超车，这就导致交通严重阻塞，交通事故时有发生。鉴于此种情况，省委省政府决定在纵坡陡而且坡度较长的路段增设爬坡车道和紧急避险车道，来增加车辆运行的自由度和安全度，从而增加该公路的交通能力。

二、爬坡车道和紧急避险车道的设计

（一）爬坡车道、紧急避险车道的概念

爬坡车道是给上坡的重载慢行车辆提供一条附加车道，让重车驶入爬坡车道，主动让出正常行车道以保证行车道上快速车辆的正常行驶，提高道路的通行能力，减少交通事故的发生，爬坡车道是解决高速公路重丘区路段上坡通行能力不足的重要手段；紧急避险车道是在长陡下坡的末端设计一个与道路坡度方向相反的很陡的制动坡床，利用其较陡上坡制动坡床紧急制动停车，以防止连续长陡下坡车辆在行驶中刹车失控而造成事故（见图3-5）。

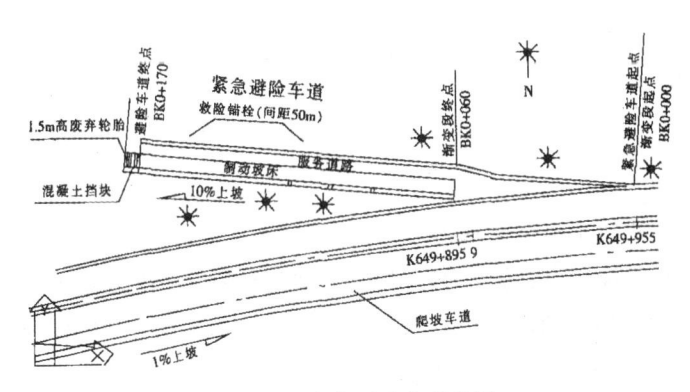

图3-5　紧急避险车道简图

（二）爬坡车道、紧急避险车道设置的优越性和实用性

爬坡车道是在长陡上坡路段专门为慢行车辆提供的一条行车道，这样将"超车"变成主动让道，即变被动为主动，既可增大交通能力，又可以减少因超车而引起的交通事故，和全线增加一条行车道相比既经济又实用；避险车道则是利用天然地形设计一个较陡的制动坡床，为在长陡下坡上的刹车失灵车辆提供一个避险港湾，同时为救险提供场地和条件，从而提高高速公路上其他正常行驶车辆的自由度和安全度。爬坡车道和紧急避险车道切实体现了现代高速公路的人文、和谐、自然的特点。

（三）连霍高速郑州至洛阳段高速公路爬坡车道和紧急避险车道的设计

1. 爬坡车道设置条件的理论计算

沿上坡方向载重汽车的行驶速度降低到容许最低速度以下及其设计通行能力小于设计每小时交通量时，需在上坡方向行车道右侧设置爬坡车道。其主要决定因素为临界坡长，即在纵坡大于或等于 4% 时算出载重车的临界坡长（当纵坡小于 4% 时，在满足规范要求的情况下，坡长对载重车影响不大）。所谓临界坡长，就是用来表示满载的载重车在某一指定的上坡道上行驶时不致于发生不合理减速的坡道最大长度（见图 3-6）。我国目前并无相关的研究资料可供参考，笔者查阅了美国的研究资料，其表明：当双车道公路上的上坡车道已超过临界坡长，即坡长已引起载重汽车减速 16.09km/h 以上时，只要交通量和重量-功率比高于载重汽车的百分数，就值得增加一条爬坡车道。

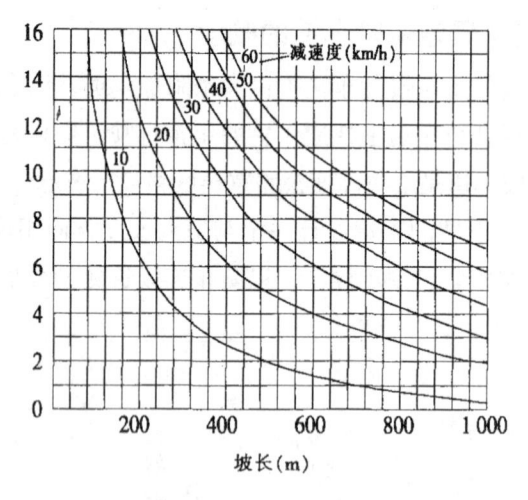

图 3-6 计算坡度

2. 实际工程中爬坡车道的设置

上面介绍的只是美国在什么样的情况下才设置爬坡车道的理论上的一种计算方法，由上述可知，美国爬坡车道起点插入坡道起点以上一段距离，因为载重汽车驶完这段距离前，其速度不至于降至给尾随车辆的驾驶人造成不可容忍的程度，这样设置爬坡

车道在理论上无疑是比较合理的。而我国爬坡车道的长度与主线相应的纵坡长度一致，往往要比美国的长几百米，这与两国汽车动力性能、载重车所占比例有一定关系。而在实际工程中，笔者认为爬坡车道起终点的位置及起终点的渐变段长度需要结合设置爬坡车道路段和其前后路段的平纵线形情况来具体分析，将爬坡车道路段的行车情况融入到整条路的行车情况中去考虑，将理论计算与实际情况结合起来，这样会更合理，更能真正发挥爬坡车道的作用。如连霍高速郑州至洛阳段高速公路爬坡车道的设计是在已经建成并在运营中的道路上增设爬坡车道，该路段地形极其复杂，结构物很多，如果按照上述理论，有几处爬坡车道的起终点都落在大桥或特大桥上，或落在天桥附近，而且郑州至洛阳段高速公路以高架桥居多，这样就存在大桥的加宽改造或天桥的改建问题，如果稍微移动起终点或稍微减少渐变段长度便可避免，这种做法虽不满足上述计算要求，但对行车并无大碍，而对整个工程而言是既经济又合理；还有一段爬坡车道终点在平面上位于一个半径为750m的圆曲线中点处，这种情况在条件允许的前提下可将终点前移，即适当增加终点渐变段的长度，从爬坡车道上的重车驶出爬坡车道及其对在正常行车道上的车辆的影响来考虑，这样做更为合理。

3. 紧急避险车道设计

紧急避险车道最好能选择在高挖方路段，充分利用山体来设置与道路坡度反向的制动坡床，当然，如果在长陡下坡的终点处没有挖方山体而且还需要设置紧急避险车道，则需要人工填土来建造制动坡床。紧急避险车道因纵坡很大导致路基很高，设计时需充分考虑其路基的稳定性，制动坡床的最大制动冲量要能挡住刹车失灵的重车，边坡防护要和老路及周围环境相协调，紧急避险车道上的车辆对正常行车道上车辆的影响等问题。我国规范规定，紧急避险车道制动坡床的最小纵坡为10%，对应最小长度为100m，在连霍高速郑州至洛阳段高速公路紧急避险车道的设计中，由于实际地形的限制，要达到上述指标并非易事，所以在情况不允许的情况下强制执行这个指标并无必要，紧急避险车道的作用也就是挡住下坡刹车失灵的重车，在设计时可以先算出制动坡床的最大制动冲量，如果不够，再加厚制动坡床上的砾料，或在制动坡床末端增设一个钢筋混凝土挡块来增加其制动效果，这样便可适当减小制动坡床的坡度或长度，同时还可减少占地，降低路基高度。紧急避险车道目前在我国并不多见，在山西，云南，贵州等省有一些，但由于没有很成熟的理论和经验借鉴，也都是结合地形做得较为简单，其使用性能及其优缺点还有待调查研究与考证。

第七节 超标设计

以科学发展观为指导，坚持以人为本，走资源节约型交通发展之路，是实现我国公路交通全面协调可持续发展的必由之路。提高投资效益，与自然和谐发展是时代对公路建设提出的新要求，也是公路建设者的目标。随着社会经济的发展，人们对出行的需求越来越多，致使公路建设事业蓬勃发展。

过去二十多年间，我国开展了世界上规模最大的公路建设，实现了公路跨越式发展，为促进国民经济健康发展和提高人民生活水平做出了重要贡献。在公路建设事业快速发展的同时，为实现公路建设的自然环境相和谐，交通部提出"安全、耐久、节约、和谐"的新指导方针，突出了"以人为本，以车为本"的新理念，通过合理灵活运用标准指标，达到节约资源、保护环境、促进公路建设与自然相和谐的目的。

各个国家都使用各自的公路工程技术规范和标准来约束公路设计过程。但公路设计过程是一个智力创作过程，是设计者将具有特定功能的公路融入自然环境，并赋予其美学价值的创造性思维过程，其中一个重要的特点就是具有特殊性。对于每一个公路建设项目而言，其所处的地理位置、地形地貌、地质条件、气候气象、社会环境、公路使用者的需求、遇到的机遇与挑战等各异，无论是新建公路还是改建公路，都没有固定的设计模式，都将面临着在改善公路行车条件与安全和寻求将设计融入周围的自然与人文环境之间的矛盾，但其追求与环境的协调和统一的目标是一致的。因此，在公路设计理念中灵活性是至关重要的。"公路灵活性设计"的理念并不是试图去创建一个新的标准。实际上，这种设计理念是建立在灵活应用现有的规范、标准、规章制度和法律规定基础之上，在不降低安全性的前提下，通过灵活设计寻求达到更符合公路沿线可持续发展的需要和利益的目标。其设计的核心是让设计者创造性地灵活运用专业知识与判断能力，在有效发挥公路功能与运营安全的同时，使公路建设适合自然与人文环境。

一、美国的公路设计灵活性理念

美国联邦公路管理局（FHWA）充分认识到"在保护甚至是加强建设环境、自然风景、人文历史及社会资源的同时为公众提供安全、高效的交通运输服务是他们面临的一个巨大的挑战"，提出了公路设计灵活性的新理念。并且出版了一本"公路设计的灵活性"（Flexibility in Highway Design）的书，专门介绍公路设计的灵活性。其灵活性设计主要包括以下几个方面：

允许各个州标准的取值范围具有灵活性。

当受环境条件严格约束时，可以有超标设计。

对规划阶段的决策进行再评估。

需要时允许降低设计车速。

维持现有道路的平、纵、横断面，仅重新罩面、修复和更换标志认真考虑可选择的指标，特别是对于景观道路。

检查设计参数和指标在安全和运行中的效果。

设计灵活性使设计人员具有了很大的发挥空间，但是这种发挥并非没有限制。设计的灵活性其实是一个相当严格的灵活，是建立在充分评估和审慎批准基础上的。对于美国国家公路网的项目，要求所有的超标设计必须以一定的方式加以论证并备有论证说明，论证评估的内容包括：

结合交通特征、历史交通事故调查和前后路段状况，评价超标设计对公路运行安全影响。

结合公路项目类型、使用功能及交通量等，评价超标设计的功能适用性。

评价如果坚持达到标准可能引起的工程造价，以及对公路自然景观、社会景观或其他景观要素的影响。

最后应该评价设计指标需要被降低到何种程度、超标指标的采用可能引起的连锁反应（影响其他指标），以及能否通过降低其他设计要素减轻这一问题。

国内公路设计中灵活性的考虑我国地域广阔，各地地理地质条件不同，经济社会发展水平各异，为保证交通网的畅通的使用效率，需要有全国性的公路技术标准的规范。但应正确理解和执行标准、规范，不能不分强制性标准还是推荐性标准。同时要充分考虑工程项目所处的地区以及公路的性质，尊重每一个区域的特殊性和工程的差异性，在满足安全性、功能性条件下，通过对工程方案进行各方面的比选，灵活的选用技术指标。

一条好的道路应该是在保证能够安全、快速行驶的基础上，能够更好的融入周围环境同时满足驾驶员的期望，所以在设计中应充分结合当地的地形以及环境特点布设路线。例如针对自然景观优美的山区旅游道路，其地形、地质条件较为复杂，且山高坡陡，沟深谷窄。设计中很难使各项指标都能充分满足规范要求；同时作为旅游道路，其主要功能是以游览观光为主，需要满足线形的连续性和优美性且充分融入大自然当中，所以不能按照以客货运输为主的等级公路那样在设计中一味追求高指标线形。以交通部示范工程川九路为例，为了更好地保护及融入环境，整个设计中在指标选取方面多处体现灵活设计的理念。

地形较好路段采用较高设计指标，困难路段适当降低设计车速。在有条件的段落采用较高设计指标；困难路段地形、地质条件极为复杂，若仍采用较高设计车速，将对环境造成巨大破坏并可能诱发新的地质灾害。为更好的保护环境、降低对环境的影响，考虑降低困难路段的设计车速。

工程艰巨路段，灵活运用次要技术指标。川九路是以老路改造为主的二级路改造项目，原有公路线形指标低，若改建工程严格按标准规范执行，势必造成工程大量浪费和对环境的较大破坏。因此，设计中对曲线间直线长度、回旋线长度及超高渐变率等适当进行了降低。

雪害路段，加宽路基。局部路段冬季积雪结冰严重，车辆碰撞、追尾和侧滑等事故时有发生。为保证行驶安全，结合地形条件，设计中将这四段路基宽度加宽至10m，并调整了纵坡。

二、灵活设计案例

任何事物都是共性与个性的组合体，设计工作也一样规范标准，就像是公路设计中的共性即普遍性，同时地理位置、地形条件、沿线自然环境特点、公路使用者的需求等是公路设计中的个性即特殊性。公路设计中强调的个性化设计是在常规设计不能解决的情况下进行巧妙的创造性设计从而克服困难使公路更加安全、舒适、美观。以下介绍几种个性化设计的案例供读者赏析。

例一：灵活利用匝道式的线形布线来克服高差。山区道路设计的特点是地形复杂、山脚至山脊间高差大，传统做法是利用展线使高差逐渐变化，而图1所示的方法则巧妙的利用了匝道线形的思路克服了高差，保护大量林地，其设计新颖、独特实用性强。

例二：利用地形条件灵活布设匝道。在高速公路互通式立交设计中，两条高速要实现各方向完全互通至少需要八条匝道才能实现。如果是在地形复杂的山区，互通的选址与匝道的布设将更加困难。在互通匝道交叉处设置平交道口的方法既满足了各方向车辆通行的需求又减少互通占地，匝道布设流畅、实用最大可能的减少对自然环境的破坏。

例三：灵活处理边坡防护。山区公路建设中不可避免的会对原状山体进行开挖，通常情况下我们会对挖方边坡进行人工护面。如果在边坡自然稳定的前提下，保持边坡原状不但体现自然之美而且大大降低了工程造价。

公路事业在新的一轮发展周期中，既面临着难得的机遇，也存在不少困难。其中，环境约束和资源约束是两大突出矛盾。处理好公路大发展和环境相和谐、资源有效利用的关系，是公路建设者面临的重要课题。灵活性设计理念正是解决公路与资源、环境和谐相处的法宝，通过合理灵活运用标准指标，创新设计思路，达到节约资源、保护环境、促进公路建设与自然相和谐的目的。

第八节 优化设计

一、双向四车道高等级公路交通安全设施

高等级公路对促进我国经济的发展发挥着极其重要的作用，安全设施是高等级公

路最为基础性、必须性的安全保障体系，是维持社会经济持续发展的关键。高等级公路的安全设施的功能主要包括安全防护、交通诱导、交通管理等。双向四车道的高等级公路主要配有的安全设施包括护栏、标志以及防眩设施等。

二、双向四车道高等级公路交通安全设施的优化设计

（一）护栏安全设施的设计优化

护栏可有效避免车辆因各种原因冲出道路，最大限度减少事故带来的伤害，同时也可形成视觉诱导，指导驾驶人员正确行车。中央分隔带护栏、路侧护栏是高等级公路中护栏的两种类型。路侧护栏可按照防撞等级分为五级，分别是B、A、SB、SA、SS，中央分隔带护栏可按照防撞等级分成三级，即Am、SBm、Sam。护栏虽是一种防护措施，但其本身也是障碍物，并不是单纯的设置得越多、强度越高越好。在双向四车道的高等级公路护栏的设计中，不能盲目地套用规范简单了事，而不顾其对建筑限界以及驾驶人员视距的影响。护栏设置详细分析车辆对护栏撞击及冲出路外的危险性，用来制定确定防撞级别，同时也要考虑路段路形、线形、坡高等相关因素。如对于小弧度曲线，要特别注意护栏的设置不要阻挡驾驶人员视距，可通过视距包络图的绘制检验其视距；对于无法满足需求的段落，为抑制事故发生，必须采取相应的防范措施。

（二）交通标志的优化设计

交通标志作为行车过程中的主动引导设施，常常以各种图形、形状、以及颜色等向驾驶人员提供相应的信息，是高等级公路中最常见的安全设施。交通标志主要作用是将沿线的信息向司乘人员准确及时的传达，有效降低事故发生，提高行车安全性，并加深驾驶人员对高等级公路线路的认识，避免其走弯路、多走路，以便于较快的到达目的地，双向四车道的高等级公路中交通标志的设计遵循以下几个原则：(1) 为不熟悉的高等级公路及其周围路网体系驾驶人员提供便利；(2) 交通标志的布设，要与收费、监控等沿线设施系统相协调；(3) 交通标志的版面设计保证司机在以设计速度驾驶车辆时能清晰辨识标志所传递的信息的同时，尽力使版面美观；(4) 为预防信息传播过载，保证司机注意力集中，采用简洁明了、恰当布设的多级预告。

因此，在优化交通标志设计的过程中，相关的单位要将多方面的因素综合考虑，对高等级公路网进行详细分析，根据高等级公路所在区域的交通及气候因素以及相关交通管理规范，做好交通标志的优化设计工作，为高等级公路提供必要安全保障。

（三）防眩设置的优化设计

防眩设施是在中央分隔带上设置的道路交通安全保障设施，其设置的目的主要是

消除夜间汽车前照灯对司机产生的眩光影响,以使道路交通事故数量降低,从而保障司机的行车安全。防眩网、防眩板、栽植树木等三种方式均可作为防眩设施的主要类型。目前,因防眩板优惠经济、风阻弱小、不易积雪等优点,防眩板已经作为道路设计防眩设施的主要采用对象。防眩板的设置要充分考虑高等级公路沿线平纵线形、天气条件,以及周围环境等因素。防眩板的布设高度要与司机视线高度、前照灯高度、道路行驶车辆与防眩板中心线的距离等因素相协调一致。在双向四车道的高等级公路上,两个单向车道上的车辆前照灯均会使对侧两车道上的司机产生眩光影响。因而,双向四车道的高等级公路可造成眩光共有 ($C_4^2 - 2$) 种车道组合方式,即第 1 和第 4 车道、第 1 和第 3 车道、第 2 和第 4 车道、第 2 和第 3 车道等四种组合方式。调查发现,当防眩板布设高度为 1.650 m,中央分隔带布设宽度 ≥3.750 m,或防眩板布设高度为 1.700 m,中央分隔带布设宽度 ≥2.000 m 时,防眩效果较好。

第九节 路线方案选择新理念

近年来在高速公路建设中尤其是山区高速公路建设中环保、安全等问题十分突出,这些问题很多都是可以在设计过程中解决的。2005 年,交通部发布了《新理念公路设计指南》,突出了"以人为本,以车为本"的新理念,指出应合理灵活运用标准指标,达到节约资源、保护环境、促进公路建设与自然和谐的目的。公路线形是车辆运行的直接载体,一旦确定,无论优劣,都很难改变,而制约线形指标选择的因素错综复杂,设计时需根据不同项目的特点灵活运用指标。本文以某高速公路设计为例,探讨了路线方案选择及线形指标的运用在结合新理念方面的应用。某高速公路全线按双向四车道高速公路标准设计,设计速度 100 km/h,路基宽度 26 m,路线从东至西分别位于基岩中低山区、黄土覆盖低山丘陵区,山前倾斜平原区,最高海拔 1 131 m,最低海拔 634 m,相对高差 497 m,整体地形呈东高西低。

一、路线方案的选择

影响路线方案的因素较多,不同地段的影响因素也经常变化,往往不是所有因素都能同时达到要求,或者说很难整个项目或较长路段均能达到标准规定的条件,因此应对项目的分段差异和实际情况进行综合考虑,选用最佳的路线方案。

(一)对运营安全与环保的考虑

安全是公路设计和建设需要考虑的首要因素,因此路线方案选择时应首先考虑的是公路建设和运营的安全,同时应尽量减少对周围环境的破坏。例如路线穿越全线海拔最高点——松树坡村，路线在此以隧道形式通过，方案一采用直线穿越山岭，路线顺畅，且桥梁长度较短，但隧道进出口均需下穿国道 G，且隧道范围内路线与国道 G 形成多次交叉，安全隐患较大，同时，路线跨越国道 G 后从松树坡村中间穿过，对居民生活干扰较大。方案二路线线形虽不如方案一好，但避开了与国道 G 的多次交叉，仅需两次上跨国道 G，减少了施工难度，隧道范围内路线与国道 G 无干扰，无安全隐患，且跨越国道 G 后从松树坡村后绕行而过，减小了对农民出行的干扰，因此，与方案一相比，方案二更"安全、环保"，最终方案二被采用。

（二）对里程节约的考虑

路线方案比选过程中，经常遇到造价低但路线需绕行一定长度、造价高但路线顺直两种方案比选的情况，这实际上是统筹考虑建设成本和运营成本的问题，《新理念公路设计指南》中给出了按远景年平均交通量 55 000 pcu/d 计算，每绕行 1 km 在评价期内增加的运营成本净现值大概为 1 896 万元，而实际路线方案选择中不能单独依据此数据，路线方案的取舍需综合考虑多方面的因素。方案三跨越旧县河后主要以桥梁形式通过，桥梁长度较长，造价较高，但路线顺畅，和方案四相比，路线长度缩短 1 km，运营成本较低，根据交通量 41 335 pcu/h 计算，虽然建设成本超过了路线增长产生的运营成本，但由于方案四存在连续陡坡，线形指标太低，且存在连续深挖方，对环境破坏较大，因此方案三被最终采用。

二、线形指标的运用

在路线方案基本确定后，根据设计速度 v=100 km/h，初步确定各曲线参数后，运用运行速度进行检验，根据运行速度优化各线形指标。

（一）对服务水平的考虑

受地形的限制和对降低造价的考虑，该路段设置了连续小半径曲线，使得该路段大货车运行速度降至 60 km/h 以下，该路段服务水平下降，通过加大该路段的圆曲线半径，适当缩短缓和曲线长度，并延长 K82—K83 段路线进入连续曲线前的直线长度，使得大货车进入连续曲线之前的运行速度加速到 75 km/h，最终该路段的运行速度得以提高，提高了服务水平，改善后的大货车运行速度达到 65 km/h 以上。

（二）对设置爬坡车道的考虑

对全线用运行速度检验后，当运行速度、通行能力、运行安全等受到影响时，应设置爬坡车道，设置的条件为：

a) 沿上坡方向货车的运行速度降低到最低速度时，宜设置爬坡车道。

b) 上坡路段的设计通行能力小于设计小时交通量。

由于部分路段有条件对线形指标进行改善而不设置爬坡车道，但需增加工程量，此时需对增加爬坡车道的工程量和改善线形增加的工程量作进一步比较，比较后进行综合考虑来确定最后的方案，如果改善后的运行速度没有明显改善，虽工程量与增加爬坡车道相比有所节省，也应倾向于设置爬坡车道，因为设置爬坡车道对服务水平的提高是显著的。本项目通过对全线的运行速度检验后，优化了部分路段的线形，并在K121+000—K123+800路段设置了爬坡车道。

（三）对超高设置的考虑

在平曲线上设置超高，其目的是形成向心力，以平衡高速行驶车辆的离心力，新的路线规范中没有规定不同半径具体的超高值，而是要求根据实际条件具体确定，因此各圆曲线的超高应充分考虑项目所在地区的自然条件、汽车的组成比例及运行速度。在小客车比例较高、平直路段，需按照运行速度设置较大超高，如果货车比例较高，运行速度不容易提高的地段，如隧道进出口、大桥上、连续低线形指标路段等，需按照运行速度适当减小超高。本项目全路段由于大货车比例较高，因此对超高值设置首先考虑大货车的运行安全，仅对大货车及小客车运行速度均达到最大的个别路段进行超高加强设计。总之，路线设计同时也是总体设计，设计时应充分结合路基、桥梁等的设计新理念，才能设计出更多人性化的公路。

第十节 线形设计与公路景观

公路景观设计开始于20世纪30~40年代的德国，其代表人物为汉斯·洛伦茨。随后日本、法国、瑞士、美国等国家在这方面进行了大量的理论研究与工程实践，并取得了较大的成就。1965年，美国国会通过了《道路美化条例》。1980年，联邦德国制定的道路设计规范增加了《道路景观设计规范》。我国由于高速公路建设起步较晚，在高速公路景观的规划、设计和评价等方面起步较晚，尚无成熟的理论体系和技术手段。随着社会的进步，文明程度的提高和环境意识的加强，人们对公路使用功能的观念也发生了变化，不再只是从工程技术的角度看待交通设施，不仅要求高等级公路便捷安全，还要求提供舒适的乘坐条件和优美的道路景观。公路景观设计越来越受到重视。我国交通部于1983年制定颁发了《公路标准化美化标准》，要求道路畅通、整洁、绿化、美化，公路景物交叉协调，构成流畅、安全、舒适、优美的道路环境。随着高速公路和高等级公路建设的发展，又提出了要创建公路绿化精品工程，设计、施工要高标准、高质量，注重植物的多样性和优化配置，加强公路景观的建设。

一、公路线形与景观设计的基本理念

高等级公路景观规划设计就是关于高等级公路环境协调(或环境美学)的问题，它不同于一般城市道路的景观设计。高等级公路景观的特点是强调公路不破坏自然，点缀自然，使公路成为自然环境整体的一部分，并与自然融为一体。高等级公路景观要求的特征大致可归纳为：

(1) 路线要有优美的三维空间外观，要求线形流畅，具有韵律，并且具有连续性。
(2) 路线要和地形融为一体。
(3) 充分利用风景资源，视野要多样性。
(4) 充分利用现有环境，减少施工对环境的破坏，施工痕迹要注意修饰，并适当恢复其自然外观。

由上述关系，可以看出公路线形与景观环境设计分为两个方面：线形自身的协调和线形与外部环境的协调。线形自身的协调主要是指公路路线本身具有良好的平面、纵面设计和平、纵线形组合设计，使其具有视觉的连续性和立体的协调性；线形与外部环境的协调是指公路同沿线环境、景观的协调与配合，少破坏自然景观，并提供视野的多样性，使公路与周围环境自然地融为一体。

二、公路线形自身的协调

线形设计的好坏往往是公路总体设计及效果的主要评价标准，特别是高等级公路。所以在进行线形设计时，如何根据地形等条件合理地选用各种线形要素，并巧妙组合，是公路线形设计需要研究解决的问题，从而设计出既经济又安全舒适的公路。线形设计时需要注意以下问题：

(1) 线形设计除从行驶力学上应满足汽车行驶安全、舒适及运营经济合理外，还应考虑驾驶员在视觉和心理方面的要求，理想的线形设计应能使驾驶员在行驶中视线连续，自然诱导视线，并能预知前方的变化。

(2) 公路线形设计要处理好平、纵、横三个方面的最佳配合，使线形舒顺、流畅，并与原地协调，优美的路线不仅是道路安全的需要，还会使驾驶员及乘客都觉得旅途舒适，风景优美，赏心悦目。

(3) 线形应以曲线为主，因为曲线比直线更具灵活性，其几何形态易于适应地形的变化，可组成顺适圆滑的线形，此外，曲线可以让驾驶员和乘客始终感到前方景观在不断改变，不仅丰富了视觉效果，也能减轻旅途造成的疲劳，甚至可以减少驾驶员因注意力不集中引起的交通事故。如在广州至河源高速公路工程 SJ-1 合同段中，两个同向弯中采用了卵形曲线相接，避免了中间插入短直线，最终平曲线路线总长达到了

96.73%。

(4) 各种线形要素之间及与其他设施之间相互平衡、协调，直线、圆曲线、回旋线之间应协调；平曲线与竖曲线之间应组合得当；平面线形与纵断面线形之间应组合协调；路线与构筑物及沿线设施间应协调。

(5) 采用线形参数应平均，避免公路线形的突变，特别是长直线尽头应避免设置小半径平曲线及平曲线大小半径之间曲率过渡的突变，遇到上述情况应采取过渡措施，或在选线时考虑别的方案。

三、公路线形与周围环境的协调

公路线形按技术标准要求，并遵照一般的平纵组合规律设计后，应通过透视图的判别与检查加以分析，同时要注意与周围的环境景观协调，建立新的、完整的、具有一定建筑风格的公路景观体系，以取得优美的视觉与心理反应。公路景观设计，要求公路与周围环境协调，并要创造沿线的美观及保护文化古迹与动植物的生态平衡。此时，可按下述基本要求综合考虑，并以绘制透视图等手段加以检验。

(1) 通视。保持足够的行车视距，使公路各组成部分的空间位置协调、充分利用景观特色，使司机感到线形优美、流畅连续，行驶安全舒适。尤其是高等级公路上跨线桥、立交桥等构造物比较多，应注意与路线、自然环境等的协调。

(2) 导向。利用湖泊、山体等自然物，建立合适的视觉诱导系统，使司机能预见公路方向及路况变化，并采取安全的行驶措施。

(3) 协调。公路与自然景观协调，与周围环境融为一体，适应地形，尽量减少施工痕迹，消除公路景观上的不良障碍，展现地区优美的景色。

(4) 绿化。利用绿化、公路设施及装饰，补充、改善沿线景观，与周围环境有正确和谐的比例，并在不同路段形成各具特色的建筑风格。

（一）公路线形与自然环境的协调

公路与自然环境相协调，有两方面的含义：一、公路建成后不破坏周围环境的自然美；二、公路布线注意合理利用和改造环境，使行车有较好的景观。从美学的观点出发，为使公路与自然环境相协调，应注意以下几个问题：(1) 公路选线时应尽可能地利用经过地区的多样性，自然风景如孤山、湖泊、大树，人工建筑物如水坝、桥梁、农舍，可在路旁设置一些设施等，尽可能地利用最佳的风景特征引人入胜，以避免公路景观的单调感。(2) 道路线形要与原有地形充分融合，应尽可能少破坏公路周围的地形、地貌、天然树木、建筑物等，布线应尽量避开大型建筑物、现有城镇、民居、高山、深谷等，避免高填深挖，设计出与地形及环境相适应的优美线形。(3) 靠近水域的公路，应注意保留沿岸的绿化，使其与水域有适当的空间，并通过细节处理水域景观。公路傍弯曲溪流时，应注意景观图像效果，可借助曲线来适应景观，同时应注意保持现有植物的生长情况；(4)公路应尽量避免直穿大片林区，必须穿过时，应优先布设成曲线，以保持自然景观的连续。公路标高应接近地面，尽量避免高路堤或深堑，将林区的损失减少到最低程度。(5)公路应尽量与周围风景自然地融为一体，不露施工痕迹，无法避免时应迅速予以恢复，或通过整修和适当种植以形成新的自然外观。(6)通过名胜、风景、古迹地区的道路，应注意保护原有自然状态，人工构造物应与周围环境、景观相协调，做到既方便交通，又不破坏原有的风景景观。

（二）公路景观绿化设计

公路绿化设计，不同于一般的园林设计、城市或小区的景观设计，具有独特性。公路绿化设计的目的，是通过绿化设计来缓解因公路施工、营运给沿线地区带来的各种影响，从而达到保护环境、改善环境、提高公路交通安全及舒适度的目的。高速公路绿化的设计内容按其不同的特点可以分为以下几个部分：

(1) 互通立交区内的景观绿化设计。

(2) 服务设施场地的景观绿化设计：包括服务区、停车区、管理区、养护工区、加油站、收费站等的绿化设计。

(3) 中央分隔带的绿化设计。

(4) 边坡的绿化设计，包括高填、深挖、岩石路段边坡防护绿化设计等。

(5) 路线两侧带状地域的绿化设计：包括土路肩、护坡道、隔离栅、隔离栅内侧绿化带等。

(6) 取弃土场的绿化设计。

(7) 特殊路段的绿化防护设计带：包括污染气体超标防护林带、防噪降噪防护林带、戈壁沙漠公路防护林带等。公路绿化在注重自身线形优美的同时，结合所经地区的自然特征和风格，充分利用周围环境的风景资源来实施沿线绿化，将使司乘人员在行车过程中增加情趣，减少疲劳。公路通过种植花草树木形成绿色走廊，能更好地使人工构造物融合于自然环境中，达到视觉上的和谐、舒适、优美。树木是道路上主要的垂直要素，对视觉有明显影响，因此，公路两侧的绿化植栽要与路线的平、纵线形及横断面状况保持一致，这不仅诱导了视线，充分展现了公路线形曲直、起伏的动态特征，也强调了公路与空间的延伸，增强了路线流畅的美感。同时，在树木选择，植被高低层次、间距、色调搭配以及修剪形态上作精心设计，使公路绿化体现韵律美和色彩美，为公路使用者提供畅、洁、绿、美的交通环境。

公路景观设计是一个复杂的、综合性的课题，涉及公路工程、环境学、生态学、美学、心理学、经济学等学科。设计中单纯要满足公路技术规范的技术指标的要求并不难，但是使公路与周围环境很好协调却并不容易。公路景观设计目前在我国是一个较新的课题，既无固定模式，又无具体内容，需要在实际工作中不断探索和研究。

第四章 一般道路路基设计

第一节 一般道路路基的设计规定

一般路基是指一般地区的道路路基,指路基的填方高度或挖方深度均小于规范规定的高度和深度,且具有典型的横断面和成熟的设计规定。

一般路基通常指在良好的地质与水文等条件下,填方高度和挖方深度不大的路基。通常认为一般路基可以结合当地的地形、地质情况,直接选用典型断面图或设计规定,不必进行个别论证和验算。对于超过规范规定的高填、深挖路基,以及地质和水文等条件特殊的路基,为确保路基具有足够的强度与稳定性,需要进行个别设计和验算。

一、道路路基的设计宽度

道路路基宽度为车道宽度与路肩宽度之和,当设有中间带、加(减)速车道、爬坡车道、紧急停车带、超车道、错车道、慢车道、侧分隔带、非机动车道、人行道等时,应计入这些部分的宽度。

1. 车道的宽度

一般每个车道宽度应与设计行车速度相适应,车道宽度应符合表4-1的规定。

表4-1 车道宽度

设计速度/(km·h^{-1})	120	100	80	60	40	30	20
车道宽度/m	3.75	3.75	3.75	3.50	3.50	3.25	3.00
注:高速公路为八车道,当设置左侧硬路肩时,内侧车道宽度可采用3.50m。							

八车道及以上公路在内侧车道内侧(第1、2车道)仅限小客车通行时,其车道宽度,可采用3.50m。以通行中、小型客运车辆为主且设计速度为80km/h及以上的公路,经论证车道宽度可采用3.50m。四级公路采用单车道时,车道宽度应采用3.50m。设置慢车道的二级公路,慢车道宽度应采用3.50m。需要设置非机动车道和人行道的公路,非机动车道和人行道等的宽度,宜视实际情况确定。

各级公路车道数应符合表2.2的规定。高速公路和一级公路各路段车道数应根据设计交通量、设计通行能力确定,当车道数为双车道以上时应按双数增加。

表4-2 设计速度与车道数

公路等级	高速公路			一级公路			二级公路		三级公路		四级公路	
设计速度/(km·h⁻¹)	120	100	80	100	80	60	80	60	40	30	30	20
车道数	≥4						2		2		2(1)	

注:四级公路应采用双车道,交通量小或困难路段可采用单车道。

高速公路和作为干线的一级公路右侧硬路肩宽度小于2.50m时,应设置紧急停车带。紧急停车带宽度应为3.50m,有效长度不应小于40m,间距不宜大于500m。互通式立体交叉、服务区、停车区、公共汽车停靠站、管理设施等的出入口处,高速公路、一级公路应设置加(减)速车道,二级公路应设置过渡段。高速公路、一级公路以及二级公路的连续上坡路段,当通行能力、运行安全受到影响时,应设置爬坡车道。爬坡车道宽度不应小于3.50m。六车道以上的高速公路,可不设置爬坡车道。连续长、陡下坡路段,应结合交通安全评价论证设置避险车道。二级公路货车比例较高时,可根据需要局部增设超车道。超车道宽度应按相应路段的车道宽度确定。

二级公路慢行车辆较多时,可根据需要采用加宽硬路肩的方式设置慢车道,并应增加必要的交通安全设施,加强交通组织管理。四级公路采用单车道时,应设置错车道。设置错车道路段的路基宽度不应小于双车道的路基宽度。非机动车、行人密集公路和城市出入口的公路,可根据需要设置侧分隔带、非机动车道和人行道。

2. 中间带的宽度

高速公路和一级公路整体式断面必须设置中间带。中间带由中央分隔带和两条左侧路缘带组成。高速公路和作为干线的一级公路,中央分隔带宽度应根据公路项目中央分隔带功能确定。作为集散的一级公路,中央分隔带宽度应根据中间隔离设施的宽度确定。左侧路缘带宽度不应小于表4-3的规定。设计速度为120km/h、100km/h,受地形、地物限制的路段或多车道公路内侧车道仅限小型车辆通行的路段,左侧路缘带可论证采用0.50m。

表4-3 左侧路缘带宽度

设计速度/(km·h⁻¹)	120	100	80	60
左侧路缘带宽度/m	0.75	0.75	0.50	0.50

中央分隔带宽度应从对向隔离、安全防护的主要功能出发,综合考虑中央分隔带护栏的防护形式和防护能力确定。

3. 路肩的宽度

路肩宽度除应符合表4-4的规定外,还应符合下列规定:高速公路和一级公路应在右侧硬路肩宽度内设右侧路缘带,其宽度为 0.50m。高速公路和一级公路采用分离式断面时,应设置左侧硬路肩,其宽度不应小于表 4-5 的规定。左侧硬路肩宽度包含左侧路缘带宽度。八车道及以上高速公路宜设置左侧硬路肩,其宽度应不小于 2.5m。左侧硬路肩宽度包含左侧路缘带宽度。

表 4-4 路肩宽度

公路等级（功能）		高速公路			一级公路（干线功能）	
设计速度 /（km·h⁻¹）		120	100	80	100	80
右侧硬路肩宽度 /m	一般值	3.00（2.50）	3.00（2.50）	3.00（2.50）	3.00（2.50）	3.00（2.50）
	最小值	1.50	1.50	1.50	1.50	1.50
土路肩宽度 /m	一般值	0.75	0.75	0.75	0.75	0.75
	最小值	0.75	0.75	0.75	0.75	0.75
公路等级（功能）		一级公路（集散功能）和二级公路			三级公路、四级公路	
设计速度 /（km·h⁻¹）		80	60	40	30	20
右侧硬路肩宽度 /m	一般值	1.50	0.75	—	—	—
	最小值	0.75	0.25	—	—	—
土路肩宽度 /m	一般值	0.75	0.75	0.75	0.50	0.25（双车道）0.50（单车道）
	最小值	0.50	0.50			

注：1. 正常情况下,应采用一般值；在设爬坡车道、变速车道及超车车道路段,受地形、地物等条件限制路段及多车道公路特大桥,可论证采用最小值。
2. 高速公路和作为干线的一级公路以通行小客车为主时,右侧硬路肩宽度可采用括号内数值。

表 4-5 分离式断面高速公路、一级公路左侧路肩宽度

设计速度 /（km·h⁻¹）	120	100	80	60
左侧硬路肩宽度 /m	1.25	1.00	0.75	0.75
左侧土路肩宽度 /m	0.75	0.75	0.75	0.50

取消对路基总宽度的指标规定,只规定公路路基横断面中各部分宽度,包括发挥各部分基本功能和与行车安全性密切关联的"最小值"指标,以鼓励根据公路项目综合建设条件,因地制宜地选用横断面布置形式和宽度。同时强调,公路路基横断面中各组成部分宽度应以满足行车安全要求为前提,根据项目交通功能、各组成部分所具备功能、设计交通量以及沿线地形等建设和通行条件综合确定。

公路横断面布置形式一般分为整体式断面形式和分离式断面形式。根据相关专题研究,多车道公路当双向车道数达到 10 条及以上时,不宜采用整体式断面,推荐采用

内、外幅分离的复合式断面布置形式。

高速公路和一级公路应根据地形、地貌等实际条件,因地制宜地选用(或分段选用)整体式和分离式断面形式。在山岭、丘陵地段或地形受制约地段,采用整体式断面工程量过大时,宜采用分离式断面形式。在沙漠、戈壁和草原等地区,有条件时宜采用分离式断面形式或宽中央分隔带的整体式断面形式。

二、三、四级公路为典型的双车道公路(四级公路可能出现单车道的情况),采用无分隔的双向混合交通组织方式,一般应采用整体式断面形式。

二级公路作为城乡结合部、混合交通量大的集散公路,可根据实际需要加宽右侧硬路肩设置慢车道—设置有慢车道的二级公路,应严格限制车辆运行速度,禁止车辆随意穿越,以避免车辆占用对向车道超车和车辆随意掉头等影响安全的现象。

路基占用土地,是公路通过农田或用地受限制地区时的突出问题。建路占地必须综合规划,统筹兼顾,讲究经济效益,农业与交通相互促进。公路建设应尽可能利用非农业用地,少占农田。高速公路局部路段可选用高架道路,以桥代路。山坡路基应尽量使填挖平衡,扩大和改善林业用地,保护林区牧地,防止水土流失,维护生态平衡,减少高填深挖,利用植物防护,绿化与美化路基所有这些,在路基设计与施工过程中,亦应予以综合考虑。

二、道路路基的设计高度

路基高度是指路堤的填筑高度和路堑的开挖深度,是路基设计标高和地面标高之差。由于原地面沿横断面方向往往是倾斜的,因此在路基宽度范围内,两侧的高差常有差别。中心高度是指路基中心线处设计标高与原地面标高之差。而路基两侧边坡的高度是指填方坡脚或挖方坡顶与路基边缘的相对高差,所以路基高度有中心高度与边坡高度之分。

路基的填挖高度,是在路线纵断面设计时,综合考虑路线纵坡要求、路基稳定性和工程经济等因素确定的。从路基的强度和稳定性要求出发,路基上部土层应处于干燥或中湿状态,路基高度应根据临界高度并结合公路沿线具体条件和排水及防护措施确定路堤的最小填土高度。

路堤填土的高矮和路堑挖方的深浅,可按《公路路基设计规范》的规定,使用常规的边坡高度值,作为划分高矮深浅的依据。通常将大于20m的路堤视为高路堤;将大于20m的土质路堑和大于30m的石质路堑视为深路堑。

高路堤和深路堑的土石方数量大,占地多,施工困难,边坡稳定性差,行车不利,应尽量避免使用,当路基中心填方高度超过20m或中心挖方深度超过30 m时,宜结合路线方案与桥梁、隧道等构造物或分离式路基做方案比较选择,一定要用时,应进行个别特殊设计。

为保证路基稳定，应尽量满足路基临界高度的要求，若路基高度低于地下水水位或地面积水位计算的临界高度，可视为矮路堤。矮路堤通常处于行车荷载应力作用区范围内，同时经受着地面和地下水不利水文状况的影响。有时为了增强路基路面的综合强度与稳定性，需要另外增加投资加强路面结构或增设地下排水设施。合理确定路基的高度，需要进行综合比较后才可择优取用。

沿河及受水浸淹路段的路基边缘标高，应不低于路基设计洪水频率的水位的情形，再增加 0.5m 的余量。如果河道因设置路堤而压缩过水面积，致使上游有壅水，或河面宽阔而有风浪，应增加壅水高度和波浪冲上路堤的高度（波浪侵袭高度）。沿河浸水路堤的高度，应高出上述各值之和，以保证路基不致淹没，并据此进行路基的防护与加固。各级公路路基设计洪水频率应符合表 4-6 的规定。

表 4-6　路基设计洪水频率

公路等级	高速公路	一级公路	二级公路	三级公路	四级公路
路基设计洪水频率	1/100	1/100	1/50	1/25	按具体情况确定

路堤高度应满足下列要求：满足公路等级所对应的路基设计洪水频率及其设计洪水位。路堤高度不宜小于中湿状态路基临界高度。季节冻土地区，路堤高度不宜小于当地路基冻深。路堤高度宜按式（4-1）计算确定：

$$H_{op} = \max\left\{(h_{sw} - h_0) + h_v + h_{bw} + \Delta h, h_l + h_p, h_{vcl} + h_p, h_f + h_p\right\} \quad (4-4)$$

式中：H_{op}——路堤合理高度；

h_{sw}——设计洪水位（m）；

h_0——地面高程（m）；

h_w——波浪侵蚀高度（m）；

h_{bw}——壅水高度（m）；

Δh——安全高度（m）；

h_l——中湿状态路基临界高度（m）

h_p——路面厚度（m）；

h_{wcl}——路基工作区深度（m）；

h_f——季节冻土地区路基冻深（m）。

三、道路路基的边坡设计坡度

路基边坡坡度对路基稳定十分重要,确定路基边坡坡度是路基设计的重要任务。公路路基的边坡坡度,可用边坡高度H与边坡宽度b之比值表示,并取=H：6=l：0.5(路堑边坡)或1：1.5(路堤边坡),通常用15(路堑)或1：m(路堤)表示其坡率,称为边坡坡率,如图4-1所示。

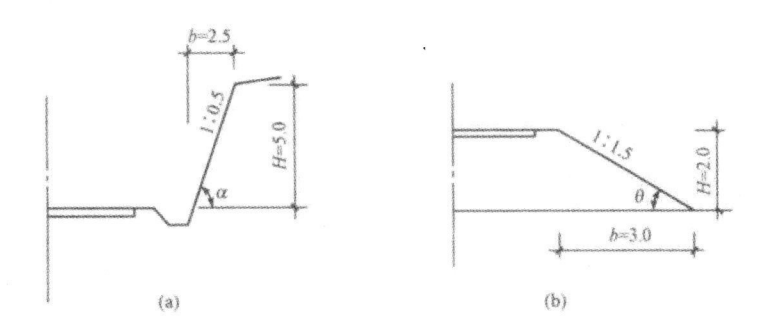

图4-1 路基边坡坡度示意图

(a)路堑；(b)路堤

路基边坡坡度的大小,取决于边坡的土质、岩石的性质及水文地质条件等自然因素和边坡的高度。在陡坡或填挖较大的路段,边坡稳定不仅影响土石方工程量和施工的难易,而且是路基整体稳定性的关键。确定边坡坡度对于路基的稳定性和工程的经济合理性至关重要。一般路基的边坡坡度可根据多年工程实践经验和设计规范推荐的数值采用。

1. 路堤的边坡

路堤边坡形式和坡率应根据填料的物理力学性质、边坡高度和工程地质条件确定。当地质条件良好,边坡高度不大于20m时,其边坡坡率不宜大于表4-7的规定值。

表4-7 路堤边坡坡率

填料类别	边坡坡率	
	上部高度（H≤8m）	下部高度（H≤12m）
细粒土	1：1.5	1：1.75
粗粒土	1：1.5	1：1.75
巨粒土	1：1.3	1：1.5

对边坡高度超过20m的路堤,边坡形式宜采用阶梯形,其边坡坡率应有稳定性分析计算确定,并应进行个别设计。浸水路堤在设计水位以下的边坡坡率不宜大于

1∶1.75。

2.路堑边坡

路堑是从天然地层中开挖出来的路基结构物,设计路堑边坡时,首先应从地貌和地质构造上判断其整体稳定性。在遇到工程地质或水文地质条件不良的地层时,应尽量使路线避绕;而对于稳定的地层,则应考虑开挖后,是否会由于减少支承,坡面风化加剧而引起失稳。砌石顶宽不小于0.8m,基底面向路基内侧倾斜,砌石高度不宜超过15m。砌石内、外影响路堑边坡稳定的因素较为复杂,除了路堑深度和坡体土石的性质之外,地质构造特征、岩石的风化和破碎程度、土层的成因类型、地表水和地下水的影响、坡面的朝向以及当地的气候条件等都会影响路堑边坡的稳定性,在边坡设计时必须综合考虑。

土质路堑边坡形式及坡率应根据工程地质与水文地质条件、边坡高度、排水措施、施工方法,并结合自然稳定山坡和人工边坡的调查及力学分析综合确定。边坡高度不大于20m时,边坡坡率不宜大于表4-8的规定值,土的密实程度见表4-9。

表4-8 土质路堑边坡坡率

土的类别		边坡坡率
黏土、粉质黏土、塑性指数大于3的粉土		1∶1
中密以上的中砂、粗砂、砾砂		1∶1.5
卵石土、碎石土、圆砾土、角砾土	胶结和密实	1∶0.75
	中密	1∶1

表4-9 土的密实程度划分表

分级	试坑开挖情况
较松	铁锹很容易铲入土中,试坑坑壁容易坍塌
中密	天然坡面不宜陡立,试坑坑壁有掉块现象,部分需用镐开挖
密实	试坑坑壁稳定,开挖困难,土块用手使力才能破碎,从坑壁取出大颗粒处能保持凹面形状
胶结	细粒土密实度很高,粗颗粒之间呈弱胶结,试坑用镐开挖很困难,天然坡面可以陡立

岩质路堑边坡形式及坡率应根据工程地质与水文地质条件、边坡高度、施工方法,结合自然稳定边坡和人工边坡的调查综合确定。必要时可采用稳定性分析方法予以验算。边坡高度不大于30m时,无外倾软弱结构面的边坡按表4-10和表4-11确定岩体类型,边坡坡率可按表4-12确定。

表 4-10 岩质边坡的岩体分类

边坡岩体类型	岩体完整程度	结构面结合程度	结构面产状	直立边坡自稳能力
Ⅰ	完整	结构面结合良好或一般	外倾结构面或外倾不同结构面的组合线倾角大于75°或小于35°	30m高边坡长期稳定，偶有掉块
Ⅱ	完整	结构面结合良好或一般	外倾结构面或外倾不同结构面的组合线倾角35°～75°	15m高的边坡稳定，15～30m高的边坡欠稳定
Ⅱ	完整	结构面结合差	外倾结构面或外倾不同结构面的组合线倾角大于75°或小于35°	15m高的边坡稳定，15～30m高的边坡欠稳定
Ⅱ	较完整	结构面结合良好或一般或差	外倾结构面或外倾不同结构面的组合线倾角小于35°，有内倾结构面	边坡出现局部塌落
Ⅲ	完整	结构面结合差		8m高的边坡稳定，15m高的边坡欠稳定
Ⅲ	较完整	结构面结合良好或一般	外倾结构面或外倾不同结构面的组合线倾角35°～75°	8m高的边坡稳定，15m高的边坡欠稳定
Ⅲ	较完整	结构面结合差	外倾结构面或外倾不同结构面的组合线倾角大于75°或小于35°	8m高的边坡稳定，15m高的边坡欠稳定
Ⅲ	较完整（碎裂镶嵌）	结构面结合良好或一般	结构面无明显规律	8m高的边坡稳定，15m高的边坡欠稳定
Ⅳ	较完整	结构面结合差或很差	外倾结构面以层面为主，倾角多为35°～75°	8m高的边坡不稳定
Ⅳ	不完整（散体、碎裂）	碎块间结合很差		8m高的边坡不稳定

注：1. 边坡岩体分类中未含由软弱结构面控制的边坡和倾倒崩塌型破坏的边坡；
2. Ⅰ类岩体为软岩、较软岩时，应降为Ⅱ类岩体；
3. 当地下水发育时，Ⅱ、Ⅲ类岩体可视具体情况降低一档；
4. 强风化岩和极软岩可划为Ⅳ类岩体；
5. 表中外倾结构面系指倾向与坡向的夹角小于30°的结构面；
6. 岩体完整程度按表4-11确定。

表 4-11 岩体完整程度划分

岩体完整程度	结构面发育程度	结构类型	完整性系数 K
完整	结构面 1～2 组，以构造节理或层面为主，密闭型	巨块状整体结构	＞0.75
较完整	结构面 2～3 组，以构造节理或层面为主，裂隙多呈密闭型，部分为微张型，少有充填物	块状结构、层状结构、镶嵌碎裂结构	0.35～0.75
不完整	结构面大于 3 组，在断层附近受构造作用影响较大，裂隙以张开型为主，多有充填物，厚度较大	碎裂状结构、散体结构	＜0.35

表 4-12 岩质路堑边坡坡率

边坡岩体类型	风化程度	边坡坡率 H＜15m	边坡坡率 15m≤H＜30m
Ⅰ类	未风化、微风化	1∶0.1～1∶0.3	1∶0.1～1∶0.3
Ⅰ类	弱风化	1∶0.1～1∶0.3	1∶0.3～1∶0.5
Ⅱ类	未风化、微风化	1∶0.1～1∶0.3	1∶0.3～1∶0.5
Ⅱ类	弱风化	1∶0.3～1∶0.5	1∶0.5～1∶0.75
Ⅲ类	未风化、微风化	1∶0.3～1∶0.5	
Ⅲ类	弱风化	1∶0.5～1∶0.75	
Ⅳ类	弱风化	1∶0.5～1∶1	
Ⅳ类	强风化	1∶0.75～1∶1	

由于地表岩层和自然条件，以及路基构造要求与形式变化极大，岩石路堑边坡率难以定型，表列数值为一般条件下的经验数值，运用时应结合当地的工程地质和水文条件，参考各地现有自然稳定的山坡和人工成型稳定的山坡，加以对比选用。必要时应进行个别设计和稳定性验算，还必须采用排水和护坡与加固等技术措施。

在地震地区的岩石路堑边坡坡率应参考《公路工程抗震规范》和《公路桥梁抗震设计规范》的规定。当挖方边坡较高时，可根据不同的土质、岩石性质和稳定要求开挖成折线式或台阶式边坡，边沟外侧应设置碎落台，其宽度不宜小于 1.0m；台阶式边坡中部应设置边坡平台，边坡平台的宽度不宜小于 2.0m。

第二节 道路路基的横断面形式与设施

一、道路路基的典型横断面形式

根据公路路线设计确定的路基标高与天然地面标高是不同的，路基设计标高低于天然地面标高时，需进行挖掘；路基设计标高高于天然地面标高时，需进行填筑。由于填挖情况的不同，路基横断面的典型形式，可归纳为路堤、路堑和填挖结合三种类型。

（一）路堤

路堤是指高于原地面的填方路基。图4-2所示为路堤的几种常见横断面形式。路堤按填土高度不同，划分为矮路堤、高路堤和一般路堤。填土高度小于1.5m，属于矮路堤；填土高度大于20m，属于高路堤；填土高度为1.5～20m，属于一般路堤。随其所处的条件、加固类型和填筑材料的不同，路堤还有浸水路堤、护脚路堤、粉煤灰路堤及填石路堤等形式。

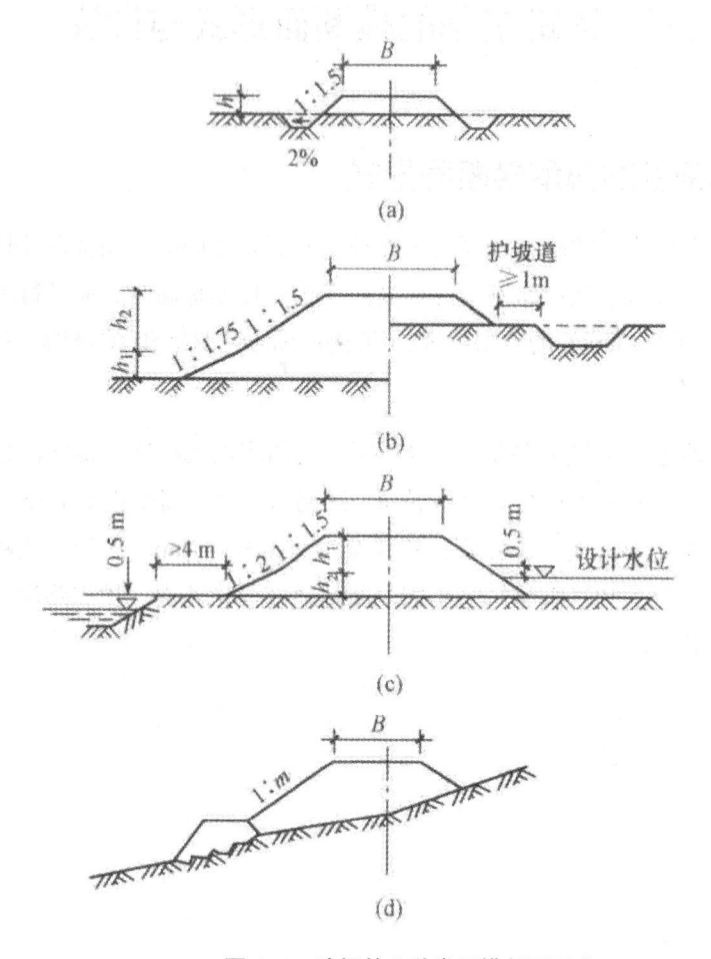

图 4-2 路堤的几种常见横断面形式

（a）矮路堤；（b）一般路堤；（c）浸水路堤；（d）护脚路堤

矮路堤常在平坦地区取土困难时选用。平坦地区地势低，水文条件较差，易受地面水和地下水的影响，设计时应注意满足最小填土高度的要求，路基两侧均应设边沟。

矮路堤的高度通常接近或小于路基工作区的深度，除填方路堤本身要求满足规定的施工要求外，天然地面也应按规定进行压实，达到规定的压实度，必要时进行换土或加固处理，以保证路基路面的强度和稳定性。

填方高度不大，$h = 2：3m$ false 时，填方数量较少，全部或部分填方可以在路基两侧设置取土坑，使之与排水沟渠结合。为保护填方坡脚不受流水侵害，保证边坡稳定，可在坡脚与沟渠之间预留 1～2m 甚至大于 4m 宽度的护坡道。

高路堤的填方数量大，占地多，为使路基稳定和横断面经济合理，需进行个别设计。

高路堤和浸水路堤的边坡可采用上陡下缓的折线形式或台阶形式，如在边坡中部设置护坡道。为防止水流侵蚀和冲刷坡面，高路堤和浸水路堤的边坡须采取适当的坡面防护和加固措施，如铺草皮、砌石等。

地面横坡陡于 1∶5 时，为防止填方路堤沿山坡向下滑动，应将天然地面挖成台阶，台阶宽度不应小于 2m，并向内倾斜，或设置石砌护脚。

粉煤灰路堤是指全部采用粉岩体完整程度（纯灰）或部分采用粉煤灰（灰土间隔）填筑的公路路堤。用粉煤灰修筑公路路堤，应采取相应的技术措施，做好断面设计、结构设计和排水设计，保证粉煤灰路堤有足够的强度和稳定性。

（二）路堑

低于天然地面的挖方路基称为路堑。图 4-3 所示是路堑的几种常见横断面形式，有全挖路基、台口式路基及半山洞路基。挖方边坡视高度可和岩土层情况设置成直线、折线或台阶式边坡的坡脚处设置边沟，以汇集和排除路基范围内的地表径流。路堑的上方应设置截水沟，以拦截和排除流向路基的地表径流，挖方弃土可堆放在路堑的下方。边坡坡面易风化时，在坡脚处设置 0.5～1.0m 的碎落台，坡面可采用防护措施。

陡峻山坡上的半路堑，路中线宜向内侧移动，尽量采用台口式路基，如图 4-3(b) 所示，避免路基外侧的少量填方。遇有整体性的坚硬岩层，为节省石方工程，可采用半山洞路基，如图 4-3(c) 所示。

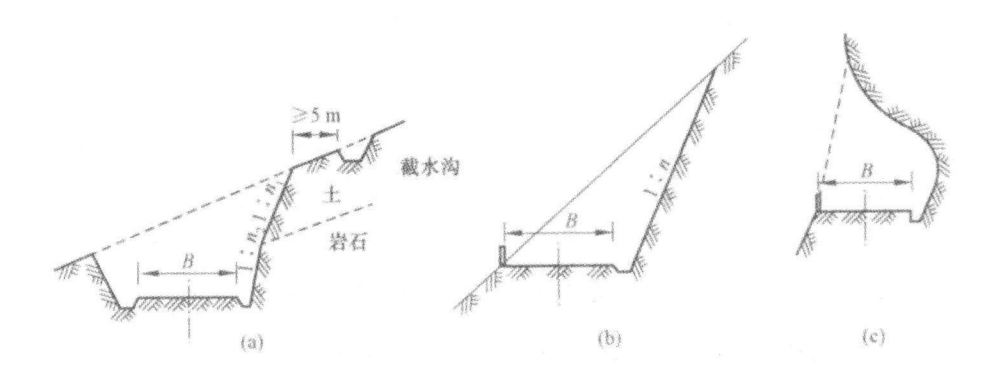

图 4-3　路堑的几种常用横断面形式

（a）全挖路基；（b）台口式路基；（c）半山洞路基

挖方路基处土层地下水文状况不良时，可能导致路面的破坏，所以对路堑以下的天然地基，要人工压实至规定的密实程度，必要时还应翻挖，重新分层填筑、换土或进行加固处理，采取加铺隔离层，设置必要的排水设施。

（三）填挖结合路基

当天然地面横坡较大，且路基较宽，需要一侧开挖而另一侧填筑时，称为填挖结合路基、也称为半填半挖路基。在丘陵或山区公路上，填挖结合是路基横断面的主要形式。

图4-4所示是填挖结合路基的几种常见横断面形式。位于山坡上的路基，通常取路中心的标高接近原地面的标高，以便减少土石方数量，保持土石方数量横向平衡，形成半填半挖路基。若处理得当，路基稳定可靠，是比较经济的断面形式。

半填半挖路基兼有路堤和路堑两者的特点，上述对路堤和路堑的要求均应满足。填方部分的局部路段，如遇原地面的短缺口，可采用砌石护肩。如果填方量较大，也可就近利用废石方，砌筑护坡或护墙，石砌护坡和护墙相当于简易式挡土墙，承受一定的侧向压力。有时填方部分需要设置路肩（或路堤）式挡土墙，确保路基稳定，进一步压缩用地宽度。石砌护肩、护坡与护墙，以及挡土墙等路基，参阅图4-4(c)至图4-4(f)。如果填方部分悬空，而纵向又有适当的基岩时，则可以沿路基纵向建成半山桥路基，如图4-4(g)所示。

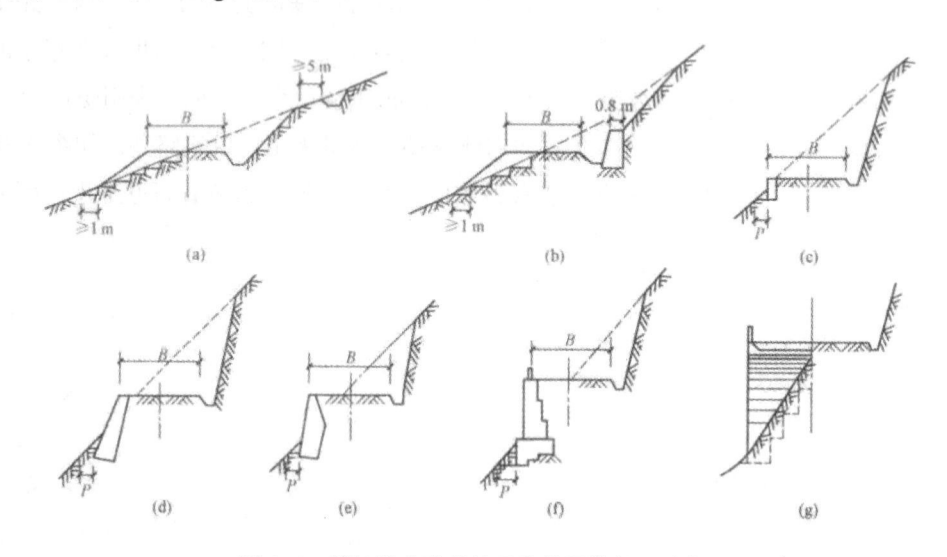

图4-4 填挖结合路基的几种常用横断面形式

（a）一般填挖路基；（b）矮挡土墙路基；（c）护肩路基；（d）砌石护坡路基；

（e）砌石护墙路基；（f）挡土墙支挡路基；（g）半山桥路基

上述三类典型路基横断面形式，各具特点，分别在一定条件下使用。由于地形、地质、水文等自然条件差异性很大，且路基位置、横断面尺寸及要求等，亦应服从于路线，路面及沿线结构物的要求，所以路基横断面类型的选择，必须因地制宜，综合设计。

二、路基工程的附属设施

为了确保路基的强度、稳定性和行车安全,与一般路基工程有关的附属设施有取土坑、弃土堆、护坡道、碎落台、堆料坪及错车道等。

(一)取土坑与弃土堆

路基土石方的挖填平衡,是公路路线设计的基本原则,但往往难以做到完全平衡。土石方数量经过合理调配后,仍然会有部分借方和弃方(又称废方)。路基土石方的借弃,首先要合理选择地点,即确定取土坑或弃土堆的位置。选点时要兼顾土质、数量、用地及运输条件等因素,还必须结合沿线区域规划,因地制宜,综合考虑,保护自然平衡,防止水土流失,做到借之有利、弃之无害。借弃所形成的坑或堆,要求尽量结合当地地形,充分加以利用,并注意外形规整,弃堆稳固。对高等级公路或位于城郊附近的干线公路,尤应注意。

平坦地区,如果用土量较少,可以沿路两侧设置取土坑,取土坑应有统一规划,使之具有规则的形状和平整的底部,平原地区高速和一级公路不宜设路侧取土坑。路旁取土坑,大致如图4-5所示,取土坑应设置纵横坡度,纵坡坡度不宜小于0.3%,横坡为2%~3%,并向外倾斜,取土坑出水口应与路基排水系统衔接,取土坑的边坡坡度内侧不宜陡于1:1.5,外侧不宜陡于1:1.0。深度约为1.0m或稍大一些,宽度依用土数量和用地允许而定。

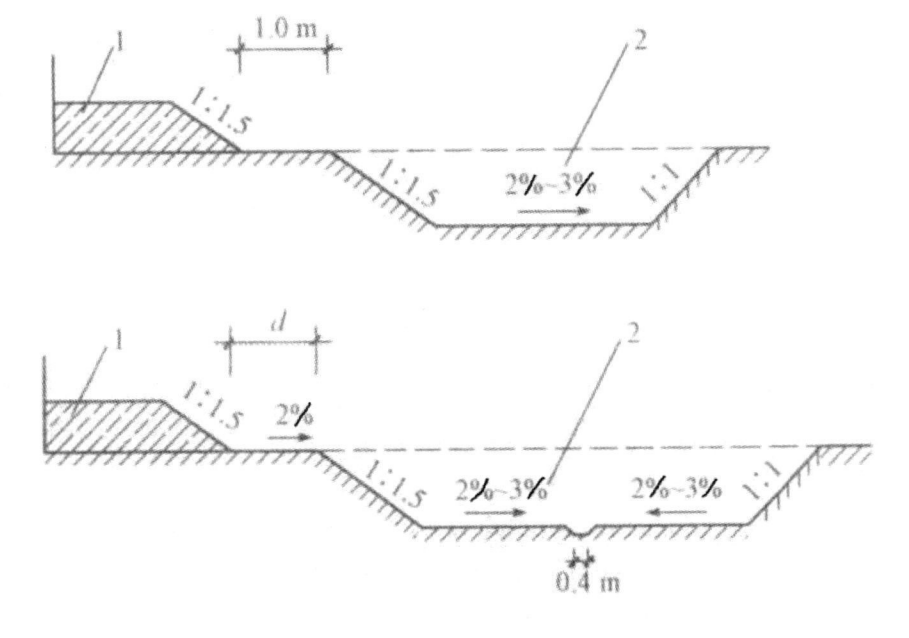

图4-5 路旁取土坑示意图

1——路堤;2——取土坑

当地面横坡陡于1∶1.0时，取土坑应设在上方一侧，可兼作排水之用，但坑底标高应不低于桥涵进水口标高。

河水淹没地段的桥头引道近旁，一般不设取土坑，如设取土坑要距河流中水位边界10m以外，并与导治结构物位置相适应。此类取土坑要求水流畅通，不得长期积水危及路基或构造物的稳定。

路基开挖的废方，应尽量加以利用，如用以加宽路基或加固路堤，填补坑洞或路旁洼地，亦可兼顾农田水利或基建等所需，做到变废为宝。

废方一般选择路旁低洼地，就近弃堆。原地面倾斜坡度小于1∶5时，路旁两侧均可设弃土堆，地面较陡时，宜设在路基下方。沿河路基爆破后的废石方，往往难以远运，条件许可时可以部分占用河道，但要注意河道压缩后，不致壅水危及上游路基及附近农田等。

（二）护坡道与碎落台

护坡道是保护路基边坡稳定性的措施之一，设置的目的是加宽边坡横向距离，减小边坡平均坡度。护坡越宽，越有利于边坡稳定，但最小为1m。宽度大，则工程量亦随之增大，设置时要兼顾边坡稳定性与经济合理性。

护坡道一般设在挖方坡脚处，边坡较高时亦可设在边坡上方及挖方坡的变坡处。浸水路基的护坡道，可设在浸水线以上的边坡上。当路基边缘与路侧取土坑高差较大时，为了保证路堤的稳定需设置护坡道。当路肩边缘与取土坑底部高差小于等于2m时，取土坑内侧坡顶可与路堤坡脚直接衔接，并采用路堤边坡坡度；大于2m时，应设置宽1m护坡道；大于6m时，应设置宽2m护坡道。

碎落台设置于土质或石质挖方边坡坡脚处，供零星土石碎块下落时临时堆积，以保护边沟不致阻塞，亦有保护坡道的作用。碎落台高度与路肩齐平，碎落台宽度视边坡高度和土质而定，一般为1.0～1.5m，如兼有护坡道的作用，可适当放宽。当边坡已适当加固或边坡高度小于2m时，可不设。碎落台上的堆积物应定期清理。

（三）堆料坪与错车道

路面养护用矿质材料，可就近选择路旁合适地点堆置备用。亦可在路肩外缘设堆料坪，其面积可结合地形与材料数量而定，例如每隔50～100m设一个堆料坪，长5～8m，宽2m。高级路面或采用机械化养路的路段，可以不设，或另设集中备用料场，以维护公路外形的视觉平顺和景观优美。

当四级公路采用4.5m的单车道路基时，由于双向行车会车和相互避让的需要，应在适当距离内设置错车道。通常应每隔200～500m设置一处错车道。按规定错车道的长度不得短于30m，两端各有长度为10m的出入过渡段，中间10m供停车用。单车道的路基宽度为4.5m，而错车道地段的路基宽度为6.5m。错车道是单车道路基的一个组成部分，应与路基同时设计与施工。

第三节　道路路基边坡稳定性设计

一、路基边坡稳定性分析的计算参数

（一）土的计算参数

路基处在复杂的自然环境中，其稳定性随环境条件（特别是土壤的含水率）和时间的增长而变化。路堑是在天然土层中开挖而成，土石的性质、类别和分布是自然存在的。而路堤是由人工填筑而成，填料性质可由人为方法控制。因此，在边坡稳定性分析时，对于土的物理力学数据的选用，以及可能出现的最不利情况，应力求能与路基将来实际情况相一致。边坡稳定性分析所需的试验资料如下：

第一，对于路堑或天然边坡取：原状土的重度 $\gamma(\mathrm{kN/m^3})$、内摩擦角 $\varphi(°)$ 和黏聚力 $c(\mathrm{kPa})$。

第二，对路堤边坡，应取与现场压实度一致的压实土的试验数据，数据包括压实后土的重度 $\gamma(\mathrm{kN/m^3})$、内摩擦角 $\varphi(°)$ 和黏聚力 $c(\mathrm{kPa})$。

土体力学参数宜采用原位剪切试验、原状土样室内剪切试验及反算分析等方法综合确定。

在边坡稳定性分析时，如边坡由多层土体所构成，所采用土的边坡稳定性分析参数 c, φ 和 γ 的值应根据边坡稳定性分析方法确定，对于直线法和圆弧法可通过合理分段，直接取用不同土层的参数值。如用综合土体边坡稳定性分析，可采用加权平均法求得。

$$c = \frac{c_1 h_1 + c_2 h_2 + \mathsf{L} + c_n h_n}{h_1 + h_2 + \mathsf{L} + h_n} = \frac{\sum_{i=1}^{n} c_i h_i}{\sum_{i=1}^{n} h_i} \tag{4-5}$$

$$\tan\varphi = \frac{h_1 \tan\varphi_1 + h_2 \tan\varphi_2 + \mathsf{L} + h_n \tan\varphi_n}{h_1 + h_2 + \mathsf{L} + h_n} = \frac{\sum_{i=1}^{n} h_i \tan\varphi_i}{\sum_{i=1}^{n} h_i} \tag{4-6}$$

$$\gamma = \frac{\gamma_1 h_1 + \gamma_2 h_2 + \mathsf{L} + \gamma_n h_n}{h_1 + h_2 + \mathsf{L} + h_n} = \frac{\sum_{i=1}^{n} \gamma_i h_i}{\sum_{i=1}^{n} h_i}$$

（4-7）

式中：c_i, φ_i, γ_i——i 土层的黏聚力、内摩擦角、重度；

h_i——i 土层的厚度。

（二）汽车荷载当量换算

路基除承受自重作用外，同时还承受行车荷载的作用。在边坡稳定性分析时，需要将车辆按最不利情况排列，并将车辆的设计荷载换算成当量土柱高（以相等压力的土层厚度来代替荷载），以 h_0 表示。当量土柱高度加的计算式为

$$h_0 = \frac{NQ}{\gamma BL}$$

（4-8）

式中：N——横向分布的车辆数，单车道 $N=1$，双车道 $N=2$；

Q——每一辆车的重力（kN）；

γ——路基填料的重度（kN/m³）；

L——汽车前后轴（或履带）的总距（m）；

B——横向分布车辆轮胎最外缘之间总距（m）；

$$B = Nb + (N-1)d$$

其中：b——每一车辆的轮胎外缘之间的距离（m）；

d——相邻两辆车轮胎（或履带）之间的净距（m）。

二、边坡稳定性分析方法

路基边坡稳定性分析方法可分为两类：力学分析法和工程地质法。

（一）力学分析法

1. 数解法

假定几个不同的滑动面，按力学平衡原理对每个滑动面进行边坡稳定性分析，从中找出极限滑动面，按此极限滑动面的稳定程度来判断边坡的稳定性。此法较精确，但计算较复杂，建议学生自编随机搜索计算机程序进行数值计算。

2. 图解或表解法

在计算机和图解分析的基础上，制定成图或表，用查图或查表法进行边坡稳定性

分析。此法简单，但不如数解法精确。

（二）工程地质法

工程地质法是根据不同土类及其所处的状态，经过长期的生产实践和大量的资料调查，拟定边坡稳定值参考数据，在设计时，将影响边坡稳定的因素做比拟，采用类似条件下的稳定边坡值。

常用的工程地质类边坡稳定性分析方法，根据滑动面形状分为直线破裂面法和圆弧破裂面法，简称直线法和圆弧法。直线法适用于砂土和砂性土（两者合称砂类土），土的抗力以内摩擦力为主，黏聚力很小，边坡破坏时，破裂面近似平面；圆弧法适用于黏性土，土的抗力以黏聚力为主，内摩擦力较小，边坡破坏时，破裂面近似圆柱形。

三、道路路基边坡稳定性设计的直线法

如图 4-6(a) 所示，路堤土楔 ABD 沿假设破裂面 AD 滑动，其稳定安全系数 F false，按下式计算（按纵向长 1m 计，下同）：

$$F_s = \frac{F}{T} = \frac{G\cos\omega\tan\varphi + cL}{G\sin\omega} \tag{4-9}$$

式中：F——沿破裂面的抗滑力（kN）；

T——沿破裂面的下滑力（kN）；

G——土楔重力及路基顶面换算土柱的荷载之和（kN）；

ω——破裂面对于水平面的倾斜角；

φ——路堤土体的内摩擦角；

c——路堤土体的单位黏聚力（kPa）；

L——破裂面 AD 的长度（m）。

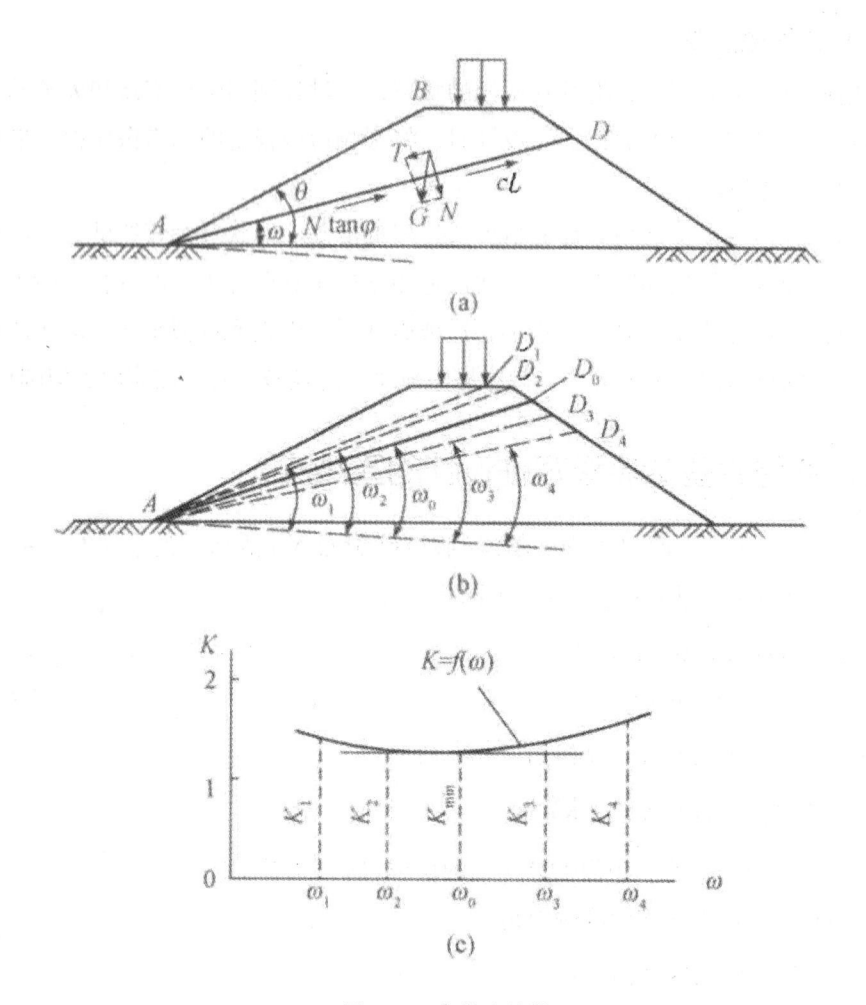

图 4-6 直线法计算图

(a) F_s; (b) F_{si}; (c) $F_{si} - W_i$

边坡稳定性分析时，先假定路堤边坡值，然后通过坡脚 A 点，假定 3～4 个可能的破裂面心如图 4-6(b) 所示，按式（4-9）求出相应的稳定安全系数 F_{si}，得出 F_{si} 与 W_i 的关系曲线，如图 4-6(c) 所示。在 $F_g = f(\omega)$ 关系曲线上找到最小稳定系数 F_{smin}，及对应的极限破裂面倾斜角 ω。

由于砂类土粘结力很小，一般可忽略不计，即取 $c = 0$，则式（4-10）可表达为

$$F_s = \frac{F}{T} = \frac{\tan\varphi}{\tan\omega} \tag{4-10}$$

由公式（4-10）可知，当 $F_s = 1$ 时，$\tan\varphi = \tan\omega$，抗滑力等于下滑力，滑动面

土体处于极限平衡状态，此时路堤的极限坡度等于砂类土的内摩擦角，该角相当于自然休止角。当 $F_s>1$ 时，路堤边坡处于稳定状态，且与边坡高度无关；当 $F<1$ 时，则不论边坡高度多少都不能保持稳定。

考虑到滑动面的近似假定，土工试验所得的 φ 与 c 的局限性以及气候环境条件的变异性的影响，为保证边坡稳定性有足够的完全储备，最小稳定安全系数应大于表4-13的规定，但也不宜过大，以免造成工程不经济。

表4-13 高路堤与陡坡堤稳定安全系数

分析内容	地基强度指标	分析工况	稳定安全系数	
			二级及二级以上公路	三、四级公路
路堤的堤身稳定性、路堤和地基的整体稳定性	采用直剪的固结快剪或三轴固结不排水剪指标	正常工况	1.45	1.35
		非正常工况Ⅰ	1.35	1.25
	采用快剪指标	正常工况	1.35	1.30
		非正常工况Ⅰ	1.25	1.15
路堤沿斜坡地基或较弱层滑动的稳定性	—	正常工况	1.30	1.25
		非正常工况Ⅰ	1.20	1.15

注：1.区域内唯一通道的三、四公路重要路段，高路堤与陡坡路堤稳定安全系数可采用二级公路的标准。
2.正常工况：边坡处于天然状态下的工况；非正常工况Ⅰ：边坡处于暴雨或连续降雨状态下的工况；非正常工况Ⅱ：边坡处于地震等荷载作用状态下的工况。

第四节 浸水路堤边坡稳定性设计

一、浸水对路堤的影响

受到季节性或长期浸水的河滩路堤、沿河路堤和桥头引道等，其路堤下部每年遭受短期或长期的淹没，称为浸水路堤。河滩路堤除承受普通路堤所承受的外力及自重外，还要承受浮力及渗透动水压力的作用。当河中水位上升时，水从边坡的一侧或两侧渗入路堤内；当水位降低时，水又从堤身内向外渗出。由于在土体内渗水速度比河中水位升降速度慢，因此，当堤外水位升高时，堤内水位的比降曲线（浸润线）呈凹形；当堤外水位下降时，堤内水位比降曲线成凸形。

当路堤一侧或两侧水位发生变化时，水的渗透速度与土的性质和时间有关。因此，当水位开始上升时，土体内的渗透浸润曲线比边坡外面水位低，经过一定时间后，才达到与外面水位齐平。如填土有毛细管作用，则土体内的浸湿曲线可继续上升至一定高度。在砂性土中，高度为0.15m左右；在黏性土中，能达到1~5m或更高。水位上升时，土体除承受竖向的向上浮力外，还承受渗透动水压力的作用，其作用方向指向土体内部。

用黏土填筑并经良好压实的路堤，透水性弱（$D=0$），用砂砾石填筑的路堤，由于空隙大透水性强，堤外水位的升降对边坡的稳定性影响不大，而中等透水性的土，如含砂低液限黏土、黏土质砂、粉土质砂、粉质土在水位降落时，对边坡稳定性影响较大，需考虑渗透动水压力的作用。凡是用黏性土填筑的浸水路堤（不包括渗透性极小的纯黏土），都必须进行渗透动水压力的计算。

二、动水压力的计算

如图4-7所示，渗透动水压力可按下式计算：

$$D = I \Omega_B \gamma_0 \tag{4-11}$$

式中：D——浸润线下土体重心的渗透动水压力（kN），作用于浸润土体重心，方向平行与水力坡降；

I——水力坡降（取用浸润曲线的平均坡降）；

Ω_B——浸润曲线与滑动圆弧间的面积（m^2）；

γ_0——水的重度（kN/m^3）。

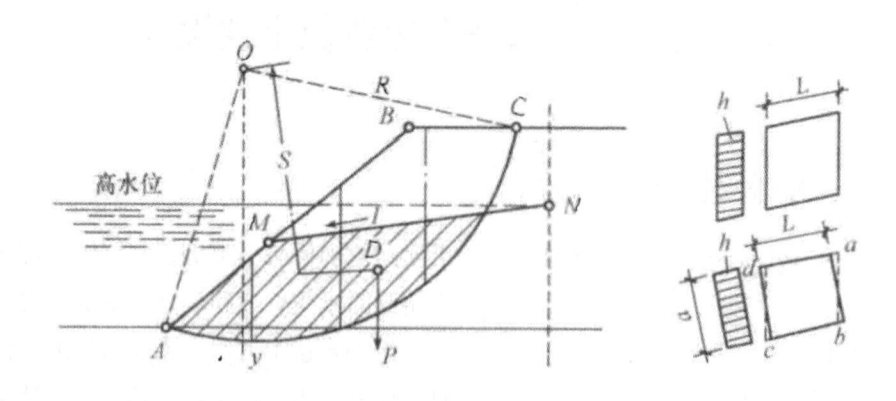

图4-7 动水压力计算示意图

三、浸水路堤边坡稳定性验算方法

浸水路堤边坡的稳定性，应按路堤处于最不利情况进行边坡稳定性分析。其破坏一般发生在最高洪水位骤然降落时。边坡稳定性分析的原理和方法与普通路堤边坡稳定性的圆弧法基本相同。当路堤一侧浸水时，只要注意浸水土条与未浸水土条的基本参数的变化。采用圆弧法进行浸水路堤边坡的稳定性分析，其稳定安全系数 F_s 可按下式计算：

$$F_s = \frac{f_c \sum N_c + f_B \sum N_B + c_c L_c + c_B L_B}{\sum T_c + \sum T_B + D} \tag{4-12}$$

式中：F_s——稳定安全系数，应符合表 3·2；

$f_c \sum N_c$——浸润线以上部分沿滑动面的内摩擦力，$f_c = \tan \varphi_c$；

$f_B \sum N_B$——浸润线以下部分沿滑动面的内摩擦力，$f_B = \tan \varphi_B$；

c_c——浸润线以上部分沿滑动面的单位黏聚力（kPa）；

c_B——浸润线以下部分沿滑动面的单位黏聚力（kPa）；

L_c——浸润线以上部分沿滑动面的弧长（m）；

L_B——浸润线以下部分沿滑动面的弧长（m）；

$\sum T_c$——浸润线以上部分沿滑动面的下滑力；

$\sum T_B$——浸润线以下部分沿滑动面的下滑力；

D——渗透动水压力。

第五节　陡坡路堤滑动稳定性设计

当路堤修筑在陡坡上，地表斜坡陡于 1∶2.5 或在不稳定山坡上时，不仅要分析路堤边坡稳定性，还要分析路堤沿陡坡或不稳定山坡下滑的稳定性。

陡坡路堤滑动有：由于基底接触面较陡或强度较弱，致使路堤整体沿基底接触面产生滑动；由于基底修筑在较厚的软弱土层上，致使路堤连同其下的软弱土层沿某一滑动面滑动；由于基底下岩层强度不均匀，例如泥质页岩，致使路堤沿某一最弱的层面滑动。

陡坡路堤边坡稳定性分析假定路堤整体沿滑动面下滑，因此，边坡稳定性分析方法可按滑动面形状的不同分为直线和折线两种。

一、直线滑动面验算

当基底为单一坡面，土体沿直线滑动面整体下滑时，可用直线滑动面法进行边坡稳定性分析，如图4-8所示。

滑动面以上土体的稳定性可按下式计算

$$F = \frac{(Q+P)\cos\alpha\tan\varphi + cL}{(Q+P)\sin\alpha} \tag{4-13}$$

式中：Q——对于以基底接触面为滑动面者，等于路堤自重；对于以基底以下软弱面为滑动面者，等于路堤连同其下不稳定土体的自重（kN）；

P——路堤顶面的换算土柱荷载（kN）；

α——滑动面对水平面的倾斜角；

φ——滑动面上软弱土体的内摩擦角；

c——滑动面上软弱土体的单位黏聚力（kPa）；

L——滑动面的全长（m）。

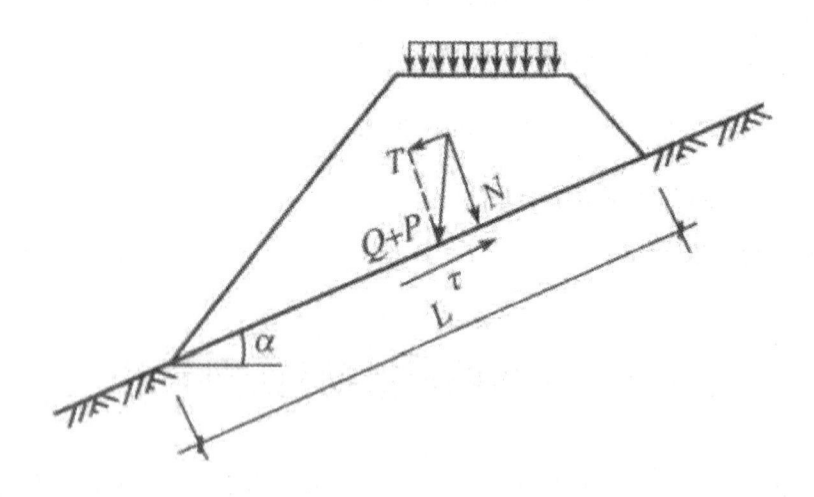

图4-8 直线滑动面

二、折线滑动面验算

当滑动面为多个坡度的折线倾斜面，如图4-9所示，可将滑动面上土体折线段划分为若干条块，自上而下分别计算，直到第 n 条的剩余推力为零，由此确定稳定安全系数 F_s。

$$E_i = W_{Qi} \sin \alpha_i - \frac{1}{F_s}\left[c_i l_i + W_{Qi} \cos \alpha_i \tan \varphi_i \right] + E_{i-1} \psi_{i-1} \tag{4-14}$$

$$\psi_{i-1} = \cos(\alpha_{i-1} - \alpha_i) - \frac{\tan \varphi_i}{F_s} \sin(\alpha_{i-1} - \alpha_i) \tag{4-15}$$

式中：W_{Qi}——第 i 土条的重力与外加竖向荷载之和；

α_{i-1}，α_i——第 i 土条底滑面的倾角；

C_i, φ_i——第 i 土条底的黏聚力和内摩擦角；

l_i——第 i 土条底滑面的长度；

E_{i-1}——第 i 土条传递给第 i 土条的下滑力；

F_s——路堤稳定安全系数。

当路堤稳定安全系数 F_s 不小于表 4-13 规定值时稳定，否则不稳定，必须采取稳定措施。

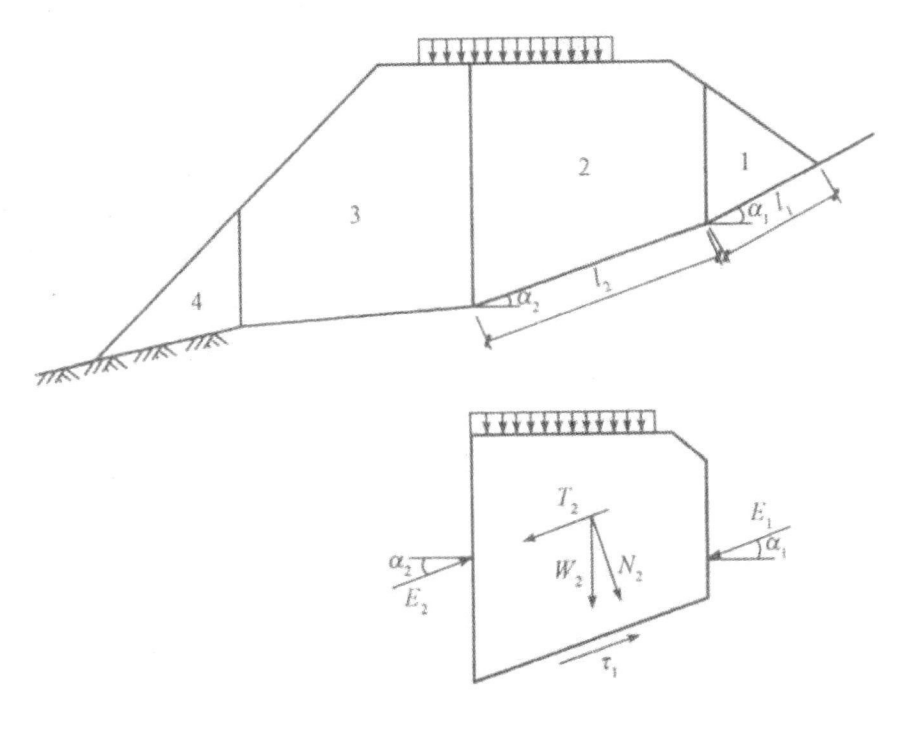

图 4-9 折线滑动面计算图示

三、防止陡坡路堤滑动的措施

防止陡坡路堤滑动的措施主要有：

（一）改善基底状况，增大滑动面的摩擦力或减小滑动力

例如清除松软的表层覆盖土，夯实基底，使路堤置于坚实的硬层上；开挖台阶，放缓横坡，以减小滑动力；在路堤上侧开挖截水沟或边沟，以阻止地面水浸湿基底；受地下水影响时，则设置盲沟以疏干基底土层。

（二）改变填料及断面形式

例如采用大颗粒填料，嵌入地面；或放缓坡脚处的边坡，以增加抗滑力。

（三）在坡脚处设置支挡结构物

例如设置由石料填筑的护脚；设置干砌或浆砌挡土墙等，其尺寸由计算确定。

第五章 桥梁勘测设计

第一节 桥梁规划

一、桥梁设计的基本原则及基本资料

（一）桥梁设计的基本原则

桥梁是公路、铁路和城市道路的重要组成部分，特别是大、中型桥梁的建设对当地的政治、经济、国防等都具有重要的意义。因此，桥梁工程必须遵照安全、耐久、适用、环保、经济和美观的基本原则进行设计，设计时要充分考虑因地制宜、就地取材、便于施工和养护等因素进行全寿命设计。桥梁设计应该遵循的各项基本原则分述如下。

1. 安全性

桥梁的全部构件及其连接构造在强度、刚度、稳定性和耐久性方面应有足够的安全储备。

防撞栏杆应有足够的高度和强度。人行道与机动车道之间应做好防护栏，以防止车辆撞入人行道或撞坏栏杆而跌落桥下。

对于交通流量大的桥梁，应设好照明设施，设置明确的交通标志；两端引桥坡度不宜太大，以避免发生车辆碰撞等交通事故。

在地震区修建的桥梁，应按抗震要求采取防震措施；对于河床易变迁的河道，应设计好导流设施，防止桥梁基础底部被过度冲刷；对于通航入吨位河道，除了按规定加大跨径外，还必须设置防撞构筑物等。

2. 适用性

桥面宽度应能满足当前及规划年限内的交通流量（包括行人通行）。

桥梁结构在设计荷载作用下不出现超过规定的变形和裂缝。

桥跨结构的下方应有利于泄洪、通航（跨河桥）或车辆和行人的通过（旱桥）。

桥的两端应方便车辆的进入和疏散，不致产生交通堵塞现象等。

考虑综合利用，方便各种管线（水、电、气、通信等）通过。

3. 经济性

桥梁设计应遵循因地制宜、就地取材和方便施工的原则。

桥梁应选择造价和使用年限内养护费用综合最省的方案，设计时应该尽量使用维修费用最少，维修时尽量不中断交通或中断交通时间最短等。

桥位应选在地形、地质、水文条件较好的区域，尽量缩短桥梁长度。

尽可能缩短运距，促进地方的经济发展，以产生最大的经济效益。对于过桥收费的桥梁，应吸引更多的车辆通过，以达到尽快回收投资的目的。

4. 美观性

一座桥梁应外形优美，结构布置简洁，在空间结构尺寸上有着和谐的比例。桥梁应与周围环境相协调，城市桥梁和旅游地区的桥梁可较多地考虑建筑艺术上的要求。合理的结构布局和流畅的外观轮廓是保证美观的主要因素，结构细部的美学处理也十分重要。另外，施工质量对桥梁美观也有很大的影响．

5. 耐久性

是指在设计确定的环境作用和养护、使用条件下，结构及其构件在设计使用年限内保持其安全性和适用性的能力。

6. 环保

桥梁建设必须考虑环境保护和可持续发展的要求，包括生态、水土保持、空气、噪声等几方面；应从桥位选择、桥跨布置、基础方案、墩身外形、上部结构施工方法、施工组织设计等方面全面考虑环境保护要求，采取必要的工程控制措施，建立环境监测保护体系，使其对环境的不利影响降至最低．桥梁施工完成后，应将两岸植被恢复或进一步美化桥梁周边的景观。

（二）桥梁设计的基本资料

桥梁设计时需要进行调查，对于跨越河流的桥梁一般包括下列几个方面的内容。

1. 调查桥梁的具体任务

其具体包括桥上的交通种类和要求，如桥梁的荷载等级、实际交通量和增长率、需要的车道数、行车道的宽度及人行道宽度的要求等。

2. 选择桥位

一般来说，大、中桥桥位的选择应服从路线的总方向，路、桥综合考虑。一方面，从整个路线或路线网的角度来看，既要力求降低桥梁的建设和养护费用，又要避免或降低因车辆绕道而增加的运输成本。另一方面．从桥梁的经济性和稳定性出发，应尽量选择在河道顺直、水流稳定、河面较窄、地质较好、冲刷较小的河段上，以降低造价和养护费用，并避免因冲刷过大而发生桥梁倒塌的危险。此外，应尽量避免桥梁与河流斜交．否则会增加桥梁长度，从而引起工程造价的提高。

大、中桥一般选择 2~4 个桥位后进行综合比较，然后选择合理的桥位。对于小桥涵的位置，应服从路线走向。当遇到不利的地形、地质和水文条件时，应采取适当的技术措施，不应因此而改变路线。

测量桥位附近的地形，并绘制地形图，供设计和施工使用。

通过钻探调查桥位的地质情况，并将钻探资料制成地质剖面图，作为基础设计的重要依据。为使地质资料更接近实际情况，可以根据初步拟定的桥梁分孔方案，将钻孔布置在墩台附近。

调查和测量河流的水文情况，为确定桥梁的桥面标高、跨径和基础埋置深度提供依据。其内容包括以下几个方面。

河道性质，了解河道是静水河还是流水河，有无潮水，河床及两岸的冲刷和淤积情况，以及河道的自然变迁和人工规划的情况，北方地区还要了解季节性河流的具体性质。

测量桥位处河床断面。

调查了解洪水位的多年历史资料，通过分析推算设计洪水位。

测量河床比降，调查河槽各部分形态的标高和糙率等，计算流速、流量等有关参数，通过计算确定设计洪水位下的平均流速和流量；结合河道性质，可以确定桥梁所需的最小总跨径，选择通航孔的位置、墩台基础形式及埋置深度。

向航运部门了解和协商确定设计通航水位和通航净空，根据通航要求与设计洪水位确定桥梁的分孔跨径和桥跨底缘的设计标高。

对于大型桥梁工程，应调查桥址附近风向、风速及桥址附近有关的地震资料。

调查了解其他与建桥有关的情况，如当地建筑材料的来源，水泥、钢材的供应情况；调查附近旧桥使用情况，了解有关部门和当地群众对新桥有无特殊的要求，如桥上是否需要铺设电缆或输气管道等；调查施工场地的情况，是否需要占用农山，桥头有无需要拆除或迁移的建筑物，要尽可能地避免损失或将这些损失降低至最低限度；调查当地及附近的运输条件。这些情况对桥梁施工起着重要的作用。另外，还需要了解桥梁施工机械、动力设备和电力供应等情况，这些因素将直接影响设计与施工方案的确定。

上述各项野外勘测与调查研究工作，有的可同时进行，有的则需相互交错进行。例如，为进行桥位地形测量、地质钻探和水文调查，需要先确定桥位；为选择桥位，又必须要有一定的地形、地质和水文资料等。因此，有的工作必须互相渗透，交错进行。

根据调查、勘测所得的资料，可以拟订几个不同的桥位比较方案。方案比较项目可以包括不同的桥位、不同的材料、不同的结构体系和构造、不同的跨径和分孔、不同的墩台和基础形式等，通过综合比较进行方案优选。

二、桥梁的平、纵、横断面设计

（一）平面设计

桥梁设计时首先要确定桥位。按照《公路工程技术标准》的规定，小桥和涵洞的位置和线形一般应服从线路的总走向，为满足线路的要求，可设计为斜交桥或弯桥。对于公路上的特大桥、大桥、中桥的桥位，原则上应符合线路的走向，桥、路综合考虑，尽量选择在河道顺直、水流稳定、地质条件良好的河段上。桥梁的平曲线半径、平曲线超高和加宽、缓和曲线、变速车道设置等，均应满足相应等级线路的规定。桥梁的线形及桥头引道要保持平顺，使车辆能顺利通过。小桥涵的线形及其与公路的衔接可按线路的要求布置。大、中桥梁的线形一般为直线。当桥面受到两岸地形限制时，允许修建曲线桥，曲线的各项指标应符合线路的要求；也允许修建斜桥，其交角（桥墩沿水流方向的轴线与河道水流方向间的夹角）一般不大于45°，通航河流上不宜大于5°。

（二）纵断面设计

桥梁纵断面设计包括桥梁总跨径的确定、桥梁的分孔、桥面标高与桥下净空、桥上及桥头引道纵坡的布置等。

1. 桥梁总跨径的确定

桥梁总跨径一般参照水文计算来确定。由于桥梁墩台和桥头路堤压缩了河床横断面面积，使桥下过水断面减小，流速加大，加强了河流对河床的冲刷。因此，桥梁总跨径必须保证桥下有足够的泄洪面积，使河床不致受到过大的冲刷。山区河流流速较大，应尽可能少压缩或不压缩河床；而对于平原地区的宽滩河流（流速较小），虽然允许压缩，但是必须注意壅水对上游河堤、地下水及附近农田等可能产生的危害。

2. 桥梁的分孔

桥梁的总跨径确定以后，还需进行单孔的布置。一座较大的桥梁可以分成多孔。各孔的跨径有多大，有几个河中桥墩，哪些是通航孔，哪些不是通航孔，这些问题要根据通航要求、地形和地质条件、水文情况及经济技术和美观的需求来加以确定。桥梁的分孔关系到桥梁的总造价。跨径和孔数不同时，上部结构和墩台的总造价是不同的。跨径愈大，孔数愈少，上部结构的造价就愈大，而墩台的造价就愈小。最经济的跨径是使上部结构和下部结构总造价最低的跨径。因此，当桥墩较高或者地质不良，基础工程复杂而造价较高时，桥梁的跨径可选得大一些；反之，当墩台较矮或地质良好时，桥梁的跨径就可以选得小一些。在实际工程中，可对不同的跨径布置进行粗略的方案比较，选择最经济的跨径和孔数。

对于通航河流，当通航净宽大于按经济造价确定的跨径时，一般按通航净宽来确定通航孔跨径,其余桥孔跨径则采用经济跨径。但对于变迁性河流,考虑航道可能发生变化,则需多设几个通航孔。

桥梁的分孔是个非常复杂的问题,各种各样的条件和要求往往互相矛盾。例如,跨径在100m以下的公路桥梁,为了尽可能地符合标准跨径,不得不放弃采用按经济要求确定的孔径;某些应急工程为了便于抢修和互换,常需要将全桥各孔跨径做成统一的,并且跨径不要太大;有时因为工期很紧,为减少水下工程,需要减少桥墩而增加跨径。有些体系中,为了使结构受力合理和用材经济,布置时要考虑跨径比例的合理性。例如,在连续梁设计中,其中跨与相邻边跨的比值:对于三跨连续梁,一般取1.0=0.8;对于五跨连续梁,一般取1.0>0.9>0.65,孔数不多时最好布置成奇数跨,以免将桥墩正置于河道中央。

在有些情况下,为了避免在河中搭设脚手架和修建临时墩,可以加大跨径,采用悬臂浇筑法进行施工;在山区建桥时,往往采用单孔跨越深谷的大跨径桥梁,以避免建造中间桥墩。跨径的选择还与施工能力有关,有时选用较大跨径虽然在经济上和技术上是合理的,但是由于缺乏足够的施工技术能力和施工机械设备,也不得不改用较小跨径。

总之,对于大、中型桥梁来说,桥梁分孔问题是设计中最基本、最复杂的问题,必须进行深入、全面的分析,才能制定出比较完美的方案。

3. 桥面标高与桥下净空

桥面标高在线路纵断面设计中已作规定,或根据设计洪水位及桥下通航需要的净空结合桥梁的建筑高度来确定。桥面标高的抬高会引起桥头引道路堤土方量的增加;而在修建城市桥梁时,则可能使引道布置困难。因此,必须根据设计洪水位、桥下通航(或通车)净空等的要求,结合桥型、跨径综合考虑,以确定合理的桥面标高。

4. 桥梁的纵坡设置

桥面标高确定后,就可根据桥头两端的地形和线路要求来设计桥梁的纵断面线形。一般小桥通常做成平坡桥;对于大、中型桥梁,为了利于桥面排水和降低引道路堤高度,往往设置从中轴向两边倾斜的双向坡道,桥上纵坡不宜大于4%,桥头引道纵坡不宜大于5%。对位于城镇交通量大处的桥梁,桥上纵坡和桥头引道纵坡均不得大于3%。桥上或引道处纵坡发生变化的地方,均应按规定设置竖曲线。

(三)横断面设计

桥梁宽度取决于桥上交通要求,《公路工程技术标准》中规定了各公路桥桥面行车道。

一般来说,在高速公路或一级公路上,多数修建上、下行两座独立桥梁。各级公路上的涵洞和二、三、四级公路上跨径小于8m单孔小桥的桥面宽度,应与路基同宽。

城市桥梁的桥面宽度应考虑城市交通的规划要求予以适当加宽。桥上如通行电车和汽车时，一般将电车道布置于桥梁中央，汽车道在它的两旁。位于弯道上的桥梁，应按线路要求予以加宽和设置超高。

桥上人行道和慢车道的设置应根据需要而定，并与前后线路的布置相匹配。慢车道与行车道之间必要时应设置分隔设施。人行道宽 0.75m 或 1.0m，大于 1.0m 时可按 0.5m 的倍数增加，且人行道宜高出行车道 0.25~0.35m。

三、桥梁的设计与建设程序

各国根据桥梁建设长期积累的经验，各自形成了一整套与本国管理体制相适应的严密而有序的工作程序。我国根据国家基本建设程序的要求，逐步形成了包括技术、经济及组织工作在内的桥梁建设程序。它分为前期工作及设计阶段。前期工作包括编制预可行性研究报告和可行性研究报告。设计阶段按"三阶段设计"进行，即初步设计、技术设计与施工图设计。各阶段设计文件完成后的上报和审批都由国家指定的行政主管部门负责。批准后的文件就是各建设程序实施的依据，也是下一阶段设计文件编制的依据。

（一）前期工作

预可行性研究报告和可行性研究报告均属于建设的前期工作。两者应包括的内容及目的基本一致，只是研究的深度不同。预可行性研究报告是在工程可行的基础上，着重研究建设上的必要性和经济上的合理性；可行性研究报告则是在预可行性研究报告审批后，在必要性和合理性得到确认的基础上，着重研究工程上和投资上的可行性。这两阶段的研究都为科学地进行项目决策提供依据，避免盲目决策带来的严重后果。前期工作的重点在于论证建桥的必要性、可行性，并确定建桥的地点、规模、标准、投资控制等一系列宏观问题。因此，本阶段的工作是非常重要的。这两阶段的内容主要有以下几个方面。

1. 工程必要性论证

工程必要性论证是评估桥梁建设在国民经济中的作用。

2. 工程可行性论证

本阶段工作的重点在于选择好桥位，确定桥梁的建设规模，同时需协调好桥梁与河道、航运、城市规划及已有设施的关系。工程可行性论证主要包括以下几个方面的内容。

（1）桥梁标准制订问题

首先确定车道数、桥面宽度及荷载标准，其次是选取允许车速、桥梁坡度和曲线半径，最后应考虑桥梁抗震标准和航运标准等。

（2）自然条件及周围环境问题

本阶段的地质工作以搜集资料为主，辅以在两岸适当布置钻孔进行验证。要探明覆盖层的性质、岩面高程、岩性及构造，确定有无大的构造断层，并从地质角度对各桥位做出初步评价。本阶段的水文工作也十分重要，一般要求提供设计流量，调查历史最高、最低水位，以及设计洪水频率的洪水位，掌握常水位情况及流速资料。此外，还要对一些特殊水文条件进行研究，如沿海地区的潮汐问题等。

（3）桥位问题

进行桥位方案比较的目的在于评估方案的可行性，特别是基础工程的可行性。为此，应该采取比较成熟的方案，以提高评估的可信性，并应至少提出两个以上的桥位方案进行比选。遇到某些特殊情况时，还需要在大范围内提出多个桥位方案进行比选。

桥位比较的内容可以包括下面一些因素。

桥位对路网布置是否有利；比较造价时，要把各桥位桥梁本身的造价与相应附属工程的造价加在一起进行比较；桥梁建在城市范围内时，要使桥梁建设满足城市规划的要求，还要比较各桥位的航运条件；在进行自然条件的比较时，要考虑地质条件对基础工程的设计、施工难度及工程规模有无直接的影响。

外部条件的处理能否落实，桥梁在不同桥位时对周围设施的影响程度如何，以及不能拆迁的设施对桥梁的影响程度如何等；对环境保护的评估也是必不可少的。

（二）设计阶段

1. 初步设计

由政府计划部门下达的设计任务书是进行初步设计的依据。设计任务书应就桥位、建桥标准、建桥规模等控制性要求做出规定。在进行进一步勘测工作时，如发现选定的桥位确属地质不良，并将造成设计和施工困难，则可以在选定桥位的上、下游附近不影响桥梁总体布置的范围内，通过地质条件的比较，推荐一个新的桥位。初步设计阶段的主要内容有以下几点。

（1）进一步开展水文、勘测工作

在初步设计阶段，要通过进一步的水文工作提供基础设计和施工所需要的水文资料，如施工期间各月可能出现的高、低水位和相应的流速，以及河床可能的最大冲刷深度、施工中可能引起的局部冲刷等。

本阶段的勘测工作称为初勘，要求在以桥位中心线为轴线的上、下游适当布置一些钻孔，以探明岩层构造及其变化情况。根据钻探取得的资料，确定岩性、强度及基岩风化程度、覆盖层的厚度、力学指标，以及地下水位情况等。

（2）桥型方案比较

桥型方案比较是初步设计阶段的工作重点，一般要进行多个方案比较。各方案均要求提供桥型布置图，图上必须标明桥梁纵、横断面结构布置，主要部位高程，上、下部结构的结构形式及工程量。对于推荐方案，还要提供上、下部结构的结构布置图，以及一些主要及特殊部位的构造处理。各类结构都需经过验算并提供可行的施工方案。

（3）科研项目

在初步设计阶段，要提出设计、施工中需要进一步通过试验或理论研究来解决的技术难题，立项并作经费计划，待主管部门审批初步设计文件时一并审批，批准后方能实施。

（4）施工组织设计

对推荐桥型方案要编制施工组织设计，包括主体结构的施工方案、施工工序、施工投入机械设备清单、主要工程量清单、砂石料来源、施工安排及工期计划等。

（5）概算

根据工程量、施工组织设计及标准定额编制概算。各桥型方案都要编制相应的概算，以便进行不同方案工程费用的比较。按照规定，初步设计概算不能超过前期工作已审批估算的10%，否则应重新编制方案。根据具体情况对概算作适当调整，可将其作为招标时的标底。当主管部门审批初步设计文件时，如对推荐方案提出必须修改的意见，则需根据审批意见另外编制、修改初步设计文件报送上级主管部门批准。

2. 技术设计

技术设计应根据批准的初步设计中存在的重大、复杂技术问题及新技术、新材料的应用问题，通过进一步的科学试验、专题研究及分析论证予以解决，落实技术措施，提出可行的施工方案，经批准后作为编制施工图设计的依据。

3. 施工图设计

在施工图设计阶段，要进一步根据施工需要进行补充钻探。特别是对于重要的基础，要探明岩面高程的变化。根据批准的初步设计文件和技术设计文件，绘制让施工人员能按图施工的施工详图。根据施工图编制工程预算。

（三）桥梁的方案比较及桥梁美学设计

1. 方案比较

为了获得经济、适用和美观的桥梁设计方案，设计人员必须根据自然和技术条件，因地制宜地在综合应用专业知识，了解、掌握国内外新技术、新材料、新工艺的基础上，进行深入细致地研究和分析对比工作，才能编制出完美的设计方案。桥梁设计方案的比选和确定可按下列步骤进行。

（1）明确各种标高

在桥位纵断面图上，按比例绘出设计洪水位、通航水位、堤顶标高、桥面标高、通航净空、堤顶行车净空位置图。

(2) 桥梁分孔，初拟桥型方案草图

在确定了上述各种标高的纵断面图上，根据泄淇总跨径的要求作桥梁分孔和桥型方案草图。作草图时思路要开阔，只要基本可行，就应尽可能多做一些方案草图，以免遗漏可能的桥型方案。

(3) 方案初筛

对各桥型方案草图作技术和经济上的初步分析和判断，筛去弱势方案，从中选出2~4个构思好、各具特点的方案，作进一步研究和比较。

(4) 详绘桥型方案

根据不同桥型、不同跨度、不同宽度和施工方法，拟定主要结构尺寸，并尽可能细致地绘制出各个桥型方案的尺寸详图。对于新结构，应作初步的力学分析，以确定主要尺寸。

(5) 编制估算或概算

依据方案详图，计算上、下部结构的主要工程数量.依据各地区或行业的估算定额或概算定额，编制出各方案的主要材料（钢、木、混凝土等）用量、劳动力数量和全桥总造价。

(6) 方案选定和文件汇总

综合考虑建设造价、养护费用、建设工期、营运适用性、美观性等因素，阐述各方案的优缺点。经分析论证，选定一个最佳的方案作为推荐方案。在深入比较过程中，应当及时发现并调整方案中不尽合理之处，确保最后选定的方案是强中选强的方案。

上述工作全部完成之后，着手编写方案说明书。方案说明书应阐明方案编制的依据和标准，各方案的主要特色、施工方法、设计概算及方案比较的综合性评述。对推荐方案应作较详细的说明。各种测量资料、地质勘察和地震烈度复核资料、水文调查与计算资料等应按附件载入。

2. 桥梁美学设计

"美学"一词来源于希腊语，原意为感觉、感性认识，因此美学可定义为研究感性认识的科学。建筑美学只是其中的一种。一座桥梁从满足功能要求角度而言，是工程结构物；从观赏角度而言，应该是一件建筑艺术品。尤其是人桥，它的雄伟壮观和丁姿百态不仅可显示出一个国家的先进技术与生产工艺水平，更能反映出时代精神和当代人的创造力，往往是一个国家、一个地区、一个城市的标志，成为地标性建筑。桥梁中，最具代表性的是美国金门大桥，它被誉为近代桥梁工程的一项奇迹，也被认为是旧金山的象征。整个金门大桥造型宏伟壮观、朴素无华，横卧于碧海白浪之上。华灯初放时，犹如巨龙凌空,使旧金山市的夜景更加壮丽。金门大桥桥身的颜色为国际橘，建筑师艾尔文·莫罗认为此色既和周边环境协调，又可使大桥在金门海峡常见的大雾中显得更加醒目。由于具有新颖的结构和超凡脱俗的外观，它被国际桥梁工程界广泛认为是美的典范，更被美国建筑工程师协会评为现代的世界奇迹之一。

桥梁建筑艺术是桥梁美学的表现。它是通过桥梁建筑实体与空间的形态美及其相关因素的美学处理，形成一种实用与审美相结合的造型艺术，或者说是一种创造桥梁美观的技术。这一技术的研究与发展，可以使桥梁建筑艺术发展壮大。

桥梁美学与桥梁技术不可分割，它追求工程方面和精神方面的统一。它的基本观点是：充分满足工程规范，外观形貌尽量完美并与环境协调。正如德国工程师鲁克维德所说："要设计美的桥梁，就必须使科学与艺术密切结合疖"。桥梁的技术美包括形式美、功能美及与环境协调美三个要素。具备了形式美和功能美的桥梁，必须与环境和谐统一，才能实现技术美。

（1）形式美

桥梁各构件相互之间取得充分协调，才能创造出桥梁的形式美。这种协调主要借助比例、匀称、平衡、韵律、重复、交替、层次等手法完成。

（2）功能美

功能美是遵循力学理论，在取得平衡并有紧张感的结构中求得内在美，在外观上体现一种力量感。

（3）环境协调美

桥梁建筑与桥位周围的自然景物、人工景物一起，构成了人们生活空间中的整体景观。它不仅影响原有环境，还改善了景观，给人们生活带来了景观上的变化。桥梁建筑对生活环境的影响及建桥后的景观效果是该地区人民所极为关注的。因此，桥梁除了形式美、功能美外，与周围环境的协调也是桥梁技术中很重要的因素。正如近代波兰桥梁美学专家劳龙勃·约瑟夫在其《近代桥梁设计中的美学情况》中所述的："美学造型一页，今天已有更广泛的含义。它不但指桥梁本身必须美，也需使桥梁在材料和形式上与环境相适合。它必须是环境的一部分，或是加强环境的一个因素。"

桥梁建筑美的基本原则为统一和谐、均衡发展、比例协调、韵律优美及建筑风格具有时代性和民族性。它们在桥梁工程中的应用主要体现在：桥梁必须与周围环境相融合，成为自然整体的一个协调部分；桥梁本身的造型必须比例适当，匀称和谐；桥梁造型应结构简单，线条流畅；桥梁建筑应当表现出清新、雅洁的风格等。

综上所述，现代桥梁建筑的美学特征主要表现为简洁明快，轻巧纤细和连续流畅。

第二节 桥梁勘察

进行桥梁岩土工程地质勘察工作，主要目的是为了更好的去处理桥梁建设过程中所发生的关于岩土的一些问题，是桥梁建设过程中非常重要的一个环节。通过岩土工程地质勘察过程，能够更加清晰的了解到桥梁建设区域的水文情况和地质条件，从而为桥梁工程的设计过程和施工过程提供帮助，为桥梁建设打下良好的基础。

一、桥梁岩土工程地质勘察的必要性

岩土工程地质勘察工作是进行桥梁项目设计和施工的重要基础工作，在桥梁项目建设过程中非常重要的环节内容。岩土工程地质勘察的目的在于掌握建设区域的地质情况，从而给出桥梁工程设计所需要的重要资料。所以项目在进行设计过程中，都需要根据基本流程来实施岩土工程地质勘察过程，所获得的勘察报告是否能够准确的反映所处区域的地质情况，对于项目工程的安全性和可靠性具有重要的而影响。因此说，岩土工程地质勘察工作对于桥梁工程的建设来说具有重要的意义。近些年来，某些桥梁工程因为对岩土工程地质勘察工作缺乏足够的重视，而出现了安全事故，对社会造成了较为严重的损失。

二、桥梁岩土工程地质勘察的要点分析

桥梁，是道路项目中的重要组成部分，在进行桥梁工程项目设计时，一般会分为两个阶段来完成。第一个阶段是对桥梁工程进行初步设计，第二个阶段是对桥梁工程进行技术设计。当初步设计经过批准后才能够实施桥梁工程的技术设计过程。一般来说岩土工程地质勘察会在第一个设计阶段来实施。

（一）初步设计阶段勘察要点

在桥梁工程项目的初步设计阶段，该阶段的内容包括对岩土施工方案的制定，从而对于施工区域中存在的地质问题进行控制。在这个阶段进行岩土工程地质勘察主要针对的是品质较差的岩土部分进行深度勘察，然后根据所具有的经济性和技术性来选择最为合理的勘察方案。

（二）技术设计阶段勘察要点

在桥梁工程项目的技术设计阶段中，实施岩土工程地质勘察时应确保所使用的勘察方案为最佳，并能够按照相应的标准来实施钻探过程和原位测试过程。在这个阶段中进行岩土工程地质勘察的要点在于：针对桥梁项目的地质问题进行有效的分析，然后针对施工线路的选择来提供相关勘察资料。

三、对于桥梁岩土工程地质勘察工作的改进建议

（一）完善岩土工程地质勘察机制

应严格参照当前所具有的相关法律和技术规范，结合桥梁工程项目的相关特点，

来对于岩土工程地质勘察机制进行完善，对于岩土工程地质勘察工作中的勘察内容、职责权限以及勘察要求等等方面进行全面的落实，并制定相关的惩处措施，对于某些违反规定的行为要进行惩罚，对于地质勘察工作给予正确的指导。另外，也需要对岩土工程地质勘察工作进行监督和管理，设置合理并全面的监督机制，针对存在的问题制定相应的解决措施。

（二）强化岩土工程地质勘察技术

在进行桥梁岩土工程地质勘察前，需要做好相应的准备措施，将地质勘察工作作为重点，对于地质条件和地形地貌的资料进行收集。在对地质勘察设备进行选择时，应保证设备的精确度符合标准，确保勘察设备能够在地质勘察工作中顺利的运行。桥梁岩土工程地质勘察过程中所使用的勘察技术应脱离固有的流程，并结合桥梁工程项目施工现场的实际情况来进行开展。同时，应针对所有的岩土工程地质勘察工作人员进行技术培训，提升勘察工作人员的业务水平，提升地质勘察工作质量和效率。另外，在桥梁岩土工程地质勘察时，不可因为经济效益而降低勘察成本和时间，从而使得岩土工程的地质勘察质量受到影响。

（三）加强周边环境的检测

在我国的各个区域中，地质情况多种多样，在不同的区域中桥梁工程项目的建设应根据所处区域的地质情况来选择最为合理的架设方式。因此，在进行桥梁岩土工程地质勘察时，应重视对周边环境的检测，然后再制定出最为合理的勘察技术规范。另外，桥梁岩土工程地质勘察工作人员也应根据桥涵规范中的要求，对于桥梁中所有墩台的坐标进行放样测量，同时也要对桩号设计和高程数据进行复核计算，然后在进行施测过程。桥梁工程项目的开展，必然会对周边生态环境造成影响，包括水、土壤以及生物等。所以在进行岩土工程地质勘察时，应重视对周边生态环境的保护，避免环境破坏的加重。

四、桥梁岩土工程地质勘察工作的未来发展探究

在未来的桥梁岩土工程地质勘察工作中，应增加更多方面的分析和研究过程。首先，在钻探方面，应根据地质条件的勘察来选择最为合理的钻探技术并对其进行完善。其次，在取样方面应增强取样技术的规范性和合理性。最后，在测试方面，应加强对于测试技术的升级，提升勘察数据的准确性。第四，在勘察方面，必须要增强技术的突破，在陈旧技术的基础上，开创新的勘察技术，推动岩土工程的成功实施。

第三节 桥梁测量

一、桥梁施工测量内容

在桥梁测量控制施工中，主要针对两个方面进行测量控制，分别是平面测量控制与高程测量控制。

（一）平面测量控制

在桥梁施工测量中，平面测量是最为基础的工作。目前状况下，进行平面测量所使用的设备主要是全站仪，随着科学技术的发展，GPS测量等一些新型的测量技术也被运用到其中。在进行测量的过程中，应该严格按照相关标准规定进行测量，做到统筹规划、合理安排，做好测量之前的准备工作，在测量过程中抓住细节，对观测精度与测量质量做出有效保证。在实际的测量过程中，所使用的观测方法以测回法为主，在观测时需要对每台全测站的观测次数进行一定程度的控制，一般控制在4次以上较为适宜。观测结束之后应当对相关数据与参数进行详细记录。最后，还需要对控制点进行一定程度的复核，复核过程中应当充分结合实际情况，并在此基础之上合理运用闭合导线法与符合导线法进行复核。

（二）高程测量控制

高程测量控制工作时在桥梁墩台平面中心位置定位完成之后进行的，首先需要对桥位施工水准网进行有效的建立，在建立的过程中需要在桥头岸边增设一定数量的辅助基准点，辅助基准点的设置主要是为了弥补水准点数量较少、距离相对较远的缺陷。需要注意的是，在对水准点进行设置时应当对其与桥中心线之间的距离进行合理而有效地控制，一般情况下，水准点与桥中心线两侧的距离应当控制在15m以上，并在此基础之上使其与复测的水准点形成闭合的水准线。除此之外，对于相邻的两个加密水准点之间的距离控制也十分重要，依据实际情况与工作经验，这个距离一般控制在80~120m的范围之内较为适宜，这样一来，就可以为之后的高程放样工作提供便利。为了对高程控制的统一性进行有效的保证，应当定期对所测设的高程控制点进行一定程度的复核。

二、桥梁施工测量的控制措施

（一）施工测量前的准备

首先，需要对人员与设备进行一定程度的审查。对测量施工人员的数量、资质、专业技术水平以及实际经验水平进行审查，确保其能够胜任测量施工的相关工作，且符合合同与相关规范的要求。对测量过程中所需要的仪器设备进行审查，做好数量清点，看其型号是否符合相关标准所规定的测量精度，对于需要校准的仪器设备提前做好校准工作。然后由现场监理进行审批，审批通过之后方可入场施工。其次，在进行正式的测量施工之前，应当对点位的设置进行检查，确保点位设置的合理性与可靠性，同时，保证其精度能够有效满足建立施工平面控制网与高程控制网的需求。如果检查时发现某一点位不能满足相关需求，为了保证测量精度，需要弃用这一点位，并重新设置有效点位。在对设置的点位进行复测的过程之中，如果复测结果与原复测结果存在着较大的差异，应当及时分析找出导致结果不一致的原因，并向设计与建设单位进行报告。充分参照测量规范的要求，并对桥梁工程的实际情况进行有效结合，实际操作时可以选择三角形网、导线网以及 GPS 网来对控制网进行科学有效地建立。

（二）桥梁施工控制网点测设

在对桥梁施工控制网进行建立时，三角形网与导线网是较常使用的常规方法，在建立的过程之中，应当对测量视线做出有效保证，避免视线因其他物体的遮挡而受阻。因为视线受阻会导致偏心观测，进而会造成一定程度的系统误差。全站仪测量技术对经纬仪、电子测距仪以及电机计算机的相关功能与特点进行了有机的结合，是一种相对成熟的测量技术，但是它在桥梁施工测量中并不具有普适性，因为桥梁工程具备自身的特点，例如在一些大跨度的桥梁工程之中，其地理环境复杂程度较高，且控制网具有较长的边长，如果采用全站仪进行测量则必然会增加作业成本，且在测量精度方面也难以达到理想的效果。随着时代的发展与科学技术水平的提高，GPS 网逐渐被应用到控制网的建立中。对于 GPS 网而言，其测量结果不会受到测量视线的影响，且凭借着自身先进的技术手段可以实现全天候工作，在测量效率、测量速度与测量精度方面发挥了巨大的优势。

三、桥梁施工测量控制技术

（一）桩基础施工测量

在整个桥梁工程施工测量之中，桩基础测量控制是十分重要的环节，发挥了基础性的作用，只有做好桩基础施工测量，接下来的几个环节才能顺利进行，因此做好桩基础施工测量十分重要。在具体的施工测量中，需要注意如下几个方面的要点：（1）进行正式的测量之前，需要对施工图纸进行全面而有效地核查，并运用设计定线图所提供的相关参数对墩台中心位置坐标进行一定程度的验算，确保其符合要求，如果复核结果存在差异性，应当及时报告给相关部门作出调整；（2）充分结合桩位布置图与相关数据，并在此基础之上对每一个桩位的平面坐标进行有效的计算，并对其进行验证，最终得到桩位最终坐标数据；（3）开展桩位现场放样工作，在进行放样的过程中，可以使用全站仪进行坐标放样，先对每一个桩位的坐标进行确定，然后在此基础之上测量出每一个桩位与墩位之间的距离，然后用水泥墩对桩位进行护桩操作。

（二）承台施工测量

首先，参照相关规定标准对承台各角点的坐标进行有效的计算，计算完成之后需要复核，确保坐标准确无误后开始下一步操作。其次，对墩柱的十字线坐标进行计算，并在此基础之上依据图纸中标明的承台顶面与地面高程数据对高程进行一定程度上的复核，复核完成之后开始承台放样作业。承台放样完成之后，开始进行承台基坑开挖，在正式开挖的过程中，如果开挖面与承台之间的距离在0.5m左右时，应当采用水准仪或者全站仪对施工现场进行有效的测量控制，并在此基础之上按照"随挖随测"的原则开展工作，同时，在开挖的过程中需要注意避免出现超挖的情况。最后，承台开挖完成之后，进行墩柱钢筋的绑扎，绑扎完成之后由测量人员进行承台顶面高程放样，并在此基础之上做好混凝土浇筑工作。

（三）墩台施工测量

首先需要对墩台控制点的平面坐标进行计算，在计算时应当充分参考图纸要求与施工现场的实际情况。然后将计算得出的平面坐标报予监理进行确认，确认完成之后以此坐标为基础，并借助全站仪进行放样施工，放样的过程中需要对墩顶的高程进行确定，可以利用地面水准点来完成，需要注意的是，这一过程中需要利用卷尺或者长钢尺进行检验，保证数据的精确性与有效性。

第四节 桥梁设计

梁桥是对结构在垂直荷载作用下，支座只产生垂直反力而无水平推力梁式体系桥的总称，它以主梁受弯来承担自重和使用荷载。按照静力特性，梁桥分为简支梁桥、连续梁桥、悬臂梁桥、T形刚构桥及连续刚构桥五种体系。

用混凝土和钢筋结合在一起建成的梁式体系桥统称为钢筋混凝土梁桥，简称混凝土梁桥。钢筋混凝土梁桥和预应力混凝土梁桥按照施工方案的不同，可分为整体式梁桥和节段式梁桥。经装配而成的梁桥又称为装配式梁桥。

一、梁桥的结构体系和形式

（一）钢筋混凝土梁桥和预应力混凝土梁桥的一般特点

钢筋混凝土梁桥就其混凝土集料的特点而言，有如下优点：可就地取材，成本较低；可塑性强；耐久性及耐火性好，建成后维修费用少；结构刚度大，整体性好，变形小；可以采用装配式结构，将桥梁构件标准化，施工干扰小，质量可靠，生产效率高。

钢筋混凝土梁桥也有其不足之处，如结构自重较大，恒荷载通常占全部设计荷载的 1/3~2/3，自重消耗掉了大部分材料的强度，大大限制了其跨越能力；结构的抗裂性能较差，在正常使用阶段往往是带裂缝工作的。因此，装配式钢筋混凝土简支梁桥的跨径一般不超过 20m，而悬臂梁桥与连续梁桥的最大跨径一般为 30~40m。

预应力混凝土是一种预先储备了足够压应力的新型混凝土结构。对混凝土施加预应力的高强度钢筋，既是加力工具，又是抵抗荷载而引起构件内力的受力钢筋。考虑混凝土的收缩和徐变作用会导致预应力损失，所以必须使用高强度、低松弛的材料。只有这样，才能使预应力混凝土获得良好的使用效果。

预应力混凝土梁桥除了具有钢筋混凝土梁桥的所有优点外，还有下述特点：

能有效地利用现代化的高强度材料（高标号混凝土、高强度钢材），减小构件截面尺寸，显著降低自重占全部作用效应的比重，增强跨越能力。

与钢筋混凝土梁桥相比，一般可以节省钢材 30%~40%。跨径越大，节省钢材越多。

全预应力混凝土梁在正常使用阶段不出现裂缝，即使是部分预应力混凝土梁在常遇荷载作用下也无裂缝。鉴于截面能全面参与工作，梁的刚度就比通常开裂的钢筋混凝土梁大，因此其变形小。预应力混凝土梁可显著减小建筑高度，能把大跨径桥梁做得轻柔、美观。由于全预应力混凝土梁能消除裂缝，故其增强了混凝土结构在多种桥型中的适应性，进一步提高了结构的耐久性。

预应力技术的应用为现代装配式结构提供了最有效的接头和拼装技术手段。根据需要，可在纵向和横向都施加预应力，使装配式构件结合成整体，从而扩大了装配式梁桥的使用范围。

目前，预应力混凝土简支梁的跨径已达 50~70m，悬臂梁、连续梁的最大跨径已达 260m。

（二）结构体系和受力特点

在钢筋混凝土梁桥与预应力混凝土梁桥体系中，简支梁、悬臂梁和连续梁是三种古老的梁式结构体系，早为人们所采用。20 世纪 50 年代以后，由于应用了传统的钢桥悬臂拼装方法，并对其加以改进，预应力混凝土梁桥中的悬臂体系得到了新的发展，形成了 T 形刚构桥。连续梁体系也因采用了悬臂施工方法获得了新的竞争力。随后又将T形刚构桥粗厚桥墩减薄,形成柔性桥墩,将墩梁连固,从而形成连续-刚构桥。它是T形刚构与连续梁相结合形成的一种新体系。它与一般连续刚架的区别在于柔性桥墩的作用,结构基本上属于无推力体系,而上部梁结构主要具有连续梁的特点。因此,梁桥体系基本上可归纳成五种类型,即简支梁桥、悬臂梁桥、连续梁桥、T形刚构桥与连续刚构桥。

1. 简支梁桥

简支梁桥是梁桥中应用最早、使用最广泛的一种桥型。它构造简单,最易设计为各种标准跨径的装配式结构,施工工序少,架设方便;在多孔简支梁桥中,由于各跨构造和尺寸统一,从而可简化施工管理工作,降低施工费用;因相邻桥孔各自单独受力,故桥墩上需设置相邻简支梁的两个支座;简支梁桥的构造因较易处理而常被选用。

简支梁桥是静定结构,结构内力不受地基变形等的影响,因而适合在地基条件较差的桥位上建桥。简支梁桥的设计主要受跨中正弯矩的控制。当跨径增大时,跨中恒荷载和活荷载弯矩将急剧增加。当恒荷载弯矩所占比例相当大时,结构能承受活荷载的能力就减弱,为了提高简支梁桥的跨越能力,可采用预应力混凝土结构。预应力使梁全截面参与工作,减小了结构恒荷载,增强了抵抗活荷载的能力。我国预应力混凝土简支梁的标准跨径一般在40m以内。

2. 悬臂梁桥

将简支梁梁体加长并越过支点,就形成了悬臂梁桥。梁仅一端悬出时称为单悬臂梁,两端均悬出时称为双悬臂梁。使用悬臂梁的桥型至少有三孔,或是采用一双悬臂梁结构的跨线桥,或是采用由单悬臂梁、简支挂梁组中孔合成的悬臂梁桥。在较长桥中,可由单悬臂梁、双悬臂梁与简支挂梁联合组成多孔悬臂梁桥。习惯上称悬臂梁主跨为锚跨。

悬臂梁利用悬出支点以外的伸臂,使支点产生负弯矩,从而对锚跨跨中的正弯矩产生有利的卸载作用。悬臂梁跨中因简支挂梁的跨径缩短,其跨中正弯矩同样显著减小。在标志材料用量的弯矩图面积大小(绝对值之和)上,悬臂梁也比简支梁小。悬臂梁桥一般为静定结构,可在地基条件较差的情况下使用。在多孔桥中,墩上均只需设置一个支座,从而减小了桥墩尺寸,也节省了基础工程的材料用量。

无论是钢筋混凝土悬臂梁桥还是预应力混凝土悬臂梁桥,在实际桥梁工程中均较少采用。悬臂梁虽然在力学性能上优于简支梁,可适用于更大跨径的桥型方案,但因跨径较大时梁体质量过大而不易进行装配化施工,往往要在工费昂贵的支架上现浇。钢筋混凝土悬臂梁桥因支点负弯矩区段的存在,将不可避免地产生裂缝,顶面虽有防护措施,也常因雨水侵蚀而降低使用年限。预应力混凝土悬臂梁桥虽无此患,并可采用节段悬臂方法。但它同连续梁一样,因支点是简单支承,施工时必须采用临时固定措施。与连续梁相比,其跨中还要增加悬臂梁与挂梁间的牛腿、伸缩缝构造,使用时行车不及连续梁平顺。

国内的箱形薄壁钢筋混凝土悬臂梁桥的最大跨径为 55m，国外一般在 70~80m 以下。对于预应力混凝土悬臂梁桥，世界上的最大跨径为 150m，一般在 100m 以下。

3. 连续梁桥

使简支梁梁体在支点上连续，从而形成连续梁。连续梁可以做成两跨或三跨一联，也可做成多跨一联。每联跨数太多，联长就要加大，受温度变化及混凝土收缩等的影响而产生的纵向位移也就较大，使伸缩缝及活动支座的构造复杂化；若每联长度太短，则使伸缩缝的数目增多，不利于高速行车。为充分发挥连续梁高速行车平顺的优点，现代的伸缩缝及支座在不断改进，最大伸缩缝长度已达 660mm，梁体的连续长度已达 1000m 以上。连续梁中间墩上也只需设置一个支座，而在相邻两联连续梁的桥墩上仍需设置两个支座。

连续梁在恒荷载作用下，由于支点负弯矩的卸载作用，跨中正弯矩显著减小，其弯矩图形与同跨悬臂梁相差不大。然而，连续梁在活荷载作用下，因主梁连续，产生的支点负弯矩对跨中正弯矩仍有卸载作用，故其弯矩分布要比悬臂梁合理。

钢筋混凝土连续梁桥同悬臂梁桥一样，因存在施工和使用上的前述缺点而应用甚少，但预应力混凝土连续梁桥的应用却非常广泛。尤其是悬臂法、顶推法、逐跨施工法在连续梁桥中的应用，充分发挥了预应力技术的优点，使施工设备机械化、生产工厂化，从而提高了施工质量降低了施工费用。

连续梁桥的突出优点是：结构刚度大，变形小，动力性能好，主梁变形挠曲线平缓，有利于高速行车。预应力混凝土连续梁桥是超静定结构，因受墩台基础不均匀沉降等的影响，将在结构内产生附加内力（又称为次内力），通常用于桥基较为良好的场合。预应力混凝土连续梁桥的常用跨径一般为 40~160m。

4. T 形刚构桥

T 形刚构桥是一种具有悬臂受力特点的梁桥，最早采用钢筋混凝土结构，从墩上伸出较短的悬臂，跨中用简支挂梁组合而成。因墩上在两侧伸出悬臂，因形同英文字母 T 而得名。由于钢筋混凝土梁式结构承受负弯矩，不可避免地会在顶面处出现裂缝，因此钢筋混凝土 T 形刚构桥不可能做到较大的跨径。而预应力混凝土结构采用悬臂施工方法，适宜做成长悬臂结构。20 世纪 50 年代以后，预应力混凝 ±T 形刚构桥获得了发展，最大跨径已达 270m。预应力混凝土 T 形刚构桥分为跨中带剪力铰和跨中设挂梁两种基本类型。

钢筋混凝土 T 形刚构桥的常用跨径为 4~50m，预应力混凝土 T 形刚构桥的常用跨径可达 60~200m。

5. 连续 - 刚构桥

连续刚构桥是预应力混凝土梁式桥型之一。它综合了连续梁和 T 形刚构桥的受力特点，将主梁做成连续梁体，与薄壁桥墩固结。它同连续梁一样，可以做成一联多孔，在长桥中可以在若干中间孔以剪力铰相连接。在20世纪60年代，联邦德国本道夫桥采用薄壁桥墩来代替T形刚构桥的粗大桥墩，中孔仍采用剪力铰，边孔做成连续体系。这种桥型就是连续刚构桥的雏形，它的主要受力特性接近T形刚构桥。典型的连续－刚构体系如同T形刚构体系一样，对称布置并采用悬臂施工方法施工。随着墩高的增加，薄臂桥墩对上部梁体的嵌固作用愈来愈弱，逐步退化为柔性墩的作用。

连续－刚构体系除具有连续梁的优点外，墩梁固接节省了大型支座的费用，减小了墩及基础的工程量，改善了结构在水平荷载（如地震荷载）作用下的受力性能，即各柔性墩按刚度比分配水平力。柔性墩的设计必须考虑上部梁体变形（如转动与纵向位移）对它的影响。

（三）截面形式

梁桥根据其截面形式的不同，可以分为三种类型：即板桥、肋梁桥和箱形梁桥。

1. 板桥

板桥的截面特点是建筑高度小，构造简单，施工方便；采用预制装配施工时，预制构件质量小，架设方便。板按截面形式可划分为整体式实心板、装配式实心板、装配式空心板、装配－整体组合式板及异形板。前四种板主要用于小跨径板桥，包括简支板桥、连续板桥和斜板桥等。异形板截面形式主要用于城市高架桥及跨度为20~30m、桥面较宽的预应力混凝土连续板桥。

整体式实心板截面形状简单，结构刚度大，整体性好，适用于各种道路线形复杂的桥梁，如斜、弯、坡、S形和喇叭形桥梁等，通常采用现浇混凝土施工。在车辆荷载作用下，整体式实心板多为双向受力板。实心板截面因材料利用不够合理，一般仅用于跨径不超过8m的小跨径板桥。有时为了减轻自重，挖去其部分受拉区的混凝土，做成矮肋式截面。

装配式板截面避免了现场浇筑混凝土造成的弊端，一般由数块一定宽度的实心或空心预制板组成，各板利用板间企口缝填充混凝土相连接。在荷载作用下，每块板相当于单向受力的梁式窄板，除在主跨径方向承受弯曲外，还承受通过板间接缝（铰缝）传递来的剪力和由此引起的扭转。采用这种截面形式的结构整体性较差，但施工方便，工期较短。

钢筋混凝土实心预制板一般用于跨径不超过8m的小跨径板桥，钢筋混凝土空心预制板一般用于跨径为6~13m的小跨径板桥，预应力混凝土空心预制板常用于跨径为8~20m的中、小跨径板桥。

装配整体组合式模板是将小型预制构件安装就位作为底模，然后在其上现浇桥面混凝土，使之组合成整体。这种组合式板桥施工简单，适用于缺乏起吊设备的场合或小跨径板桥。

异形板是现代城市高架桥经常采用的一种截面形式。其特点是结构受力合理，建筑高度小，桥下净空大，能够满足城市跨线桥跨度较大的要求，且能与桥梁墩柱很好地匹配.形成美观的造型，但施工较复杂。

2. 肋梁桥

肋梁桥主梁截面的基本形式是T形截面，根据其施工方式可分为整体肋梁式截面和装配肋梁式截面。前者一般为现浇混凝土施工，大多采用双T形截面布置，以便简化施工，降低工程造价。后者采用工厂或现场预制，然后装配形成整体。

肋梁桥的主要特点是挖去了受拉区的混凝土，减轻了主梁自重，增强了跨越能力。肋梁式截面适合预制安装，主梁质量易于控制，施工速度快，桥梁部分构件损坏后容易修复和更换。其主梁除采用T形截面外，也可采用II形或1形截面。将其组合成整体时，桥梁横截面仍类似于T形截面主梁组合的桥梁横截面。从主梁结构受力角度分析，由于T形截面上翼缘面积较大，其截面重心位置偏上，故T形截面特别适合承受上翼缘受压、下翼缘受拉的单向弯矩荷载。这与钢筋混凝土简支梁和预应力混凝土简支梁的受力模式相当吻合。T形截面上翼缘恰好提供了较大的混凝土受压区，而下翼缘只要能满足受拉钢筋或预应力钢筋的布置就可以了。T形截面的重心至下翼缘的距离较大，对有效利用受拉钢筋和预应力钢筋非常有利。承受同样拉力的钢筋或预应力钢筋力臂越大，所能承受的弯矩越大，T形截面能为受拉钢筋或预应力钢筋提供的力臂也就越大。因此，肋梁桥大多用于跨径为13~20m的钢筋混凝土简支梁桥或跨径为20～40m的预应力混凝土简支梁桥，以及少数跨径不大，正、负弯矩绝对值相差不大的悬臂梁桥或连续梁桥。

3. 箱形梁桥

箱形截面是大跨径预应力混凝土梁桥及弯桥、斜桥普遍采用的截面形式之一。其特点是全截面参与工作，截面抗弯、抗扭刚度大；材料在截面上分布合理，能有效地抵抗正、负弯矩和较大的扭矩;同时有良好的横向抗弯能力。由于箱形截面横向刚度大，故在车辆荷载作用下各主梁受力均匀，其荷载横向分布系数较小。箱形截面不仅适用于较大跨径的预应力混凝土简支梁桥，还特别适用于大跨径的连续梁桥、悬臂梁桥和T形刚构桥等。

箱形截面一般分为单箱单室、单箱双室、单箱多室、双箱单室、双箱双室、多箱单室及长悬臂斜腹箱形截面等。通常根据桥面宽度、桥梁跨度和所采用的施工方式等选用。单箱单室截面受力明确，计算简单，施工方便，材料用量较节省。单箱多室和双箱双室等截面内力分布较均匀,但计算较复杂，施工也较困难。由于其施工模板复杂，实际工程中较多选用单箱单室或双箱单室等截面。中等宽度的桥梁一般选用单箱单室或单箱双室截面，宽桥一般选用单箱多室、双箱单室或直接采用两个分离的单箱单室或单箱双室截面。分离的箱形截面受力明确，施工方便、可分开施工，以降低施工成本。长悬臂斜腹箱形截面是现代城市高架桥经常采用的截面形式之一。其造型美观，箱形底板较窄，能减小桥墩截面尺寸，增加桥下净空，材料用量较节省；但其截面形心偏上，对承受负弯矩稍不利。

箱形截面形式是大跨径桥梁优先选用的截面形式之一。它不仅适用于大跨径梁桥，还适用于其他大跨径桥梁结构，如悬索桥、斜拉桥、箱形拱桥等。目前，跨径超过50m的大跨径桥梁绝大多数采用箱形截面。

二、梁桥的设计流程

桥梁基本资料搜集、桥型布置图设计、墩台等下部构造设计及附属设施设计可参考上述装配式梁桥（上部结构采用标准图）设计。这里主要介绍现浇连续箱梁及连续-刚构桥上部结构的具体计算与设计流程。

（一）恒荷载内力计算

恒荷载内力计算就是计算由上部结构自重所引起的内力响应。恒荷载内力一般可分为一期恒荷载内力与二期恒荷载内力。一期恒荷载内力的计算与桥梁结构的施工方法密切相关，不同施工方法对应的恒荷载内力各不相同，故不能简单地按照一次落架计算。二期恒荷载包括桥面铺装和桥面系荷载，可以模拟为纵向均布荷载计算。

预应力混凝土连续梁桥的施工方法较为成熟，实际应用中主要有以下五种：满堂支架现浇、简支变连续、逐跨施工、顶推法施工、悬臂浇筑（拼装）施工。上述施工方法中，除满堂支架现浇法外，其余均为节段施工法，在计算恒荷载内力时要按施工阶段进行逐步分析模拟，累加得到恒荷载内力。

满堂支架现浇法施工仅适用于桥墩不高且桥下地面情况适宜搭设支架的中、小跨径预应力混凝土连续梁桥。其一期恒荷载和二期恒荷载都按照一次落架的方式作用在全桥连续结构上，叠加这两个施工阶段的内力就可得到结构的最终恒荷载内力。

逐跨施工法适用于等跨度的多跨连续梁桥，其一期恒荷载内力的分布情况介于满堂支架现浇法与简支变连续法两种方法之间。其施工阶段与简支变连续法类似，但每架设一孔就形成一个带悬臂的连续体系。各施工阶段的内力叠加，得到最终的一期恒荷载内力；二期恒荷载加载方式与简支变连续法相同。

平衡悬臂施工法是适用范围最广的施工方法。悬臂施工所产生的恒荷载内力分布情况接近于悬臂梁桥的受力状态，正弯矩仅在跨中合龙段处出现。由于悬浇或悬拼过程中有挂篮或吊机在主梁上移动，因此进行施工过程的仿真分析时，除了模拟各节段重力之外，还要模拟施工机具的重力作用及拆除移动。悬臂施工合龙时需要进行体系转换，具体的施工过程及体系转换次序往往要在结构设计全部完成后才能确定。

顶推法施工过程中梁体内力不断改变，各截面处出现的正、负弯矩往往比在结构使用状态下自重荷载产生的内力更为不利，所以在顶推法施工仿真分析中要模拟各顶推阶段梁体自重荷载产生的内力，顶推到位后还要模拟拆除大量临时预应力筋及补张拉最终结构所需预应力筋时产生的内力。

（二）附加荷载内力计算

超静定结构在各种内外因素的综合影响下，结构因受到强迫的挠曲变形或轴向伸缩变形.在结构多余约束下产生约束力，从而引起结构的附加内力.又称为次内力。对于简支梁桥、悬臂梁桥、T形刚构桥这三种静定结构，不存在附加内力。连续-刚构桥最主要的附加荷载内力是常年温差引起的结构次内力。连续梁桥结构主要考虑的是桥面板升降温、基础不均匀沉降及支座摩阻力产生的次内力。

理论上，温度变化的影响应由年温差的影响和骤变温差的影响组合而成，但考虑在设计计算中温度的影响力还要与恒、活荷载内力及其他内力进行组合，这种在各方面都处于最不利的情况在实际中出现的概率较小。因此，一般的做法是分别计算年温差影响力和周边温差影响力，两者不叠加，取其最不利者作为温度变化的影响力进行组合。

在桥面板升降温计算中，可以认为桥梁纵向温度变化是一致的，这样温度场可简化为沿桥梁截面高度方向变化的温度梯度形式。由于温度梯度的非线性变化引起的温度自应力在中、小桥中并不明显，因此超静定结构的温度自内力是桥面板升降温引起的主要结构响应。目前，在设计中一般考虑日照温差，将其分为桥面板升温、桥面板降温两种情况，在桥面板内均匀分布。

根据桥梁纵向基础的不同沉降情况，基础不均匀沉降产生的结构内力有多种不利组合形式。在数值分析中，将每一个基础沉降模拟为支座竖向位移，先分别分析单个基础沉降，再组合得到最不利沉降情况下的结构次内力。

支座摩阻力一般由常年温差及汽车制动力产生。对于多跨连续梁桥，墩顶支座摩阻力由每联下部各墩支座顶部的水平位移刚度确定。水平位移刚度是与墩顶水平位移刚度和支座剪切刚度有关的合成刚度。在数值计算中，将支座摩阻力等效为节点力来计算结构响应。应该注意的是，由于变截面连续梁节点竖坐标往往不相等，因此不能忽略水平荷载所产生的结构内力。

（三）活荷载内力计算

活荷载内力是由基本可变荷载中的汽车、人群荷载作用于主梁上产生的结构内力。在桥梁结构使用状态下，主梁具有空间结构受力特性，在实际计算中一般引入横向分布系数，将空I网结构计算转化为平面结构计算。

主梁各截面弯矩的横向分布系数均采用跨中截面横向分布系数代替，计算剪力时要考虑横向分布系数沿梁纵向的变化。

（四）荷载组合

桥梁结构按极限状态法设计时分为两种极限状态——正常使用极限状态和承载能力极限状态，应按不同的组合系数对荷载效应进行组合。

（五）预应力钢束的布置与计算

在预应力混凝土梁桥计算中，根据预应力混凝土结构设计原理及有关规范的规定.预应力钢束的布置应综合考虑以下因素：根据受力类型的不同，分别考虑承载能力极限状态下正截面抗压、抗弯强度及斜截面抗剪强度等，正常使用极限状态下预应力混凝土构件法向拉力、压应力及轴向拉、压应力要求，施工阶段（施加预应力阶段）截面法向拉、压应力要求。充分考虑梁体的构造特点，在有限的空间内进行钢束的竖弯与平弯，钢束间的相对位置、转弯角度及半径等应满足构造要求。

（六）结构验算

对预应力结构.预应力配束后应该对结构进行各种验算，包括施工阶段应力验算，结构正常使用极限状态下的变形、裂缝及营运阶段应力验算，全梁承载能力极限状态下的强度验算，以及其他锚下局部应力和桥面板承载能力验算等。对非预应力结构、也要进行类似的验算，以保证结构的安全。

第六章 交通运输能力设计

第一节 运输能力知识

运输能力是通过能力和输送能力的总称。为满足客运需求、完成运输任务，轨道交通线路必须具备一定的运输能力。运输能力的大小主要取决于固定设备、活动设备以及技术设备的运用、行车组织法和行车专业人员的数量、技能水平等因素。

一、通过能力

轨道交通线路的通过能力是指在采用一定的车辆类型和一定的行车组织方法的条件下，各项固定设备在单位时间内（通常是高峰小时）所能通过的最大列车数。研究影响通过能力的因素、通过能力的计算方法和提高通过能力的途径、措施等问题，对于轨道交通新线的规划设计和既有线的日常运能安排、扩能技术改造，都具有重要的理论和实践意义。地铁、轻轨的通过能力按下列固定设备计算：

（一）线路

线路是由区间和车站构成的整体，其通过能力主要受正线数、列车停站时间、列车运行控制方式、车站是否设置配线、车辆技术性能、进出站线路平纵断面和行车组织方法等因素影响。

（二）列车折返设备

列车折返设备的通过能力主要受折返站的配线布置形式及折返方式、列车停站时间、车站信号设备类型、车载设备反应时间、折返作业进路长度、调车速度以及列车长度等因素影响。

（三）车辆段设备

车辆段设备的通过能力主要受车辆段的检修台位、停车线等设备的数量和容量等因素影响。

（四）牵引供电设备

牵引供电设备的通过能力主要受牵引变电所的配置和容量等因素影响。

根据以上各项固定设备计算出来的通过能力一般是各不相同的，其中通过能力最小的固定设备限制了整条线路的通过能力，该项固定设备的通过能力即为整条线路的最终通过能力，参见式（6-1）。因此，通过能力是各项固定设备综合能力的体现。根据分阶段发展的可能性，各项固定设备的通过能力配置应相互匹配、协调，以免出现通过能力紧张或闲置的现象。

$$n_{最终} = \min\{n_{线路}, n_{折返}, n_{车辆}, n_{供电}\} \tag{6-1}$$

式中：$n_{最终}$——最终通过能力（列）；

$n_{线路}$——线路通过能力（列）；

$n_{折返}$——列车设备折返通过能力（列）；

$n_{车辆}$——车辆段设备通过能力（列）；

$n_{供电}$——牵引供电设备通过能力（列）。

在实际工作中，通常还把通过能力分为设计通过能力、现有通过能力和需要通过能力三个不同的概念。设计通过能力是指新建线路或技术改造后的既有线路所能达到的通过能力；现有通过能力是指在现有固定设备和现有行车组织方法的条件下，线路能够达到的通过能力；需要通过能力是指为了适应中、远期规划年度的客运需求，线路应具备的包括后备能力在内的通过能力。

二、输送能力

轨道交通线路的输送能力是指在一定的车辆类型、固定设备和行车组织方法的条件下，按照现有活动设备的数量、容量和乘务人员的数量，轨道交通线路在单位时间内（通常是高峰小时、一昼夜或一年）所能运送的乘客人数。输送能力是衡量轨道交通技术水平与服务水平的重要指标。

在最终通过能力一定的条件下，输送能力可按下式计算：

$$p = n_{最终} m p_{车} \tag{6-2}$$

式中：p——小时内单向最大输送能力（人）；

n——列车编组车辆数（辆）；

$p_{车}$——车辆定员数（人）。

三、通过能力与输送能力的关系

通过能力从固定设备的角度确定线路所能开行的列车数,输送能力则是从活动设备与行车作业人员配备的角度确定线路所能运送的乘客人数。输送能力以通过能力为基础,输送能力是运输能力的最终体现。

在通过能力一定的条件下,线路最终输送能力还与车站设备的设计容量或能力存在密切关系。这些设备包括站台、售检票设备、自动扶梯、楼梯、通道和出入口等。

第二节 线路通过能力

一、线路通过能力的计算原理

(一)计算通过能力的一般公式

线路通过能力是指轨道交通线路在单位时间内(通常是高峰小时)能够通过的最大列车数。一般自动闭塞线路通过能力的计算公式为:

$$n_{线路} = \frac{3600}{h} \tag{6-3}$$

式中:h——自动闭塞行车时的追踪列车间隔时间(s)。

显然,线路通过能力计算的关键是确定追踪列车间隔时间。

(二)追踪列车间隔时间

在自动闭塞行车时,列车停站时间与列车运行控制方式是决定追踪列车间隔时间的主要因素。

轨道交通通常采用双线自动闭塞,列车追踪运行并在每一个车站停车供乘客乘降。为了降低造价,轨道交通车站一般不设置配线,列车停在车站站线供乘客上下车。根据轨道交通车站配线设置、行车及客运作业的特点,列车追踪运行经过车站时的间隔时间远大于列车在区间追踪运行时的间隔时间。因此,在计算线路通过能力时,没有必要再去分别计算区间通过能力和车站通过能力,而应把区间和车站看成是一个线路整体来进行计算。由图6-1可知,当列车在区间追踪运行时,追踪列车间隔时间仅20s;而当列车在车站停车时,追踪列车间隔时间增加为80s,可见列车停站时间是影响线路通过能力的主要因素之一。

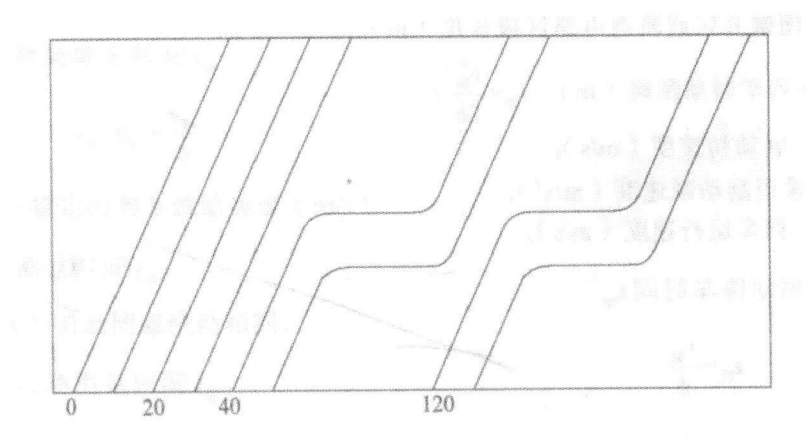

图 6-1 列车停站时间对线路通过能力的影响

列车运行控制通常涉及列车运行控制方式和行车调度指挥。在研究追踪列车间隔时间的影响因素时，列车运行控制侧重于前者。表 6-1 为轨道交通线路采用四种不同的列车运行控制方式时线路通过能力的比较。

表 6-1 列车运行控制方式与线路通过能力

列车运行控制方式	行车闭塞法	同方向列车运行	线路通过能力
基于通信的	移动（自动）闭塞	追踪运行	高
采用 ATC 系统	固定（自动）闭塞	追踪运行	较高
采用传统信号	固定（自动）闭塞	追踪运行	中
非自动闭塞	双区间闭塞等	连发运行	低

二、线路通过能力计算方法

（一）固定（自动）闭塞线路

计算线路通过能力的前提是确定追踪列车间隔时间，而以确定追踪列车间隔时间应从分析追踪运行列车间的最小间隔距离开始。

在把区间和车站作为一个整体进行分析时，计算追踪列车间隔时间的最小间隔距离，后行列车从初始位置运行至前行列车所处位置，需经历进站运行、制动停车、停站作业和起动出站四个单项作业过程。

1. 列车进站运行时间 $t_{运}$

$$t_{运} = \frac{0.5(l_{站} + l_{列}) + \sum l_i - l_{制}}{v_{运}} \quad (6\text{-}4)$$

式中：$l_{站}$——车站闭塞分区或车站轨道电路区段长度（m）；

$l_{列}$——列车长度（m）；

l_i——闭塞分区或轨道电路区段长度（m）；

$l_{制}$——列车制动距离（m），$l_{制} = \dfrac{v_{制}^2}{2b}$；

$v_{制}$——制动初速度（m/s）；

b——常用制动减速度（m/s²）；

$v_{运}$——列车运行速度（m/s）。

2. 列车制动停车时间 $t_{制}$

$$t_{制} = \dfrac{v_{制}}{b} \tag{6-5}$$

3. 列车停站时间 $t_{站}$

计算线路通过能力时一般取各站停车时间的最大值。

4. 列车起动出站时间 $t_{加}$

$$t_{加} = \sqrt{\dfrac{l_{列} + l_{站}}{a}} \tag{6-6}$$

式中：a——起动加速度（m/s²）。

5. 追踪列车间隔时间计算公式

将上述四个单项作业时间的计算过程合并，得到车站不设置配线时固定（自动）闭塞线路追踪列车间隔时间的计算公式如下：

$$h = \dfrac{0.5(l_{列} + l_{站}) + \sum l_i - l_{制}}{v_{运}} + \dfrac{v_{制}}{b} + t_{站} + \sqrt{\dfrac{l_{列} + l_{站}}{a}} \tag{6-7}$$

式（6-7）中的闭塞分区或轨道电路区段的数目取决于列车运行控制方式和行车组织方法对追踪运行列车间隔距离、列车驶进车站允许速度的规定。列车停站按停靠站台中部考虑。在实践中，还要考虑列车不能以较高速度驶离车站站线的情形，如列车进入站后折返线。另外，在进出站线路纵断面有坡度的情况下，可在式（6-7）中第2和第4项分母部分增加一个坡道修正参数 gi，（g 为重力加速度、i 为坡道的坡度），以考虑列车在坡道上制动和加速时对制动速度和起动加速度的影响程度。修正参数的正负号可根据制动或加速、上坡或下坡的具体组合而定，在制动时上坡为正、下坡为负，在加速时上坡为负、下坡为正。

（二）移动（自动）闭塞线路

计算移动闭塞线路通过能力的公式与自动闭塞线路相同。追踪运行列车先后经过车站时的间隔距离，后行列车从初始位置运行至前行列车所处位置，需经历制动停车、停站作业和起动出站三个单项作业过程，追踪列车间隔时间的计算公式为：$h = t_{制} + t_{站} + t_{加}$。式中的 $t_{制}$、$t_{站}$ 和 $t_{加}$ 的计算公式如下：

1. 列车制动停车时间知

$$t_{制} = t_{空} + \frac{v_{制}}{b} \tag{6-8}$$

式中 V 进规定的列车进站速度（m/s）。

2. 列车停站时间 $t_{站}$

计算方式与自动闭塞线路相同。

3. 列车起动出站时间 $t_{加}$

$$t_{加} = \sqrt{\frac{l_{列} + l_{站} + 2l_{安}}{a}} \tag{6-9}$$

式中：$l_{安}$——安全防护距离（m）。

4. 追踪列车间隔时间计算公式

将上述三个单项作业时间的计算过程合并，得到车站不配置配线时移动闭塞线路追踪列车间隔时间的计算公式如下：

$$h = t_{空} + \frac{v_{制}}{b} + t_{站} + \sqrt{\frac{l_{列} + l_{站} + 2l_{安}}{a}} \tag{6-10}$$

（三）半自动闭塞线路

半自动闭塞在轨道交通信号系统中基本不采用。但在轨道交通新线建成后，如果 ATC 系统尚处于调试阶段，在线路试运营期间可采用半自动闭塞作为过渡。此时，除采用调度监督组织指挥列车运行外，为确保列车运行安全，在同一时间，"两站、两区间"内只允许一列车占用，即以双区间闭塞为基本闭塞法。

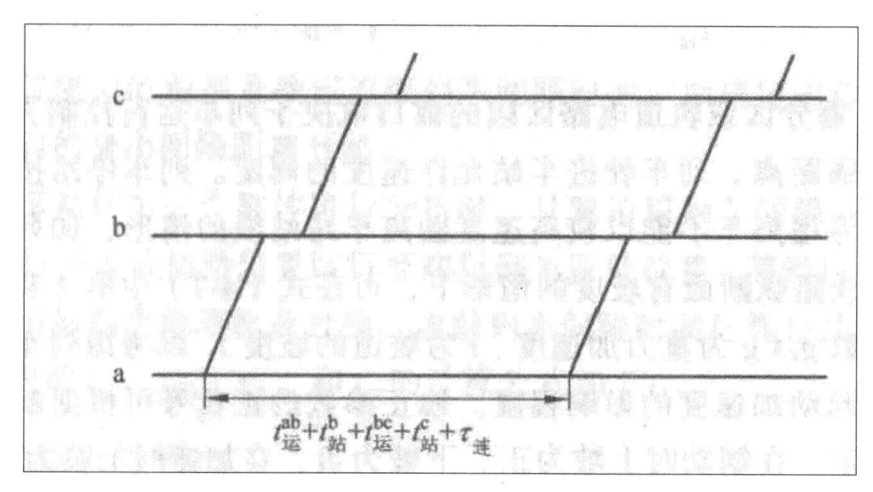

图 6-2 双区间闭塞连发运行

在双区间闭塞的情况下，同方向列车按连发方式运行，a 站开放出站信号的条件是前行列车已驶离 c 站的车站正线且双区间闭塞手续办妥，如图 6-2 所示。线路通过能力的计算公式为：

$$n_{线路} = \frac{3600}{t_{运}^{ab} + t_{站}^{b} + t_{运}^{bc} + t_{站}^{c} + \tau_{连}} \tag{6-11}$$

式中：$t_{运}^{ab}, t^{bc}$——列车在 a-b，b-c 区间的运行时分（s）；

$t_{站}^{b}, t^{c}$——在 b、c 站台的停站时间（s）；

$\tau_{连}$——连发间隔时间（s）。

第三节 列车折返能力

一、列车折返能力计算原理

（一）计算折返能力的一般公式

列车折返能力是指轨道交通折返站在单位时间内（通常是高峰小时）能够折返的最大列车数。

列车折返能力的计算公式为：

$$n_{折返} = \frac{3600}{h_{发}} \tag{6-12}$$

式中：$h_发$——折返出发间隔时间（s）。

显然，列车折返能力计算的关键是确定折返出发间隔时间。

（二）折返出发间隔时间

折返出发间隔时间定义为：在折返作业正常进行并考虑作业与进路冲突的情况下，折返列车在折返站的最小出发间隔时间。折返出发间隔时间是计算列车折返能力的基本参数，其长短反映了列车折返的迅速程度。影响折返出发间隔时间的因素包括车站折返线布置、折返方式以及作业或进路冲突等。

应该强调一下，研究列车折返能力问题，只有在列车折返间隔时间大于列车追踪间隔时间时才有意义。如果追踪间隔时间大于理论计算的折返间隔时间，则实际需要的折反间隔时间等于追踪间隔时间，此时列车折返能力不是最终通过能力的限制因素。

此外，列车折返间隔时间与列车在折返站停留时间是两个不同的概念。前者反映的是两列车在折返站先后出发的时间间隔，而后者反映的是一列车在折返站由到达至出发的时间间隔，如图6-3所示。

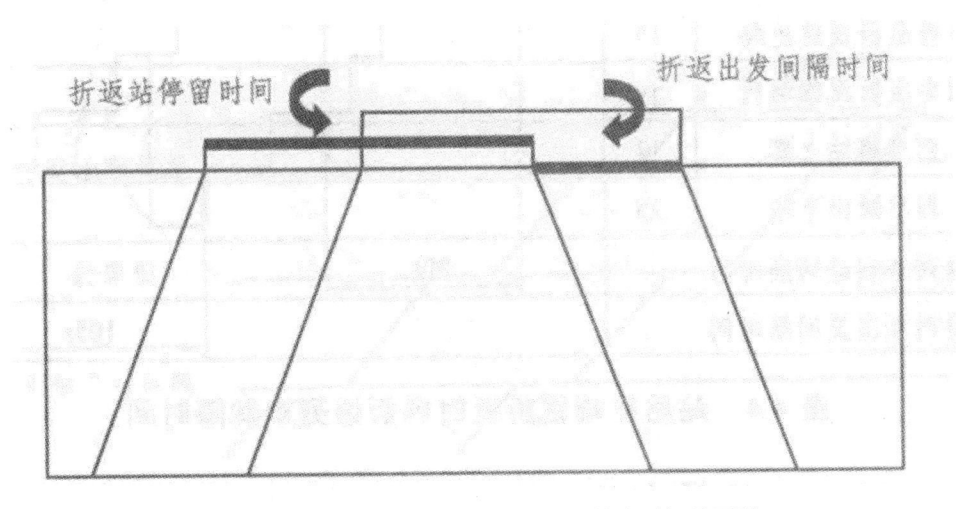

图6-3 折返出发间隔时间与折返站停留时间的区别

列车折返间隔时间有多种计算方式，如按折返列车由车站出发、折返列车到达车站、折返列车在进站位置、折返列车进折返线和折返列车出折返线等方式计算折返间隔时间。

从折返作业循环进行的角度来看，如果不存在因作业（进路）冲突或因列车到达间隔等引起作业等待的情形，各种算法得到的计算结果是相同的。但如果在作业过程中存在等待情形，则按折返列车由车站出发计算得到的折返间隔时间是最大的。因此，按折返列车由车站出发计算折返间隔时间能够确保列车折返能力不被高估。

图6-4为站后尽端线折返时的折返列车间隔时间图解，假设列车①进折返线运行

20s后即可办理列车②的接车进路，按给定的各单项作业时间绘制的折返作业过程及折返间隔时间表明：折返列车到达间隔时间为90s，折返列车出发间隔时间为105s。后者更大的原因是，列车②在折返线上作业完毕后必须等待列车①驶出车站后才能办理出折返线进路的作业，期间存在15s的等待时间（见图中虚线）。

折返出发间隔时间的确定方法有图解法和解析法两种。图解法将组成列车折返作业过程的各单项作业时间按作业顺序绘制在折返技术作业程序上，然后在图上找出相邻两列折返列车的折返出发间隔时间。图解法适用于特定折返站的折返出发间隔时间确定，也可用来验证采用解析法计算得到的结果。

解析法通过对列车折返作业过程以及列车在折返站的作业（进路）冲突等影响因素的分析，确定满足最小折返出发间隔时间的条件，并在此基础上建立计算折返出发间隔时间的数学关系式。其优点是计算方法的应用具有普遍性，对组成折返出发间隔时间的单项时间比较直观，便于分析影响列车折返能力的各项因素。

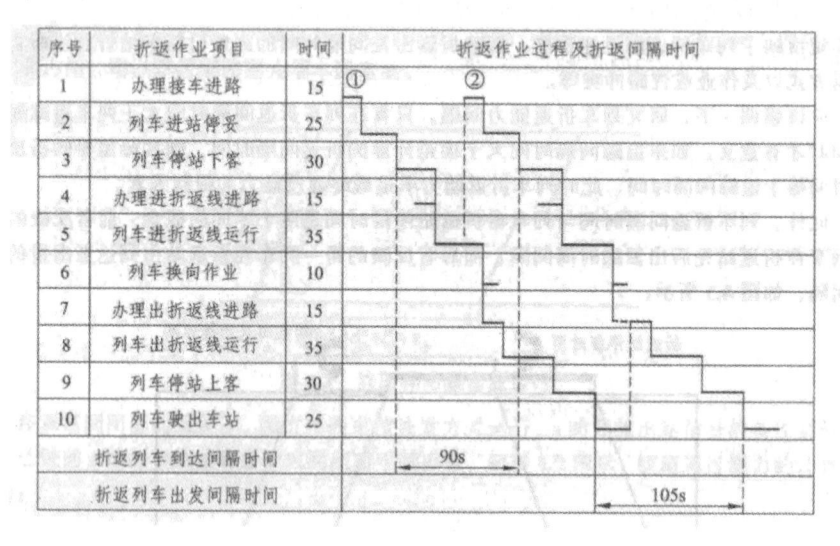

序号	折返作业项目	时间	折返作业过程及折返间隔时间
1	办理接车进路	15	
2	列车进站停妥	25	
3	列车停站下客	30	
4	办理进折返线进路	15	
5	列车进折返线运行	35	
6	列车换向作业	10	
7	办理出折返线进路	15	
8	列车出折返线运行	35	
9	列车停站上客	30	
10	列车驶出车站	25	
折返列车到达间隔时间			90s
折返列车出发间隔时间			105s

图6-4 站后尽端线折返时的折返列车间隔时间

二、列车折返能力计算方法

根据车站折返线的布置，列车折返主要有站前折返、站后折返、站前与站后混合折返三种方式。根据折返站在线路中的位置，列车折返有终点站折返和中间站折返两种情形。根据采用的列车交路不同，列车折返又有单向折返和双向折返两种方式。对采用不同折返方式的列车折返出发间隔时间应分别计算。

（一）终点站站后折返

利用终点站的站后折返线进行折返作业的折返方式称为站后折返。终点站站后折返线布置主要有尽端线和环形线两种。

站后折返的作业过程如图 6-5 所示：折返列车②到达车站下行站线、停靠站台（a），在规定的停站时间内乘客下车完毕。原则上优先使用与站线连接较近的折返线，折返列车②由车站下行站线进入尽端折返线（b），折返进路可以预办；折返列车②在折返线停留规定时间后能够进入车站上行站线、停靠站台（c）的前提条件是折返列车①已驶出车站闭塞分区，同时道岔开通正线方向以及调车信号开放。显然，在采用站后尽端线折返时，当折返列车②在折返线规定的停留时间结束后即能进入车站上行站线，此时折返列车①与②之间有最小的折返出发间隔时间，参见图6-6，其计算公式为：

$$h_{发}^{后} = t_{离去} + t_{作业}^{出} + t_{反应} + t_{出线} + t_{站} \tag{6-13}$$

式中：$t_{离去}$——前车驶出车站闭塞分区的时间（s）；

$t_{作业}^{出}$——办理出折返线调车进路的时间（s），包括道岔区段进路解锁延迟、排列进路和开放调车信号等时间；

$t_{反应}$——车载设备反应时间（S）；

$t_{出线}$——列车从折返线至车站出发正线运行时间（S）。

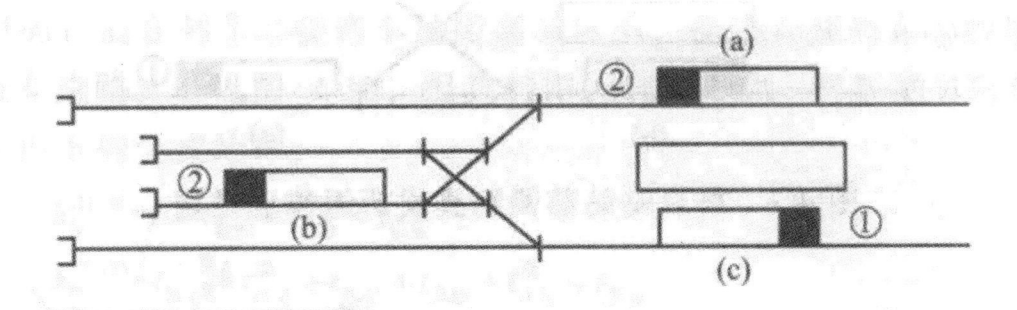

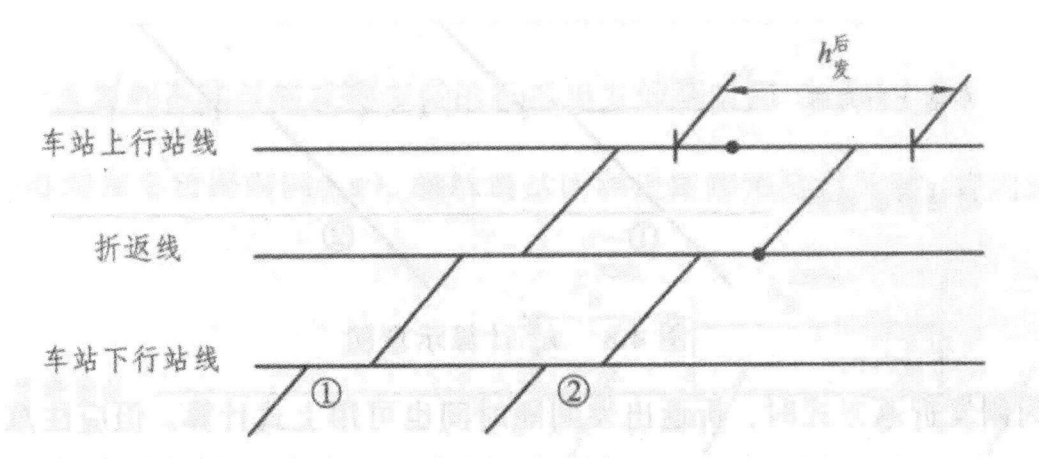

图 6-5 终点站站后折返过程

图 6-6 $h_{发}^{后}$ false 计算示意图

（二）终点站站前折返

利用终点站的站前渡线进行折返作业的折返方式称为站前折返。终点站的站前渡线布置一般是交叉渡线。

列车经由站前渡线折返有直到侧发、侧到直发、直到侧发与侧到直发交替进行三种方式。就直到侧发与侧到直发两种折返方式比较，从列车进站应减速、出站需加速以及乘客乘坐的舒适性考虑，侧到直发是较为合理的列车进出站运行组织办法。在列车折返能力比较紧张的情况下，可以考虑采用直到侧发与侧发直发交替进行的折返方式。

1. 侧到直发折返

采用侧到直发折返方式时的作业过程如图 6-7 所示。下行到达列车在进站渡线道岔外方（a）处确认信号后侧向进站。列车停靠车站上行站线（b），在图定停站时间内乘客上下车完毕，由车站出发驶向车站闭塞分区（c）。前方列车出清道岔区域后，才能办理下一到达列车的接车进路。分析表明，在采用站前渡线进行折返时，当进站列车②位于进站渡线道岔外方（a）处时即能进入车站上行站线，此时折返列车①与②之间有最小的折返出发间隔时间，参见图 6-8，其计算公式为：

$$h_{发}^{前} = t_{离去} + t_{作业}^{接} + t_{反应} + t_{进站} + t_{站} \tag{6-14}$$

式中：$t_{作业}^{接}$——办理接车进路的时间（s），包括道岔区间进路解锁延迟时间排列进路等时间；

$t_{进站}$——列车从进站渡线道岔外方确认信号距离处至车站正线运行时间（s）。

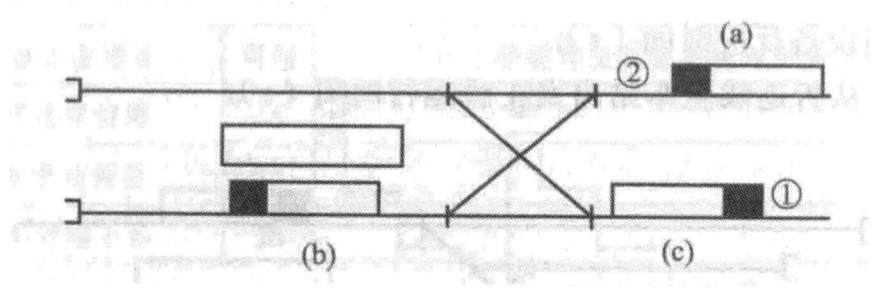

图 6-7 终点站站前侧到直发折返作业过程

图 6-8 $h^{前}_{发}$ 计算示意图

采用直到侧发折返方式时，折返出发间隔时间也可用上式计算。但应注意，对于 $t_{离去}$ 和 $t_{离站}$ 的取值，直到侧发折返与侧到直发折返略有不同，一般是直到时间小于侧到时间、侧出时间大于直出时间。

2. 直到侧发、侧到直发交替折返

交替折返的作业过程如下：列车①直到→列车②侧到→列车①侧发→列车③直到→列车②直发→列车④侧到→列车③侧发……即折返作业按直到侧发与侧到直发交替进行。在上述折返作业循环中，列车③直到与列车②直发可部分平行作业。当然，折返作业循环的初始状态也可以是列车①侧到，但从折返作业循环的角度来看，它与初始状态是列车①直到并无实质性区别。

鉴于折返作业是交替循环进行，只要分别计算出侧发列车①与直发列车②、直发列车②与侧发列车③的折返出发间隔时间，就能确定采用交替折返时的折返出发间隔时间。

交替折返时的作业过程如图 6-9 所示。在图 6-9(a) 中，列车①直到停靠站台（a），办理列车②接车进路。列车②侧到停靠站台（b），办理列车①发车进路。列车①出发驶离车站闭塞分区（c），办理列车②发车进路，列车②出发驶离车站闭塞分区（c）。在图 6-9(b) 中，列车③直到停靠站台（a），列车②出发驶离车站闭塞分区（b），办理列车④接车进路。列车④侧到停靠站台（c），办理列车③发车进路。列车③出发驶离车站闭塞分区（b）。

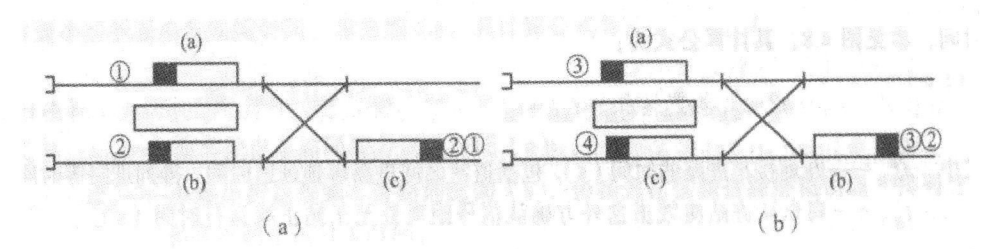

图 6-9 终点站站前交替折返作业过程

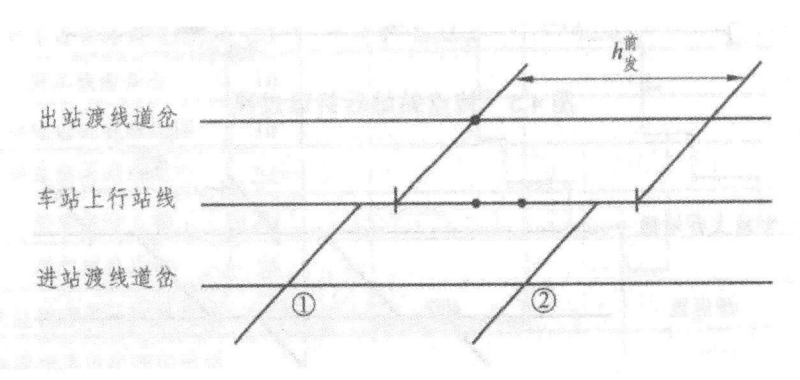

折返作业过程显示，列车③的到达进路与列车②的出发进路属于平行进路，在列车①驶离车站闭塞分区后即可办理列车②的发车进路，但列车①、②的折返出发间隔时间不能小于追踪间隔时间；而在列车②驶离车站闭塞分区后，应先办理列车④的接车作业，然后办理列车③的发车进路，参见图6-10，因此列车①与列车②、列车②与列车③的折返出发间隔时间可分别由下列公式计算：

$$h_{发}^{(1)(2)} = h > t_{离去} + t_{作业}^{发} + t_{反应} \tag{6-15}$$

$$h_{发}^{(2)(3)} = t_{离去} + t_{作业}^{接} + t_{反应} + t_{进站} + t_{作业}^{发} + t_{反应} \tag{6-16}$$

式中：$h_{发}^{(1)(2)}$——侧发列车①与直发列车②的折返出发时间间隔（s）；

$h_{发}^{(2)(3)}$——直发列车②与侧发列车③的折返出发间隔时间（s）；

$t_{作业}^{发}$——办理发车进路时间（s），包括道岔区段进路解锁延迟时间、排列进路等时间。

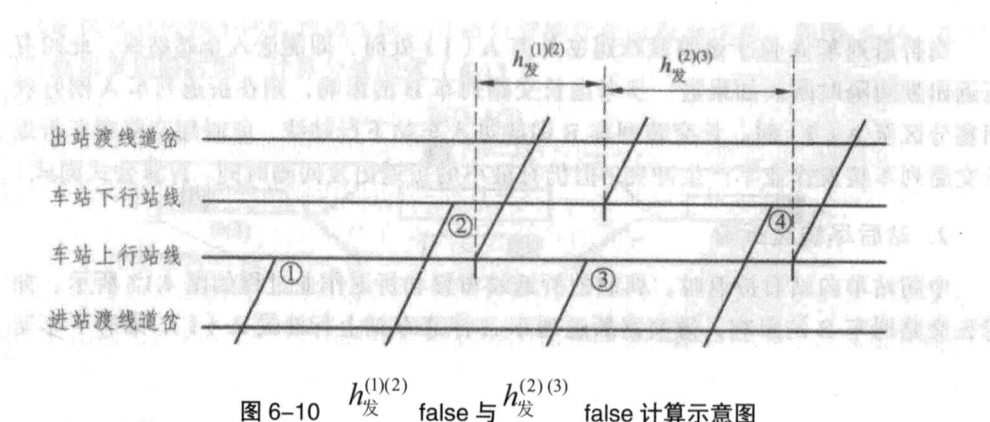

图6-10　$h_{发}^{(1)(2)}$ 与 $h_{发}^{(2)(3)}$ 计算示意图

由于两发车间隔时间不等值，列车折返能力可按平均折返出发间隔时间计算。假设办理接、发列车进路的时间相同，则交替折返时的平均折返出发间隔时间 $h_{发}^{交替}$ 的计算公式为：

$$h_{发}^{交替} = 0.5(h + t_{离去} + t_{进站}) + t_{作业} + t_{反映} \tag{6-17}$$

比较式（6-17）与式（6-14）可知，与站前侧到直发折返相比较，采用交替折返时，因乘客上下车作业能与其他作业平行进行，所以能显著压缩折返出发间隔时间，较大幅度提高列车折返能力。

在实际工作中，针对交替折返时存在的 $h_{折发}^{(1)(2)}$ 与 $h_{折发}^{(2)(3)}$ 不等值的问题，折返出发间隔时间可按 $h_{折发}^{(2)(3)}$ 取值，以使列车能按均值间隔从车站出发与运行。此时，由于 $t_{作业}^{发} + t_{反应} < t_{停站}$，列车折返能力显著提高。

（三）中间站折返单向折返

在列车交路为混合交路时，短交路列车在中间站单向折返，长交路列车在中间站停车作业后通过。短交路列车在中间站折返时，根据折返线布置的不同，有站前折返和站后折返两种方式。从兼顾折返作业和接发列车作业的安全角度出发，中间站站前单向折返时宜采用直向到达、侧向出发的进出站运行组织办法。

1. 站前直到侧发折返

采用混合交路时，短交路折返列车 A 在中间站通过站前渡线单向折返，长交路列车 B 在中间站作业后正常通过，折返列车 A 由进站渡线道岔外方 A(1) 处直向进站，停靠车站上行站线 A(2)，在固定停站时间内乘客上下车完毕，列车由车站侧向出发驶离车站闭塞分区至 A(3)，然后办理下一列折返列车的接车进路，如图 6-11 所示。

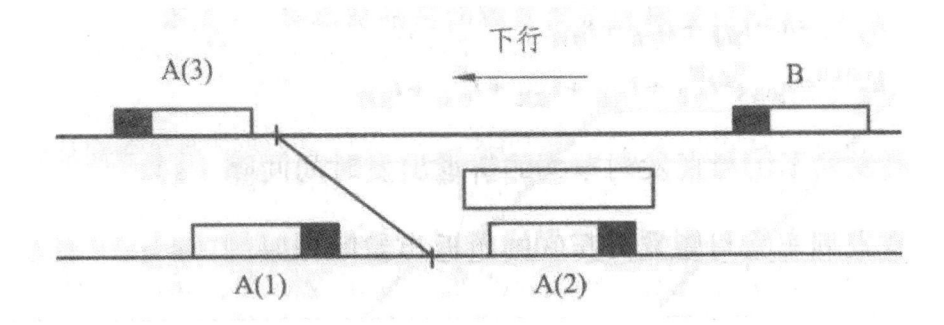

图 6-11 中间站单向站前折返作业过程

当折返列车 A 位于进站渡线道岔外方 A(1) 处时，即能进入车站站线，此时有最小的折返出发间隔时间。如果进一步考虑长交路列车 B 的影响，则在折返列车 A 刚好驶出车站闭塞分区至 A(3) 时，长交路列车 B 即能进入车站下行站线，此时短交路列车折返作业和长交路列车接发作业不产生冲突，但仍有最小的折返出发间隔时间，计算公式同式（6-14）。

2. 站后尽端线折返

中间站单向站后折返时，典型的折返线布置和折返作业过程如图 6-12 所示。如果不考虑长交路列车 B 的影响，短交路折返列车 A 停靠车站上行站线 A(1)，乘客下车完毕后进入折返线 A(2)，在折返线完成相关作业后进入车站下行站线 A(3)，乘客上车完毕后驶离车站，然后办理下一列短交路折返列车的接车进路。当折返列车 A 在折返线作业完毕后即能进入车站下行站线，此时有最小的折返出发间隔时间，计算公式同式（6-13）。

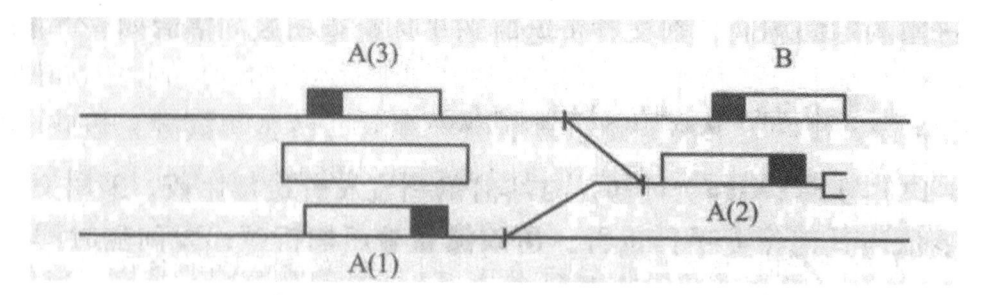

图 6-12 中间站单向站后折返作业过程

（四）中间站双向折返

当列车交路为衔接交路时，双方向列车在中间站折返。根据折返线布置的不同，双方向列车在中间站的折返方式主要有站前渡线折返和站后尽端线折返两种。

1. 站前渡线折返

双方向列车通过站前渡线折返，有直向到达、侧向出发或侧向到达、直向出发两种折返方式选择，为最大限度避免双方向列车的进路冲突，列车在中间站双向折返时宜采用直向到达、侧向出发的运行进路，如图 6-13 所示。

设两个短交路区段开行的列车数分别为 M 和 N 且 M＞N。如果 M/N 为整数，且能使双方向列车同时到达车站及进行折返作业，此时有最小的折返出发间隔时间，计算公式同式（6-14）。

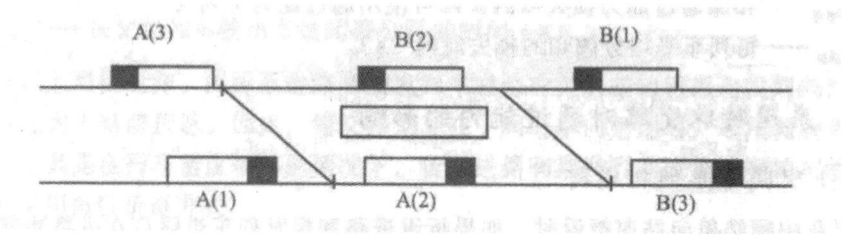

图 6-13 中间站双向站前折返作业过程

2. 站后尽端线折返

当双方向列车经由站后尽端线折返时，如果两个短交路区段开行的列车数之比 M/N 为整数，且能使双方向列车同时到达车站，并进行乘降作业与折返作业，见图 6-14，此时有最小的折返出发间隔时间，计算公式同式（6-13）。

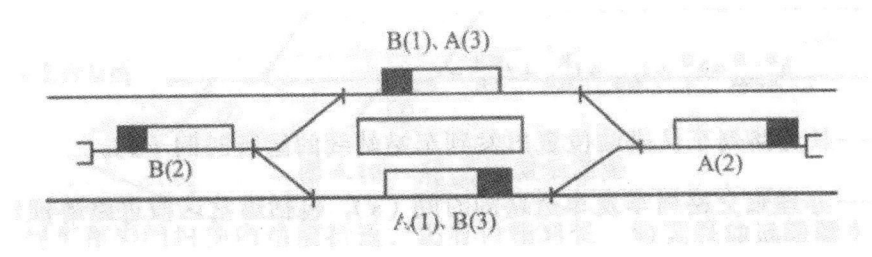

图 6-14 中间站双向站后折返作业过程

第四节 使用通过能力

一、使用通过能力确定思路

由于限制最终通过能力的固定设备通常是线路和列车折返设备，轨道交通最终通过能力的计算公式如下：

$$n_{最终} = \frac{3600}{\max\{h, h_{发}\}} \tag{6-18}$$

根据式（6-3）、式（6-12）和式（6-18）计算得到的通过能力是理想作业状态下的理论计算能力。在日常运营中，列车运行时分偏离、作业进路冲突、设备故障、行车事故和外界影响等因素引起的通过能力损失不可避免，因此实际可使用的通过能力达不到理论计算的通过能力。

为合理安排列车运能、保证列车运行秩序，有必要在理论计算能力的基础上进一步确定使用通过能力。确定使用通过能力的关键是对引起通过能力损失的因素进行正确的定性、定量分析。式（6-19）通过引入损失时间来计算使用通过能力，损失时间可根据列车晚点、突发事件等运营统计资料或者通过对作业进路冲突的分析，采用解析方法推导确定。

$$n_{使用} = \frac{3600}{\max\{h, h_{发}\} + t_{损失}} \tag{6-19}$$

式中：$n_{使用}$——扣除通过能力损失后的实际可使用通过能力（列）；

$t_{损失}$——每列车平均分摊到的损失时间（s）。

二、采用特殊交路对通过能力的影响

(一)中间站单向折返时

列车在中间站单向站前折返时,如果折返进路和接发列车进路存在进路冲突,需要考虑因此而引起的折返列车出发间隔时间的延长,即列车折返能力损失问题。在图 6-10 中,当折返列车 A 即将完全驶出车站闭塞分区 A(3),而长交路列车 B 又恰好运行到进站位置时,对列车折返能力的影响最大。根据接发列车作业优先原则,如果让折返列车 A 在 A(2)处等待长交路列车 B 进站后再出发,由图 6-15 可知(图中双线为长交路列车运行线),最大折返出发间隔时间可按下式计算:

$$h_{发,max}^{单,前} = h_发^前 + t_{离去} + t_{进站}^长 + t_{作业}^{短发} + t_{反应} \tag{6-20}$$

式中:$t_{进站}^长$——长交路列车从进站位置出发到车站站线的运行时间(s);

$t_{作业}^{短发}$——办理短交路列车发车进路的时间(s),包括道岔区段进路解锁延迟时间、排列进路等时间。

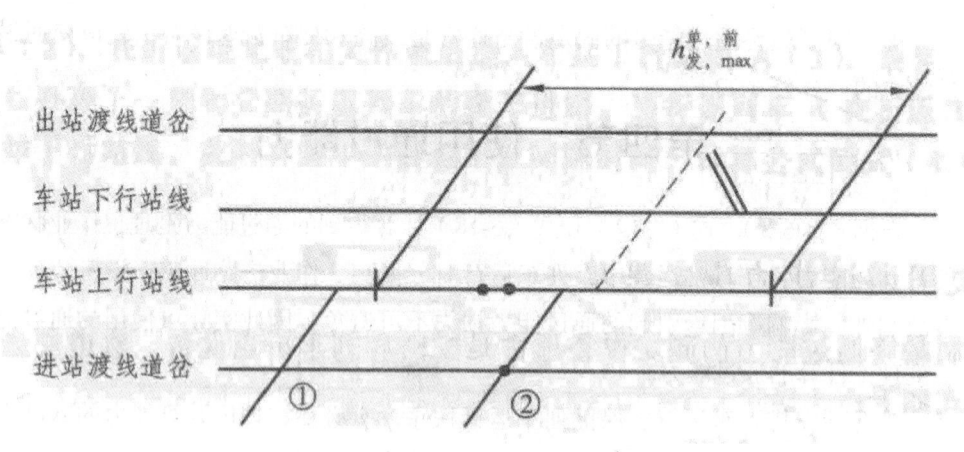

图 6–15 $h_{发,max}^{单,前}$ 计算示意图

列车在中间站单向站后折返时,若折返进路和接发列车进路存在进路冲突,同样需要考虑因此而引起的折返列车出发间隔时间的延长,即列车折返能力损失问题。在图 6-11 中,折返列车 A 由 A(2)驶出尽端折返线即将到达 A(3),而长交路列车 B 又恰好运行到进站位置时,对列车折返能力的影响最大。根据接发列车作业优先原则,折返列车 A 应该在 A(2)处待避,待长交路列车 B 到站停车,乘客上下车完毕和驶出车站闭塞分区,以及为折返列车 A 办妥发车进路后,折返列车 A 才能驶离折返线进路运行至车站站线。此时,最大折返出发间隔时间的计算示意图如图 6-16(图中双线为长交路列车运行线)所示,计算公式为:

$$h_{发,max}^{单,前} = h_发^后 + t_{进站}^长 + t_{停站}^长 + t_{离去}^长 + t_{作业}^出 + t_{反应} + t_{出线} \tag{6-21}$$

式中：$t_{停站}^{长}$——长交路列车停站时间（s）；

$t_{离去}^{长}$——长交路列车驶出车站闭塞分区的时间（s）。

综合以上两例可知，因折返进路和接发列车进路冲突引起的折返出发间隔时间延长，站后折返远大于站前折返。因此，短交路列车在中间站单向折返时，采用站前折返方式比较有利。尤其是在行车密度较高的情况下，折返进路和接发列车进路冲突的可能性较大，此时不宜采用站后折返方式。

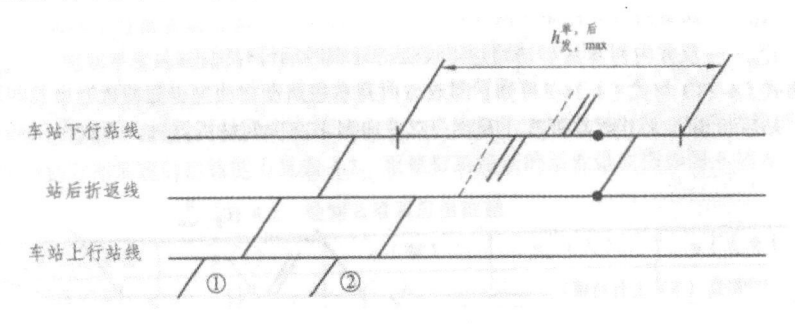

图 6-16 $h_{发,max}^{单,后}$ 计算示意图

此外，列车在中间站单向站前折返，还有可能对长、短交路的追踪列车间隔时间产生不利影响。长、短交路列车在中间折返站的追踪运行组合有前长后短和前短后长两种。在前行列车为长交路列车、后行列车为短交路列车时，列车在中间站单向折返不引起列车间隔时间增大，即不引起线路通过能力的损失。在前行列车为短交路列车、后行列车为长交路列车时，如果因为接发列车作业优先让短交路折返列车等候长交路列车进站停妥后再出发，就会增大短交路折返列车与前行列车的间隔时间，进而引起线路通过能力的损失。此时最大的列车间隔时间可按下式计算：

$$h_{max} = h + t_{进站}^{长} + t_{作业}^{短发} + t_{反应} + t_{离去} \tag{6-22}$$

（二）中间站双向折返时

列车在中间站双向站前折返时，如果 M/N 为非整数，由于双方向列车不能全部同时到达车站并进行乘降作业与折返作业，需要考虑因双方向列车进路冲突而引起的折返出发间隔时间延长，即列车折返能力损失问题。此时的分析思路与采用混合交路方案、短交路列车站前折返时类似，不再赘述。最大折返出发间隔时间的计算示意图类似于图 6-16，不同的是图中双线为反方向列车运行线，计算公式为：

$$h_{发,max}^{双,前} = h_{发}^{前} + t_{离去} + t_{进站}^{反} + t_{作业}^{发} + t_{反应} \tag{6-23}$$

式中：$t_{进站}^{反}$——反方向列车从进站位置处至车站正线的运行时间（s）。

列车在中间站双向站后折返时，如果 M/N 为非整数，由于双方向列车不能全部同时到达车站，并进行乘降作业与折返作业，同时需要考虑因双方向列车进路冲突而引起的折返出发间隔时间延长，即列车折返能力损失问题。在图 6-17 中，折返列车由 A(2) 或 B(2) 位置驶出尽端折返线即将到达 A(3) 或 B(3) 位置，而进站列车 B(1) 或 A(1) 又恰好运行到进站位置时，对折返出发间隔时间的不利影响最大。根据接发列车作业优先原则，折返列车 A(2) 或 B(2) 应在尽端折返线等待进站列车腾空车站站线后再由尽端折返线运行至 A(3) 或 B(3) 位置。由图 6-17 可知，最大折返出发间隔时间计算公式为：

$$h_{发,max}^{双,后} = h_发^后 + t_{进站}^反 + t_{停站}^反 + t_{入线}^反 + t_{作业}^出 + t_{反应} + t_{出线} \tag{6-24}$$

式中：$t_{停站}^反$——反方向列车停站时间（s）；

$t_{入线}^反$——反方向列车从车站到达正线至折返线的运行时间（s）。

由式（6-23）与式（6-24）可知，因双方向列车进路存在冲突引起的折返出发间隔时间延长，站后折返远大于站前折返。因此，双方向列车在中间站折返时，不宜采用站后折返方式。

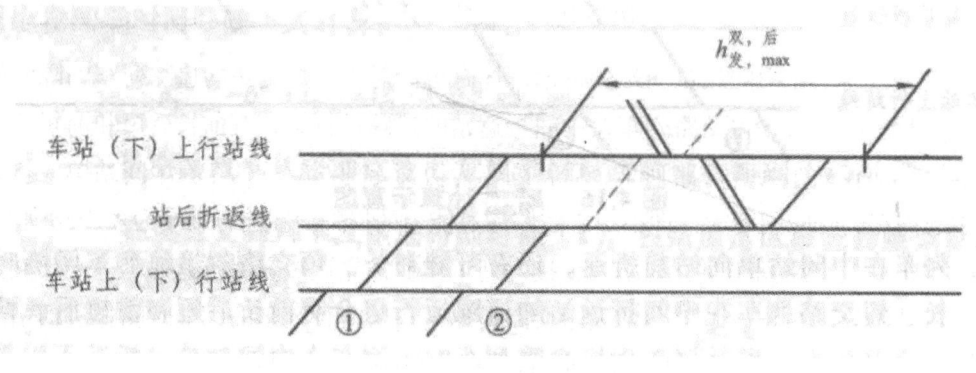

图 6-17 $h_{发,max}^{双,后}$ 计算示意图

第五节 运输能力加强

一、运能——运量适应分析

在解决运输能力不足问题时，是否需要采取和何时采取提高运输能力的措施，应通过运能——运量适应分析来确定，即根据轨道交通高峰小时现有运输能力能否适应规划年度的高峰小时需要运输能力来确定。高峰小时需要运输能力根据预测的规划年度的高峰小时最大断面客流量计算确定，计算公式为：

$$P_需 = P_{预测}(1+\gamma_备) \tag{6-25}$$

式中：$P_需$——高峰小时需要输送能力（人）；

$P_{预测}$——规划年度的线路高峰小时单向最大断面客流量（人）；

$\gamma_备$——考虑客流波动的运输能力后备系数，一般可取 0.1。

二、运输能力加强途径

运输能力加强主要有建设新线、提高行车密度和增加列车定员三个途径。

（一）建设新线

建设新线，主要是根据轨道交通线网规划新建轨道交通线路，其中也包括既有线路的延伸。通过建设新线，使轨道交通线网逐步扩大，实现网络化运营，从而使运输能力有较大的提高，满足城市公共客运的需求，提高轨道交通线路的服务水平。在国外的一些城市中，建设新线还包括在既有单线基础上建成双线或多线，大大提高运输能力的目的。

（二）提高行车密度

由于建设新线会遇到资金、土地及环保等一系列的困难或限制，并且建设新线也不是在任何客流条件下都是合理经济的。因此，提高既有线行车密度是提高既有线运输能力的基本途径。

提高行车密度时通过能力的提高值可由下式表示：

$$\Delta n_{线路} = 3600\left(\frac{1}{h''} - \frac{1}{h'}\right) \tag{6-26}$$

式中：$\Delta n_{线略}$——提高行车密度后的小时通过能力提高值（列）；

h''——提高行车密度后的追踪列车间隔时间（s）；

h'——提高行车密度前的追踪列车间隔时间（s）。

（三）增加列车定员

通过增加列车编组车辆数、采用大型车辆或优化车辆内部布置来增加列车定员，是提高既有线运输能力的又一途径。但地铁列车编组往往受到站台长度的限制，而轻轨线路在路权混用时，列车编组车辆数较多会在平交道口对其他交通产生一定影响。

增加列车定员时输送能力的提高值可由下式表示：

$$\Delta p = n_{伐路}\left(p_列^n - p_列^{'}\right) \tag{6-27}$$

式中：Δp——增加列车定员后的小时输送能力提高值（人）；

$p_列^n$——增加列车定员后的列车定员数（人）；

$p'_{列}$——增加列车定员前的列车定员数（人）。

根据国内外轨道交通的运营实践，在扩能途径方面，加强既有线运输能力的步骤通常是先提高行车密度，后增加列车定员，当然也有提高行车密度与增加列车定员两者并用的情形。

三、运输能力加强措施

运输能力加强措施大体上可以分为运输组织措施和设备改造措施两大类。

运输组织措施是指无须大量投资，通过有效使用技术设备和优化运输组织过程，使运输能力达到需要水平的加强措施，如优化列车运行图、合理规定停站时间、科学组织折返作业、改善列车乘务制度以及采用各种短时期内能提高通过能力的措施等。

设备改造措施是指需要较大投资，通过设施、设备的新建，使运输能力达到需要水平的加强措施，如建设新线、改造既有线、采用先进的列车运行控制系统和购置新型车辆等。

（一）线路通过能力加强措施

线路通过能力与追踪列车间隔时间成反比关系，决定追踪列车间隔时间的因素主要是列车停站时间、列车运行控制方式等，而列车停站时间、列车运行控制方式本身又涉及多方面的问题。例如，列车停站时间既与车站的上下车客流量大小、车辆的车门数及车门宽度等有关，也与车站的站台类型与配线设置、中间折返站位置的选择等有关，还与站台的乘车组织、乘客的文明乘车等有关。

基于以上分析，加强线路通过能力的措施主要有：

1. 修建双线或四线

在既有单线或双线基础上建成双线或四线，能大幅度提高线路通过能力。但修建四线的情况在国外也不多见。

2. 改造线路平纵断面

采用该措施能提高行车速度，进而提高线路通过能力。但会受到诸如工程经济性、施工困难和影响日常行车等因素的制约。因此该措施通常在旧式有轨电车线路改造为轻轨线路时采用，而在既有轻轨或地铁线路的情况下，则更倾向于采用新型车辆来适应线路条件的做法。

3. 增设侧线及站台

在中间站与换乘站的客流较大或因列车在中间站折返对线路通过能力产生不利影响时，可考虑增设侧线及站台。图 6-18(a) 是侧式站台中间站增设侧线后，侧式站台变成双岛式站台；图 6-18(b) 是岛式站台中间折返站增设侧线及站台，岛式站台变成混合式站台。中间站增设侧线后,列车在站台两侧轮流停靠平行作业,追踪列车间隔时间中不再包括列车停站时间,能够较大幅度提高线路通过能力。

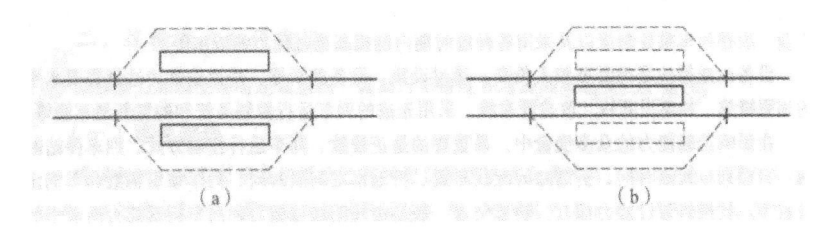

图 6-18 中间站增设侧线及站台

另一种情形是,岛式站台中间站只增建侧式站台,列车停站时两侧均有站台,乘客可从两侧车门上下车或分开上下车,有利于缩短列车停站时间,提高线路通过能力。

在既有线加强运输能力时,该措施一般适用于地面线路。

4. 使用新型车辆

新型车辆的含义包括车辆运行性能改善和安装车载控制设备等。车辆运行性能主要包括车辆构造速度、车辆起动加速度和制动减速度等运行参数;车载控制设备主要是指车载 ATC 设备和道岔自动转换设备等。改善车辆运行性能和安装车载控制设备能提高列车运行速度,缩短追踪列车间隔时间。此外,采用车门数较多的车辆也能有效缩短列车停站时间。

5. 采用先进的列车运行控制系统

对三显示带防护区段自动闭塞信号、调度集中控制的轨道交通线路,采用列车自动控制(ATC)系统后能较大幅度提高线路通过能力。ATC 系统通常由 ATP、ATS 和 ATO 三个子系统组成,实践中也有只采用 ATP 子系统或采用 ATP、ATS 子系统的情形。

在列车追踪运行过程中,移动闭塞能使后行列车与前行列车始终保持一个自动控制程序规定的最小安全间隔距离,而不是原先固定闭塞时规定必须间隔若干个闭塞分区或轨道电路区段所形成的安全距离。因此,用移动闭塞取代固定闭塞,能较大幅度地缩短追踪列车间隔时间。

6. 分割车站区域轨道电路

如图 6-19 所示,通过分割车站区域轨道电路,增加了一个前行列车离去速度监督等级,当前行列车出清轨道电路段 cd,达到被监督速度,后行列车恰好运行至进站线路的 a 处,见图 6-19(A);当前行列车出清整个车站轨道电路区域时,后行列车已运行至进站线路的 a' 处,见图 6-19(B)。采用该措施可缩短组成追踪列车间隔时间的列车进站运行时间。

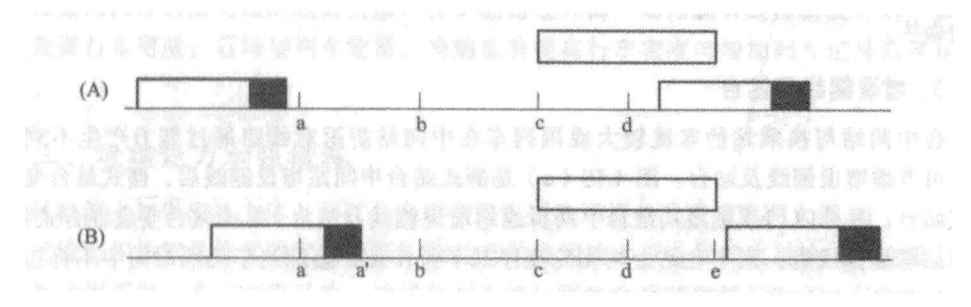

图 6-19 分割车站区域轨道电路时列车追踪运行图

7.加强站台乘车组织

为了减少乘客出站走行距离和避开因乘客较多而引起的检票等待，乘客的候车位置往往选择在离出站口较近的车辆停靠处，而列车内乘客分布的不均匀会造成列车在车站的停站时间延长。因此，加强站台乘车组织，使列车内的乘客尽可能分布均匀，有利于减少列车停站时间。

（二）列车折返能力加强措施

在行车密度比较高的情况下，列车折返能力往往是限制线路最终通过能力、决定列车最终追踪间隔时间的重要因素。列车折返能力与折返出发间隔时间成反比关系。决定折返出发间隔时间的因素主要是折返站的配线布置形式及折返方式、列车停站时间、车站信号设备类型、车载设备反应时间、折返作业进路长度、折返速度、列车长度，以及折返进路与接发列车进路的冲突等。

基于以上分析，加强列车折返能力的措施主要有：

1.优化折返线布置

优化折返线布置对缩短折返出发间隔时间作用显著。如图6-20所示，终点站有站前、站后两条平行的折返进路，在运营高峰期间可采用混合折返方式。在图6-21中，终点站为双岛环形折返线布置，可增加折返进路、无列车换端作业，缩短了乘客上车时间。在图6-22中，中间站为双岛三线式布置，短交路列车站前折返接入中间线路，列车停站后两侧车门均可打开，长交路列车则停靠站台两侧线路。

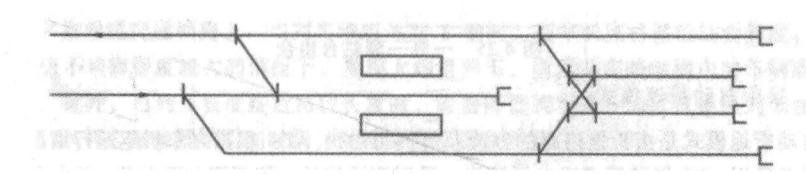

图 6-20 终点站平行折返进路布置

图 6-21 终点站双岛环形折返线布置

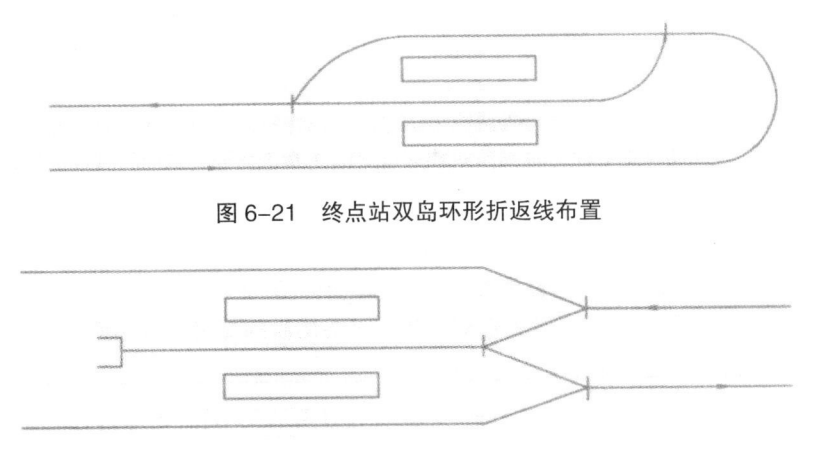

图 6-22 中间站双岛三线式布置

2. 改变折返方式

当折返线布置一定时，改变折返方式可缩短折返出发间隔时间，如折返线布置为站前交叉渡线时，将侧道直发折返改为交替折返。

在图 6-23 中，站后设交叉渡线，正线的站后延伸部分为折返线。采用直进Ⅰ道侧出折返时，前行列车在Ⅰ道折返未出清折返线时，不能办理后行列车的折返进路，而采用侧进Ⅱ道直出折返时，列车进入尽端折返线Ⅱ道即可办理后行列车进折返Ⅰ道的接车进路。显然，与采用直进侧出折返方式比较，采用侧进直出折返方式有利于压缩折返出发间隔时间。

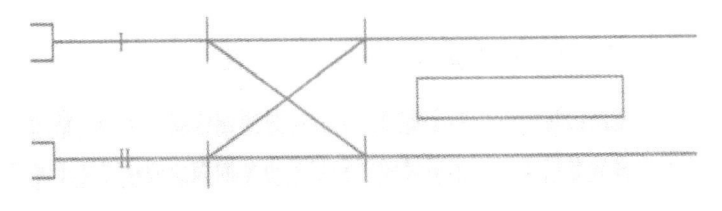

图 6-23 站后折返方式比较

3. 压缩列车停站时间

在图 6-24 中，通过增建侧式站台形成一岛一侧站台组合，可以缩短乘客上下车时间，加速列车折返。该措施一般适用于地面线路情况，由于土建工程量较大，是否采用此方式应在与其他提高列车折返能力措施进行技术经济比较后确定。

另外，站前折返时，列车换端作业与乘客上下车作业平行进行也能有效压缩列车停站时间。

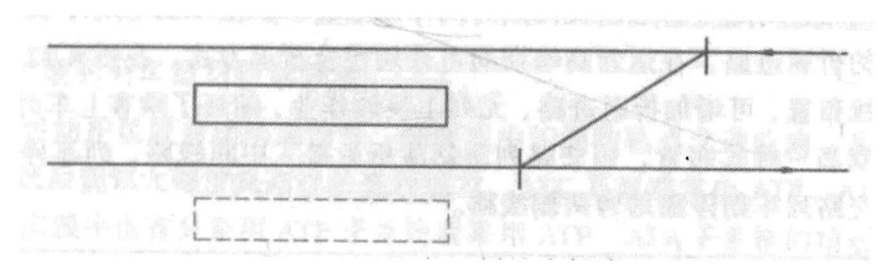

图 6-24　一岛一侧站台组合

4. 采用自动折返模式

自动折返模式是指折返进路的办理及解锁由中央 ATS 根据列车折返运行情况自动控制，列车采用 ATO 驾驶模式进出折返线。采用该措施后，能压缩办理进路时间与折返运行时间，达到加速列车折返的目的。

5. 优化轨道电路设计

进路提前解锁，会使后续折返进路或接车进路的办理提前进行，从而减少折返过程中的等待时间。如在站后折返时，分割车站轨道电路能使办理折返列车出折返线进路的时间提前。调整车站轨道电路绝缘节的位置能使办理到达列车接车进路的时间提前。图 6-25(a)、(b)分别是轨道电路绝缘节 D 位置调整前后的示意图，在图 6-25(b)中，进折返线的列车尾部出清绝缘节的时间提前，办理到达列车接车进路的时间也将相应提前。

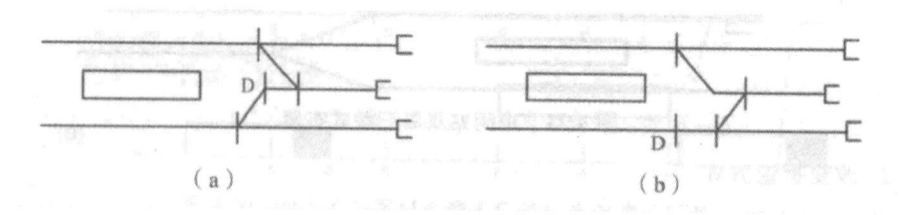

（a）　　　　　　　　　　　　（b）

图 6-25　调整轨道电路绝缘节位置

6. 道岔的选用与优化设计

自动折返站采用 12 号道岔有助于提高列车侧向过岔速度，压缩折返运行时间。

在站后尽端线折返时，将单渡线道岔按两副单动道岔设计，只要进折返线列车的尾部越过第一副道岔，该道岔即可由开通侧向转换为开通直向，办理到达列车的接车进路。

7. 折返线预置一列车

站后折返时，如因列车到达折返站的间隔较大，当前行列车已出清车站站线，而后行列车还未进入折返线或还在折返线停留过程中，此时在折返线预置一列车可加快列车折返，提高列车折返能力。

（三）输送能力加强措施

在轨道交通最终通过能力一定的条件下，列车定员是决定输送能力大小的主要因素。

列车定员与列车编组车辆数、车辆定员成正比关系。决定列车编组车辆数的因素主要是客流大小及分布特征、列车开行间隔、站台长度、车辆使用经济性和乘客服务水平等；决定车辆定员的因素主要是客流大小、车辆选型和车内布置等。需要输送能力一定时，车辆选型还与车辆编组数量和列车开行间隔等因素有关。

1. 增加列车编组

增加列车编组能大幅度增加列车定员，但列车编组受到站台长度、运营经济性等因素的制约。

在大多数轨道交通线路上，当列车编组达到八辆时，列车长度将接近站台长度。在全日分时客流不均衡程度较大的情况下，采用大编组列车，运营非高峰时间内的车辆满载率一般较低此外，当列车长度接近站台长度时，需要降低列车进站速度以确保列车在指定位置停车，这样会增加停车附加时间，对线路通过能力产生不利影响。

2. 采用大型车辆

国内轨道交通使用的车辆主要有 A 型车、B 型车和 C 型车三种车型，车辆定员分别为 310、230 和 210 人左右。目前，A 型车是国内新建地铁线路的首选车型。

车辆定员由车辆的座位人数与站位人数组成。站位面积为车厢面积减去座位面积，站位人数国内现按每平方米 6 人计算。显然，车辆尺寸大小是决定车辆定员的主要因素。

3. 优化车辆内部布置

在车辆尺寸一定的情况下，将双座椅改为单座椅，或将纵向布置的固定座椅改为折叠座椅，可以增加车辆的载客人数。固定座椅改为折叠座椅后，在运营高峰时间可翻起座椅，增加车内站立人数，提高全体乘客的平均舒适度。

第七章　交通管理与道路安全设计

第一节　交通管理的内容与法规

一、交通管理概述

（一）交通管理的概念

交通管理是指按照既定的交通法规和要求，运用各种手段、方法和工具合理地限制和科学地组织、指挥交通。交通控制是通过运用现代的信号装置、通信设施、信息控制和网络系统对动态交通的准确调度，使其安全并畅通运行。两者结合起来称为交通管制，其重点在于运用各种交通设施准确掌握交通信息，并有效指挥交通。

（二）交通管理的内容

交通管理主体上是国家行政管理，具体包括五个方面。

1. 技术管理

①交通标志、道路标线的设施与维护。

②信号控制设施的设计、安装、管理与维护。

③安全防护及照明设施的安装、维护管理。

④检测交通发展动态。

⑤交通信息收集和传播。

2. 行政管理

①规划组织单向行车。

②禁止或限制某种车辆、某种运行方式。

③实施上下班措施或组织可逆性行车。

④对于某些交通参与者（老人、小孩、残疾人、孕妇）予以特殊照顾。

⑤采取临时的或局部的交通管理措施。

3. 法规管理

①交通法规的制定和执行。

②建立驾驶员、车辆的管理制度。

③建立各种违章与事故处理规则并监督实施。

4. 交通安全教育和培训

①交通警察的培训和考核。

②驾驶员的培训、考核与经常性的安全教育。

③道路交通法规、政策、安全条例的日常宣传。

④对于人民群众特别是青少年的交通法制和安全教育。

⑤各种违章的教育和处罚。

5. 交通控制

①交叉路口、出入口的控制（定时、感应）。

②路网控制（线控、面控）。

③路段和高速公路控制。

二、道路交通法规

（一）道路交通法规的内涵

交通法规是道路交通使用者在通行中所必须遵守的法律、法令、规则和条例的统称。它是以法律的形式和正确应用法律的权威来保障交通安全、舒适与畅通，同时，在发生冲突事故时，可据此论处事故的责任。

《道路交通安全法》和《中华人民共和国道路交通安全法实施条例》（以下简称《实施条例》）是我国进一步加强道路交通管理，维护交通秩序，保障交通安全与畅通的重要法规，即是我国交通管理的基本法规。

（二）交通法规的内容

道路交通是人、车、路、环境组成的一个系统，交通法规的基本内容应针对构成道路交通系统的这几个要素。《道路交通安全法》和《实施条例》条文众多，解析其基本内容，也就是对"人""车""路""环境"四者的管理。

（三）交通法规的执行

交通法规一经制定，公布于众，必须严格执行。因此，为了做好交通法规的贯彻实施工作，各级交通管理机关和广大警察必须做到有法可依、有法必依、执法必严、违法必究。同时还需注意文明执法、仪表庄严、动作规范、态度严肃、语言和蔼、文明礼貌，做到以法服人、以礼导人、以情感人。

第二节　道路交通标志与交叉口管理

一、道路交通标志和标线

（一）道路交通标志

道路交通标志是用图形符号、颜色和文字向交通参与者传递特定交通管理信息的一种交通管理设施，一般设置在路侧或道路上方。道路交通标志给道路使用者以确切的道路交通情报，使道路交通达到安全、畅通、低公害和节约能源的目的。

1.道路交通标志的类别及其内容

目前，我国道路上实施的是住房和城乡建设部发布的中华人民共和国国家标准GB 51038—2015《城市道路交通标志和标线设置规范》。按GB 5768—2017规定，道路交通标志分为主标志和辅助标志两大类。

（1）主标志

①警告标志：警告车辆、行人注意危险地点的标志。

②禁令标志：禁止或限制车辆、行人交通行为的标志。

③指示标志：指示车辆、行人行进的标志。

④指路标志：传递道路方向、地点、距离信息的标志。

⑤旅游区标志：提供旅游景点方向、距离的标志。

⑥道路施工安全标志：通告道路施工区通行的标志。

（2）辅助标志

辅助标志是附设在主标志下，起辅助说明作用的标志。

2.道路交通标志的设计原则

在极短时间内易于辨别和记忆是对道路交通标志的主要设计要求，这就是道路交通标志的视认性要求。决定视认性的要素是交通标志的形状、颜色和图符。

（1）形状

不同形状的标志，在其辨认过程中是有差别的。实践表明，对于外形面积相等的标志，容易辨认的顺序是三角形、正方形、正五边形、圆形及正八边形等。

（2）颜色

多数心理学家认为，颜色是最能激起人们注意的一种刺激。不同颜色的刺激作用使人们产生不同含义的思维反映，即产生不同的视认效果，从而提高人们的视认能力。在相同视距下，标志颜色以黄色最明显，依次是白、红、蓝、绿、黑等。

选择颜色时，除了从视觉清晰度上考虑外，还应从人们的心理效果上考虑。例如，红色使人产生危险感，在交通上表示停止、约束之意，故红色常用于禁令标志；黄色比较醒目，能引起人们注意，具有警戒、警告之意，常用于警告标志；蓝色具有宁静之意，多用于指示标志；绿色含有沉静、通向和平之意，富有安全感，在交通上表示安全可通行，高速道路上用于指路标志；白色和黑色主要起到颜色搭配作用，以增强色泽鲜明感。

（3）图符

图符是文字、符号和图案的简称。道路交通标志是以大量图符表示的，要求文字具有简洁性和准确性，符号具有直观性和单一性，图案具有形象性和通俗性。

3.道路交通标志的设计规定

（1）警告标志

警告标志的颜色为黄底、黑边、黑图案，其形状为顶角朝上的正等边三角形，如图 7-1 所示。按 GB 5768—2017 的规定，警告标志共有 42 种。

图 7-1　警告标志示例

（2）禁令标志

禁令标志的颜色，除个别标志外，为白底、红圈、红杠、黑图案，图案压杠。禁令标志的形状为圆形、八角形、顶角朝下的等边三角形，如图 7-2 所示。按 GB 5768—2017 的规定，禁令标志共有 42 种。

图 7-2　禁止标志示例

（3）指示标志

指示标志的颜色为蓝底、白图案。其形状分别为圆形、长方形和正方形，如图7-3所示。按GB 5768—2017的规定，指示标志总共有29种。

图7-3 指示标志示例

（4）指路标志

指路标志的颜色，除里程碑、百米桩外，一般道路的指路标志为蓝底、白图案，高速公路为绿底、白图案。其形状除地点识别标志、里程碑、分合流标志外，为长方形和正方形，如图7-4所示。按GB 5768—2017的规定，指路标志共有62种。

图7-4 指路标志示例

（5）旅游区标志

为吸引和指示人们从高速公路或其他道路上前往邻近的旅游区，应在通往旅游景点的交叉口设置一系列旅游区标志，使旅游者能方便地识别通往旅游区的方向和距离，了解旅游项目的类别。旅游区标志分为指引标志和旅游标志两大类，如图7-5所示。旅游区标志的颜色为棕色底、白色字符。旅游指引标志的尺寸应根据速度确定字高，再根据字数和图案确定版面大小。旅游符号的尺寸一般采用60cm×60cm，也可根据需要放大或缩小。

图 7-5　旅游区标志示例

（6）道路施工安全标志

按 GB 5768—2017 的规定，道路施工安全标志主要有路栏、锥形交通标、施工警告灯号、道口标注和施工区标志等六类 26 种，如图 7-6 所示。

图 7-6　道路施工安全标志示例

（7）辅助标志

当主标志无法完整表达或指示其规定时，为维护行车安全与交通畅通的需要，应设置辅助标志。辅助标志安装在主标志下面，紧靠主标志下缘。按 GB 5768—2017 的规定，辅助标志主要分为表示时间、表示车辆种类、表示区域或距离、表示警告或禁令理由，以及组合辅助标志五类。辅助标志的颜色为白底、黑字、黑边框，形状为长方形，如图 7-7 所示。

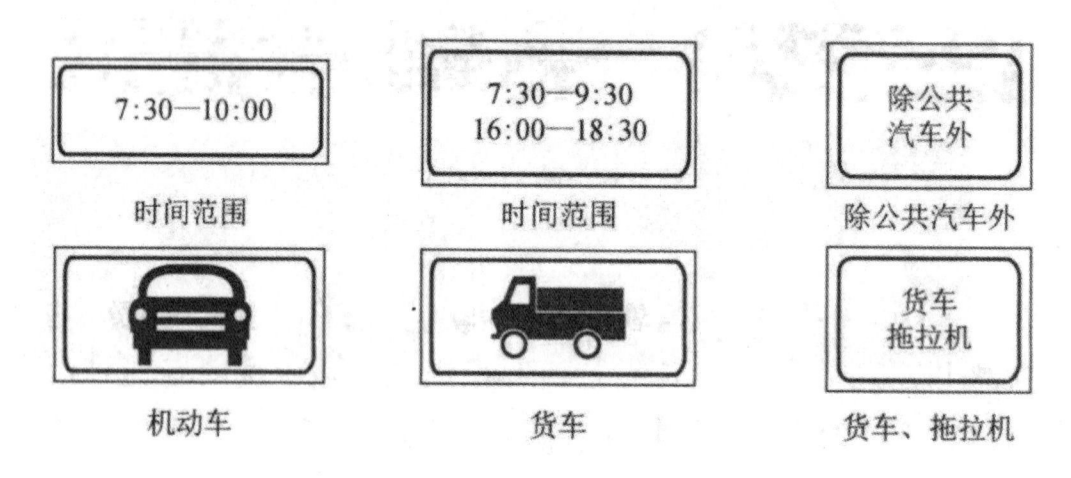

图 7-7 辅助标志示例

4. 交通标志的设置原则

（1）根据客观需要设置

每一种标志都有一定的设置条件，应根据实际需要进行总体布局，结合具体情况合理设置，为保证交通畅通和行车安全服务，防止出现信息不足或过量的现象，对于重要的信息应给予重复显示的机会。

（2）统一性和连续性相结合

统一性是指在一定距离内，交通标志之间及交通标志和其他交通设施应是协调的、不矛盾的。连续性是指交通设施的设置要使驾驶员在其观念上有时空上的连续性。

（3）设在易见位置

交通标志应设在车辆行进正面方向最容易看清的地方，根据具体情况可设置在道路右侧、中央分隔带或车行道上方。同一地点需要设置两种以上标志时，可以安装在一根标志柱上，但最多应不超过四根。解除限制速度标志、解除禁止超车标志、干路先行标志、停车让行标志、减速让行标志、会车先行标志、会车让行标志等应单独设置。标志牌在一根支柱上并设时，应按警告、禁令、指示的顺序，先上后下、先左后右排列。

（二）道路交通标线

道路交通标线是由标画于路面上的各种线条、箭头、文字、立面标记、突起路标和轮廓标等所构成的交通安全设施。它的作用是管制和引导交通，可以与标志配合使用，也可单独使用。标线应能确保车流分道行驶，导流交通行驶方向，指引车辆在汇合及分流前驶入合适的车道，加强行驶纪律和秩序，减少事故。标线应保证白天和晚上均具有视线诱导功能，并应做到车道分界清晰、线向清楚、轮廓分明。

高速公路、一级公路、二级公路和城市快速道、主次干道应按照《道路交通标志和标线》设置交通标线，其他道路可以根据需要设置。标线一般画在路中间，也有画在路边的。

1. 交通标线类别及其内容

我国现行的交通标线共有二十九种，按照功能划分为指示标线、禁止标线和警告标线。它们的名称和作用如下：

（1）指示标线

①双向两车道路面中心线——黄色虚线，用来分隔对向行驶的交通流，在保证安全的情况下，允许车辆越线超车或向左转弯。

②车行道分界线——白色虚线，用来分隔同向行驶的交通流，在保证安全的情况下，允许车辆变换车道行驶。

③车行道边缘线——白色实线，用来标明车行道边线。

④左转弯待转区线——白色虚线，用来指示左转弯车辆可在直行时段进入待转区，等待左转。

⑤左转弯导向线——白色虚线，表示左转弯的机动车与非机动车的分离，主要用于特殊平面交叉口。

⑥人行横道线——白色条纹，表示准许行人横穿行车道。

⑦高速公路车距确认标线——白色平行粗实线，为驾驶员保持行车安全距离提供参考。每隔50m设置一组标线，间隔200m重复设置。

⑧高速公路出入口标线——白色，为驶入或驶出匝道车辆提供安全交通，减少与突出的路缘石碰撞。

⑨停车位标线——白色实线，表示车辆停放位置。

⑩港湾式停靠站标线——白色，表示车辆通向专门的分离引道和停靠位置。

⑪收费岛标线，表示收费岛的位置，为驶入收费车道的车辆提供清晰的标记。

⑫导向箭头——白色箭头实线，用以引导行车方向。

⑬路面文字标记——黄色，用以指示或限制车辆行驶。

（2）禁止标线

①禁止超车线：中心黄色双实线——表示严格禁止车辆跨线超车或压线行驶；中心黄色虚实线——表示实线一侧禁止车辆越线超车或向左转弯，虚线一侧准许车辆越线超车或向左转弯；中心黄色单实线——表示不准车辆跨线超车或压线行驶。

②禁止变换车道线——白色实线，用于禁止车辆变换车道和借道超车。白色实线的长度表示禁止变换车道的范围。

③禁止路边停放的车辆线——白黄相间条纹，表示该路段禁止路边长时间停放车辆；黄色表示该路段禁止路边临时或长时间停放车辆，如图7-8所示。

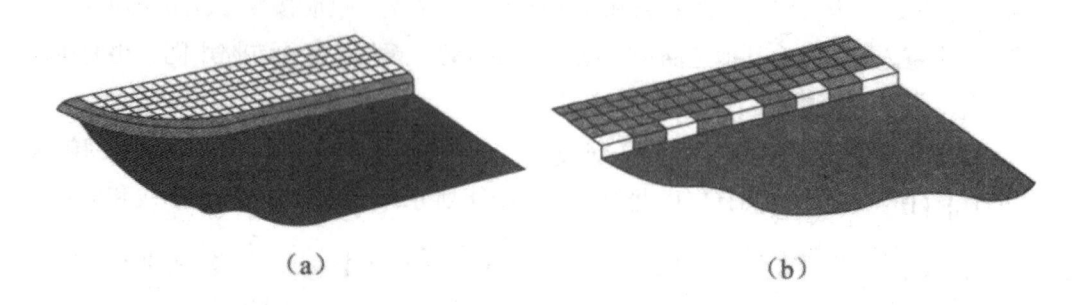

图7-8 禁止路边停放车辆线

（a）禁止路边临时或长时间停放车辆线；（b）禁止路边长时间停放车辆线

④停止线——白色，表示车辆等候放行信号，或停止让行的停车位置。

⑤让行线——车辆在此路口必须停车或减速让干道车辆先行。

⑥非机动车禁驶区标线——用以告示骑车人在交叉口内禁止驶入的范围。

⑦导流线——白色，表示车辆需按规定的路线行驶，不得压线、越线。

⑧中心圈——用以区分车辆大、小转弯及交叉口车辆左、右转弯的指示，车辆不得压线行驶，如图7-9(a)所示。

（9）路口禁停网格——黄色网状条纹，用以告示驾驶员禁止在设置本标线的交叉口（或其他出入口处）临时停车，防止交通阻塞，一般用于重要单位、部门前，禁止车辆在内停放，如图7-9(b)所示。

（10）车种专用道线——用以指示该车道仅限于某车种行驶，其他车种和行人不得进入。

（11）禁止掉头标线——禁止车辆掉头的交叉口或路段，如图7-9(c)所示。

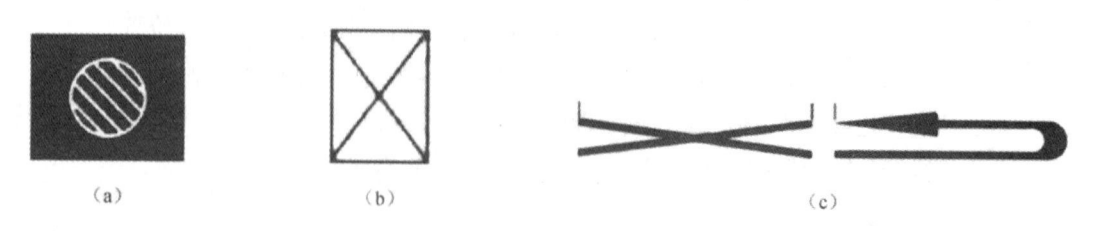

图7-9 禁止标线示例

（a）中心圈；（b）简化网状线；（c）禁止掉头标线

（3）警告标线

①车行道宽度渐变段标线——颜色与中心线一致，警告驾驶员路宽缩减或车道数减少，应谨慎行车，并禁止超车。

②接近路面障碍物标线——颜色与中心线一致，表示车辆须绕过路面障碍物行驶。

③接近铁路平交道口标线——指示前方有铁路平交道口，警告驾驶员谨慎行车。该标线仅用于无看守人员的铁路道口。

④减速标线——白色，表示车辆必须减速慢行。

⑤立面标记——提醒驾驶员注意，车行道或近旁有高出路面的构造物，以防止发生碰撞。

2. 道路平面交叉口标线的设置原则

道路平面交叉口的标线包括人行横道线、停止线、车行道中心线、车道分界线、导向箭头等。上述标线在设置时，应考虑交叉口的形式、交通量、车行道宽度、转弯车辆的比例、非机动车的比例等因素，并遵循下列设置原则：

①交叉口的导向车道线长度应根据交叉口的几何线形确定，其最短长度为30m。导向车道线应画白色单实线，表示不准车辆变更车道。

②平面交叉口的进口车道内，应有导向箭头标明各车道的行驶方向。距交叉口最近的第一组导向箭头，设置在导向车道线的末尾。导向箭头重复设置的次数和距离，应根据交叉口进口道的具体情况确定。一般计算行车速度大于60km/h的道路，导向箭头按导向车道线的长度重复三次；计算行车速度小于60km/h的道路，导向箭头按导向车道线的长度重复两次。

二、平面交叉口交通管理

平面交叉口（以下简称交叉口）按交通管制方式的不同，可分为无控制交叉口、主路优先控制交叉口、环形交叉口等几种类型。

（一）交叉口交通管理的原则

以下介绍对交叉口实施科学管理的五个主要原则。

1. 减少冲突点

交叉口交通安全的根本是减少冲突点，可采用单行线，在交通拥挤的交叉口排除左、右转弯，用多相位交通信号灯控制交叉口各向交通等方法。

2. 控制相对速度

控制相对速度可采用严格控制车辆进入交叉口的速度，对于右转弯或左转弯应严格控制其合流角（以小于30°为佳），必要时可设置一些隔离设施（如隔离墩或导向岛等）用以减小合流角等方法。

3. 重交通车流和公共交通优先

重交通车流是指较大交通流量的交通流（干道或主干道上的交通流）。重交通车流通过交叉口应给予优先权。其方法是在轻交通流方向（支路）上设置减速让行或停车让行标志，或延长在重要交通车流方向上的绿灯时间。对公共交通也可采取类似优先控制的方式。

4. 分离冲突点和减小冲突区

交叉口上的交通流是复杂的，各种车辆在合流与分流的过程中所产生的车辆交叉运动，有的路径太接近甚至重叠，有的偏离过大，导致交叉口上冲突点增多和冲突区扩大，安全性大大降低。此时，运用分离冲突点和减小冲突区的原则能收到较好效果。例如，按各向车辆行驶轨迹设置交通岛，规范车辆在交叉口内的行驶路线；左转弯时，规定机动车小迂回，非机动车大迂回；画上自行车左转弯标识线（有条件时设置隔离墩），防止自行车因急拐弯而加大冲突区；在路口某些部分画上禁止车辆进入的标示线，限定车辆通行区域；或在交叉口上设置左、右转弯导向线等，这些都是分离冲突点和减小冲突区的有效办法。

5. 选取最佳周期，提高绿灯利用率

在用固定周期自动交通信号控制交通的交叉口处，应经常对各方向的交通流进行调查，根据流量大小计算最佳周期和绿信比，以提高绿灯利用率，减少车辆在交叉口的延误。

其他交叉口交通管理原则，如对不同的交通流采取分离；对机动车和非机动车画出车道线；人行横道较长的道路（超过15m），在路中央设置安全岛等，都是常用且行之有效的管理原则。具体运用上述原则时，应注意综合考虑，灵活运用。

（二）无控制交叉口

1. 定义

无控制交叉口是指具有相同或基本相同的重要地位，从而具有同等通行权的两条相交道路，因其流量较小，在交叉口上不采取任何管理手段的交叉口。

2. 视距三角形

无控制交叉口通常没有明确的停车线，当车辆到达交叉口时，驾驶员将在距离冲突点一定距离处做出决策：减速让行或直接通过。驾驶员所做出的决策很大程度上取决于交叉口上的视距，故无控制交叉口的交通安全是靠交叉口上良好的视距来保证的。绘制交叉口的视距三角形是一种分析交叉口上视距是否足够的常用方法。由两条相交道路的停车视距在交叉口所组成的三角形为视距三角形，必须保证视距三角形内无任何构筑物阻挡驾驶员的视线。在多车道的道路上，绘制视距三角形必须注意，视距线应画在最易发生冲突的车道上。根据实际情况，绘制交叉口的视距三角形，需要分别

考虑单向交通交叉口和双向交通交叉口两种情况，如图7-10和图7-11所示。

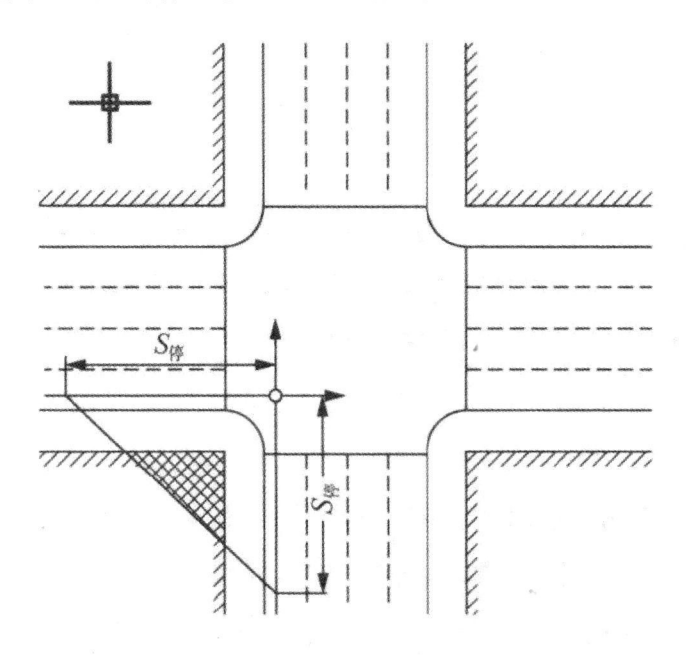

图 7-10 单向交通视距三角形

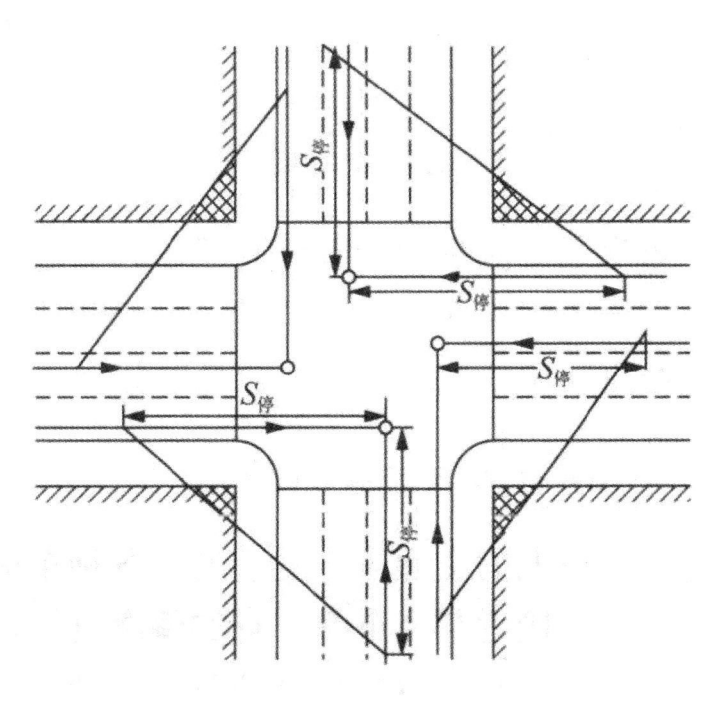

图 7-11 双向交通视距三角形

图7-10和图7-11中$S_{停车}$相交道路上同时到达交叉口的车辆在冲突点前能及时制动，避让冲突所需要的停车视距。

(1) 单向交通视距三角形表示法

在单向交通的道路交叉口，对于从左侧进入交叉口车辆的视距线，应画在最靠近其右边的车道上；对于从右侧进入交叉口车辆的视距线，应取最靠近其左边的车道，如图7-10所示。

(2) 双向交通视距三角形表示法

在双向交通的道路交叉口，对于从左侧进入交叉口车辆的视距线，应画在最靠近人行道的车道上；对于从右侧进入交叉口车辆的视距线，应取最靠近道路中线的车道，如图7-11所示。

（三）主路优先控制交叉口

无控制交叉口的延误是较小的，即使流量增加，延误增加也有限，理论和实测都表明了这一点。鉴于安全性考虑，无控制交叉口在低流量时要求加以管制，由无控制变为信号灯控制，此时交叉口延误将明显增加，因此应综合考虑种种因素，权衡利弊后做出决定。其中，较好的措施是在这两种控制方式之间，考虑一种过渡形式的控制，既能解决安全问题，又不至于使延误增加太多，主路优先控制就能满足这种要求。主路优先控制分为停车让行标志控制和减速让行标志控制。

1. 停车让行标志控制

相交的两条道路中，常将交通量大的道路称为主路或干路，交通量小的道路称为次路或支路。规定主路车辆通过交叉口有优先通行权，次路车辆必须让主路车辆先行，这种控制方式称为主路优先控制。停车让行标志控制也称停车控制，是指进入交叉口的次路车辆必须在停车线外停车观察，确认安全后，才准许通行。停车让行标志控制按相交道路条件的不同分为单向停车控制和多向停车控制。

（1）单向停车控制

单向停车控制简称单向停车或两路停车。这种控制在次路进口处画有明显的停车交通标志，相应的在次路进口右侧设有停车交通标志，同时次要道路进口处路面上写有非常明显的"停"字。

（2）多向停车控制

多向停车控制又称多路停车，各路车辆进入交叉口均需先停车后通过，其中四路停车较多。停车标志设在交叉口所有入口右侧。

2. 减速让行标志控制

减速让行控制又称让路控制，是指进入交叉口的次路车辆，不一定需要停车等候，但必须放慢车速瞭望观察，让主路车辆优先通行，寻找可穿越或汇入的主路车流的安全"空档"机会通过交叉口。让路控制与停车控制的差别在于后者对停车有强制性。让路控制一般用在交通量不太大的主次路相交的次路路口，其标志和标线的设置位置与单向停车控制相同。

（四）现代环形交叉口

与传统环形交叉口不同的是，现代环形交叉口克服了传统环形交叉口的固有缺陷，主要体现在两大方面：

第一，环内车流优先通行，入环车流必须让行于环内车流。

第二，交叉口进行渠化。

现代环形交叉口把传统环形交叉口允许车辆在环道内的自由交织运行改为要求车辆相对有组织地运行，这不仅减少了车流进行交织，而且可以通过增加进口道的车道数来提高交叉口的通行能力。

第三节 道路交通组织与信号控制

一、城市道路交通组织管理

行车道交通管理是交通管理系统中线路交通管理最基本、最简单的形式，行车道交通管理包括单向交通管理、变向交通管理、专用车道管理和禁行交通管理几种形式。

（一）单向交通管理

1. 单向交通的种类

（1）固定式单向交通

对道路上的车辆在全部时间内都实行单向交通称为固定式单向交通。常用于一般辅助性的道路上，如立体交叉桥上的匝道交通多是固定式单向交通。

（2）定时式单向交通

对道路上的车辆在部分时间内实行单向交通称为定时式单向交通。例如，城市道路交通在高峰时间内，规定道路上的车辆只能按重交通流方向单向行驶（重交通流方向是指方向分布系数 $K_D > 2/3$ 的车流方向），而在非高峰时间内，则恢复双向运行。必须注意，实行定时式单向交通，应给非重要交通流方向的车流安排出路，否则会带来交通混乱。

（3）可逆性单向交通

可逆性单向交通是指道路上的车辆在一部分时间内按一个方向行驶，而在另一部分时间内按相反方向行驶的交通，如上下班高峰期。这种可逆性单向交通常用于车流流向具有明显不均匀性的道路上。其实施时间应根据全天的车流量及方向分布系数确定，一般当 $K_D > 3/4$ 时，即可实行可逆性单向交通。同样，应注意给非重交通流方向的车流以出路。

（4）车种性单向交通

车种性单向交通是指仅对某一类型的车辆实行单向交通的交通组织。这种单向交通常应用于具有明显方向性及对社会秩序、人民生活影响不大的车种，如货车。实行这类单向交通的同时，仍可对公共汽车和自行车维持双向通行，目的是充分利用现有道路的通行能力。

（5）混合型单向交通

在实际交通管理中，可以根据道路及车流特点，一条道路上可以同时实行几种行驶的单向交通，如一条南北向的城市道路上，上午7：00～9：00只允许社会车辆由南向北单向通行，公交车辆双向通行，大型货车禁止通行；晚上5：00～7：00只允许社会车辆由北向南单向通行，公交车辆双向通行，大型货车禁止通行；其他时间社会车辆双向和公交车辆双向通行，货车由南向北单行。上述通行方式包括定时式、车种性、可逆性几种单行方式，是一种混合型单向交通方式。

2. 单向交通的优点

单向交通在路段上减少了与对向行车的可能冲突，在交叉口上大量减少了冲突点，故单向交通在改善交通方面具有以下较为突出的优点：

（1）提高道路通行能力。

由于单向交通减少了与对向行车的可能冲突，减轻了快慢车之间的干扰，因此道路通行能力将会明显提高。根据有关统计资料表明，国外单行道可提高通行能力达20%～80%，国内单行道提高通行能力也可达15%～50%。

（2）减少交叉口的冲突点。

实施单向交通后，可以大大减少在交叉口的冲突点数和交织点数。例如，两条双向两车道的交叉口，实行单向交通后其冲突点数从16个降低到4个，仅为双向时的25%；机动车与机动车、机动车与非机动车之间的干扰也明显减少。

（3）提高行车安全性，减少道路交通事故。

冲突点是导致交通事故的重要因素。由于单向交通能大量减少冲突点数目，因此行车的安全性将会明显提高。单向交通所发生的事故多为追尾事故，故恶性事故率也将下降。此外，双向交通改成单向交通后，可消除对向车辆的眩光影响，行人过街只需注意一个方向，事故率也会有所下降。

（4）提高了车辆的行车速度，减少了延误。

单行线上车辆只能按规定路线行驶，没有左转弯和对向行驶车辆的干扰，所以冲突点和交叉口的延误时间减少，车速得到提高，交织和超车也比较容易。实行单向交通还能提高行车速度均匀性和稳定性，当双向交通改为单向交通后，由于方向一致，车流波动小，因此行车速度较为稳定。

（5）其他优点

单向交通有利于路边停车规划和公交专用道规划，例如，双向通行的狭窄道路，若有车辆因故障等原因停车，就会引起交通阻塞，若将其改为单向交通，则能有效地解决交通阻塞及停车困难等问题。单向交通还有利于信号灯配置和管理，单向交通采用线控具有优越条件，其绿灯利用率比双向交通提高50%。此外，单向交通可充分利用狭窄的街巷，弱化主干道上的交通负荷，在一定程度上避免了旧城道路的改建，能带来较大的经济效益。

3.单向交通的缺点

①增加了车辆绕道行驶的距离和时间，给驾驶员增加了工作量。

②由于车辆绕行，增加了路网上无效的交通量。

③给公交车辆乘客带来不便，增加步行距离。

④容易导致迷路，特别是对不熟悉情况的外地驾驶员。

⑤增加了单向管制所需的道路公用设施。

⑥给道路两侧商业活动带来影响，人们不便去单行道两侧进行商业活动，从而影响商家的经济效益。

（二）变向交通管理

变向交通（又称潮汐交通）是指在不同的时段内，变换某些车道上行车的方向性或种类性的交通。变向交通按其作用可以分为方向性变向交通和非方向性变向交通。

方向性变向交通指在不同时间内，变换某些车道上行车方向的交通。方向性变向交通可以使车流的方向分布不均匀现象得到缓解，从而提高道路的利用率。它适用于车流方向在不同时段分布不均匀的情况，如早高峰时一条道路上所有车道均为城市外围进入中心区通行，晚高峰时所有车道为中心区向城市外围方向通行。

非方向性变向交通指在不同时间内，变换某些车道上行车种类的交通。非方向性变向交通对缓解各种不同类型的交通在时间分布上的不均匀性矛盾有较好的效果。它可分为车辆与行人、机动车与非机动车之间相互变换使用的变向车道。例如，在早晨自行车高峰时间，变换机动车外侧车道为自行车道，到了机动车高峰时间，则变换非机动车道为机动车道。

变向交通的缺点是增加了交通管制的工作量和相应的设施，且要求驾驶员有较好的素质，集中注意力，特别是在过渡阶段。

（三）专用车道管理

规划设计专用车道是缓解城市交通问题的途径之一，它主要是指公共交通车辆专用车道和自行车专用车道。

1. 公共交通车辆专用车道

公共交通车辆是指公共汽车、电车、轻轨、地铁及城市铁路列车等。此外，出租车也属于公共交通车辆。公共交通车辆载客量大，人均占用道路面积小，且可有效地利用道路，故可采用公共交通车辆专用车道来提高公共车辆的服务水平，吸引公众，达到减少小汽车交通量的目的，使整个城市的交通服务质量得到改善，带来较大的社会经济效益。

2. 自行车专用道

根据自行车交通早高峰流量最大的特点，将自行车和公共流量大的路线、路段开辟成自行车和公共汽车专用线路，定时将自行车与公共汽车及其他车辆分开，还可以开辟某些街巷作为自行车专用道。

（四）禁行交通管理

为了均衡道路上的交通负荷，根据道路条件和交通条件，将一部分交通流量分配到负荷较低的道路上去，或对机动车和非机动车实行某种限制性管理，称为禁行管理。禁行管理通常有以下几种情况：

1. 时段禁行

根据机动车和非机动车的不同高峰时段，安排不同的通行时间，如上午9：00至下午5：00禁止自行车进入规定的主要道路。

2. 错日禁行

在某些主要道路上规定某些车辆单日通行，某些车辆双日通行；或规定牌照号为单数的货车单日通行，双数的双日通行。

3. 车种禁行

禁止某几种车（载货汽车和各类拖拉机）进入某些道路。

4. 转弯禁行

在某些交通拥挤的交叉口，禁止机动车和非机动车左（右）转弯，或禁止自行车左转弯。应注意，在禁止左转弯交叉口的临近路口必须允许左转弯。

5. 超限禁行

禁止机动车和非机动车超吨位（高度、速度）通行。

二、道路交通信号控制

（一）交通信号控制基本概念

1. 交通信号和交通信号灯

凡在道路上用来传递具有法定意义并且能指挥交通流通行或停止的光、声、手势等，都是交通信号。在道路交通信号控制中，常用的交通信号主要有灯光信号和手势信号。灯光信号用交通信号灯的灯色来指挥交通，手势信号由交通管理人员通过法定的手臂动作姿势或指挥棒的指向来指挥交通。手势信号现在仅在交通信号灯出现故障时或在无信号灯的地方使用。

交通信号是在道路空间上无法实现分离原则的地方，主要是在平面交叉口上，用来在时间上给交通流分配通行权的一种交通指挥措施。交通信号灯通过轮流显示不同的灯色来指挥交通的通行或停止。世界各国对交通信号灯各种灯色的含义都有明确规定，其规定基本相同。我国对交通信号灯的具体规定如下：

2. 交通信号灯的设置依据

根据《道路交通信号灯设置与安装规范》的规定，信号灯的安装依据如下：

①当进入同一交叉口高峰小时及12h交通量超过规范中所列数值，或有特别需要的路口可设置交通信号灯。

②设置机动车道信号灯的路口，当道路具有机动车、非机动车分道线且道路宽度大于15m时，应设置非机动车道信号灯。

③设置机动车信号灯的路口，当通过人行横道的行人高峰小时流量超过500人次时，应设置人行横道信号灯。

④实行分车道控制的路口应设置车道信号灯。

⑤当路口间距大于500m、高峰小时流量超过750辆及12h流量超过8000辆的路段上，当通过人行横道的行人高峰小时流量超过500人次时，可设置人行横道信号灯及相应的机动车信号灯。

⑥每年发生人身伤害事故五次以上的交叉口。

3. 信号控制类别

（1）按控制范围分类

①单个交叉口交通信号控制。每个交叉口的交通控制信号按照交叉口的交通情况独立运行，不与其邻近交叉口控制信号有任何联系的，称为单个交叉口交通信号控制，又称单点信号控制，俗称点控制。这是交叉口交通信号控制的最基本形式。

②干道交叉口信号联动控制。把干道上若干个交叉口的交通信号通过一定的方式连接起来，同时为各交叉口设计一种相互协调的配时方案，各交叉口的信号灯按此协调方案联合运行，使车辆通过这些交叉口时，不会经常遇上红灯，称为干道交叉口信号联动控制，又称绿波信号控制，俗称线控制。

③区域交通信号控制系统。以某个区域中所有信号控制交叉口作为协调控制的对象，称为区域交通信号控制系统，俗称面控制。

（2）按控制方式分类

①定时控制。定时控制是指交叉口交通信号控制机按事先设定的配时方案运行，又称定周期控制。其适用于流量变化很有规律的交叉口。一天流量变化非常规律，且

波动不大，只能用一种配时方案进行控制，称为单段式定时控制；一天内流量变化非常规律，且存在明显的早晚高峰，可以按不同时段的交通量采取几个配时方案，称为多段式定时控制。

②感应控制。感应控制是在交叉口进口道上设置车辆检测器，信号灯配时方案由计算机或智能化信号控制机计算，可随检测器检测到的车流信息而随时改变的一种控制方式。随检测器安装位置不同，感应控制可以分为以下几个方面。

半感应控制：只在交叉口的部分路口设置检测器的感应控制。

全感应控制：在交叉口的所有路口都设置检测器的感应控制。

③自适应控制。自适应控制是把交通系统作为一个不确定系统，能够连续测量其状态，如车流量、停车次数、延误时间等，逐渐了解和掌握对象，把它们与希望的动态特性进行比较，并利用差值以改变系统的可调参数或产生一个控制，从而保证无论环境如何变化，都可使控制效果达到最优或次最优的一种控制方式。

（二）单个交叉口交通信号控制

1. 定时信号控制

（1）基本控制参数

①信号相位和信号阶段。交通信号灯灯色的周期性变化，控制着路口各方向车辆的行或止。信号相位就是一股或多股交通流，在一个周期时间内无论任何瞬间都获得完全相同的信号灯色显示。信号相位是按路口车流获得信号显示的时序来划分的，有多少种不同显示时序排列就有多少个信号相位。

信号阶段则是根据路口通行权在一个周期内的变更次数来划分的，一个信号周期内通行权有几次更迭就有几个信号阶段。

图 7-12 所示为三岔路口由三个信号阶段构成一个信号周期，而相位则有四个相位。

一般路口可采用二相位，即东西一个相位，南北一个相位，某些情况下也会采取三相位、四相位，甚至八相位。对于行车而言，相位越多越安全，但相位越多，周期越长，延误的时间也越长，效率也就越低。相反，相位少，交叉口车流虽然较乱，但通行效率反而较高。在选用时应根据道路交通实况具体分析，综合优化。

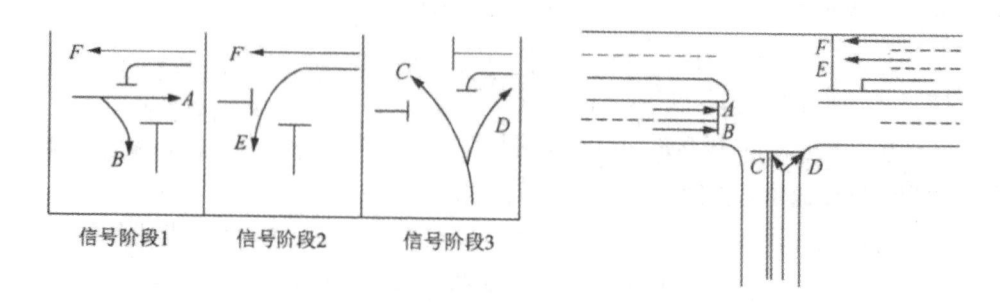

图 7-12　信号相位和信号阶段示意图

②主要信号参数

第一，周期时间。周期时间就是红绿灯信号显示一个周期所需的时间，为信号阶段的一个完整的序列。

第二，绿信比。绿信比是评价交通控制效率的一个指标，是指有效绿灯时间与周期的比值。

（2）配时设计

第一，英国方法。韦伯斯特提出了使车辆延误最小的最佳周期公式为

$$C_o = \frac{1.5L+5}{1-Y}$$

$$L = \sum_k (L_s + I - A) \tag{7-1}$$

$$Y = \sum_{j=1}^{n} \max(y_j, y_j') = \sum_{j=1}^{j} \max\left[\left(\frac{q_d}{s_d}\right)_j, \left(\frac{q_d}{s_d}\right)_j'\right] \tag{7-2}$$

式中：L——一个周期内总的损失时间（s）；

L_s——起动损失时间（s）；

I——绿灯间隔时间（s）；

A——黄灯时间，可定为3s；

k——一个周期内的绿灯间隔数；

Y——各相位最大流量比之和；

q_d——设计交通量（pcu/h）；

S_d——设计饱和流量（pcu/h）。

总的有效绿灯时间为

$$G_o = C_o - L \tag{7-3}$$

各相位有效绿灯时间为

$$g_{ej} = G_e \frac{\max(y_j, y_j')}{Y} \tag{7-4}$$

各相位绿信比为

$$g_j = g_{ej} - A + l_j \tag{7-5}$$

第二，美国方法。信号灯配时所采用的周期为

$$C = \frac{13330P}{1333 - Q_{e,\max}}$$
（7-6）

式中：P——相位个数；

$Q_{e,\max}$——各个相位最大等效交通量之和。

等效交通量表达式为

$$Q_e = \frac{Q + 0.5H + 0.6L}{n}$$
（7-7）

式中：Q——交叉口进口实际交通量（辆/h）；

H——公交车、货车的交通量（辆/h）；

L——左转车数量（辆/h）；

n——进口有效车道数。

绿灯时间为

$$g_{cj} = G_e \frac{\max(Q_{ej}, Q'_{cj})}{Q_{c,\max}}$$
（7-8）

$$G_e = C - 2A$$
（7-9）

按照式（7-9）确定的绿灯时间是否满足车辆通行的要求，可通过下式来检验，即

$$g_{ej} = 2.1x + 3.7$$
（7-10）

式中：x——周期内的来车数。

2.感应式信号控制

（1）控制原理

感应式信号控制没有固定的周期长度，其工作原理：在交叉口进口车道安装车辆检测器检测车辆的到达情况，在感应信号控制器内设置一个初始绿灯时间，到初始绿灯时间结束的时候，如果在一个预设时间间隔内没有后续车辆到达，则变换相位；如果有后续车辆到达，则绿灯延长一个预设的单位绿灯延长时间，只要不断有车辆到达，绿灯时间就可以继续延长，直到预设的最长绿灯时间变换相位。

（2）控制参数

①初始绿灯时间G_0：给每个相位预先设置的最短绿灯时间，在此时间内，无论是否有车辆进入进口车道，都必须为绿灯时间，初始绿灯时间的长短取决于检测器的位置和检测器到停车线可停放的车辆数。

②单位绿灯延长时间G_u：它是初始绿灯时间结束后，在一定的时间间隔内测得有

后续车辆时所延长的绿灯时间。

③最长绿灯时间 G_1：它是为了保障交叉口信号灯具有较好的绿信比而设置的某相位无论车辆到达情况如何的最大绿灯时间，一般为 30 ~ 60s。当某个相位的初始绿灯时间加上后来增加的多个单位绿灯时间达到最长绿灯时间时，信号控制会改变相位，使另一相位的信号灯设置为绿灯，该方向的车辆获得通行权。

（三）线、面控制系统

1. 线控系统

线控系统是将主要干道上多个相邻的交通信号联动起来，进行集中控制，以提高整个干道的通行能力。

（1）控制参数

①周期长度。在线控系统中，为了使各交叉口的信号能取得协调，各个交通信号的周期必须是统一的。先按单点配时方法，算出每个交叉口的周期时长，取最大的周期时长作为这个系统的周期时长。

②绿信比。线控系统中，各个交叉口的绿信比可根据交叉口的交通量来确定。

③相位差。相位差是线控系统的关键参数，通常相位差有两种：绝对相位差和相对相位差。绝对相位差是指各个交叉口的绿灯时间或红灯时间起点相对于某一标准交叉口的绿灯或红灯起点的时间差。相对相位差是指相邻两个交叉口信号的绿灯或红灯起点的时间差。

（2）配时设计方法

①时间 - 距离图。线控制系统配时方案通常可用时间距离图来描述，如图 7-13 所示，图中以时间（即信号配时）为纵坐标，干道上交叉口间距为横坐标。

图 7-13 中所绘一对平行斜线所标定的时间范围称为通过带，其宽度就是通过带宽，简称带宽。它确定干道上交通流所能利用的通车时间，以秒或周期时长的百分数计。

平行斜线的斜率的倒数就是车辆沿干道可连续通行的车速，称为通过带速度，简称带速。

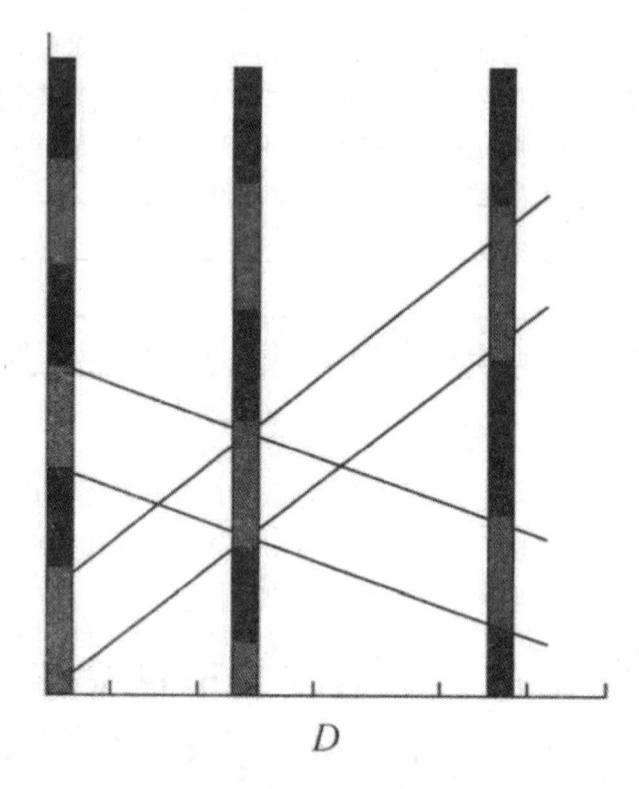

图 7-13 时间 – 距离图

②计算周期。先按单舌配时方法确定每个交叉口周期，选最大的周期作为线控系统周期。

③计算绿灯时间。根据交叉口周期时长和主次流量比，确定绿灯时间。

④计算时差。有两种办法：图解法和数解法。

2. 面控制系统

面控制系统是把城区内的全部交通信号的监控，作为一个指挥控制中心管理下的一部整体的控制系统，是单点信号、干线信号系统和网络信号系统的综合控制系统。它是随着交通控制理论的不断发展，以及通信、检测、计算机技术在交通控制领域的广泛应用而发展起来的。现代交通控制系统是多种技术的结合体，包括车辆检测、数据采集与传输、信息处理与显示、信号控制与最优化、电视监控、交通管理与决策等多个组成部分。

第四节　快速道路的交通控制

为了使在快速道路上的车流能畅通流动，充分发挥投资昂贵的快速道路系统的功能，有必要且必须对快速道路实行交通控制。快速道路的控制系统分为三个部分：主线控制系统、入口匝道控制系统、出口匝道控制系统。

一、主线控制系统

（一）主线控制的作用

快速道路主线控制的作用有以下几方面：

①取得最佳均匀车速，从而使瓶颈路段的通行能力达到最大。

②一旦因车速或交通流密度发生变化而产生冲击波时，可防止汽车追尾冲撞。

③当出现事故或因维修而使主线通行能力受到限制时，可提高快速道路的使用效率。

（二）几种控制方法

1. 可变限速控制方法

在快速道路上设置可变限速标志，指示随交通状况变化的限制车速。其作用是向驾驶员预告前方交通拥堵或将要通过瓶颈路段，驾驶员应按指示的限速行驶，以使车流平稳，车速均匀，从而提高通过瓶颈路段的通行能力。

2. 车道封闭控制法

美国底特律已试用车道封闭标志来提高快速道路的使用效率。这些标志通常在各车道上用垂直绿箭头表示。如果某车道由于养护作业而需要提前封闭，这时，该车道上面的绿箭头标志就改变为红叉标志。

3. 可逆车道控制法

快速道路在高峰期间，交通量将会出现较大的方向不平衡，这种不平衡在将来若干年仍会存在，较为合理的解决办法是设计可逆车道。为安全起见，为一条新的快速道路设计可逆车道时，最好将可逆车道与一般车道分开，形成第三车道。在匝道与可逆车道连接处，可用水平移动的剪刀式栅栏或垂直移动的栅栏和可变情报标志加以控制。可变情报标志通告驾驶员该走哪一个车道。

二、入口匝道控制系统

（一）入口匝道控制的作用

入口匝道控制一般被认为是快速道路的主要交通控制措施，它的作用有以下几方面：

①减少整个快速道路系统内车辆的行程时间。

②使交通流量均匀平滑。

③消除或减少交汇中的冲突和事故。

④由于交通流量均匀平滑，车流状况得到改善，因此减少了不舒适感和环境的干扰。

（二）入口匝道控制的条件

要实现上述匝道控制目标，给快速道路提供一种更高的预测性和更好的服务水平，则入口匝道要满足以下条件：

①在通道上应该有可供使用的额外容量。

②在进口匝道上应有足够的停车空间。

③交通模式（即主车道流量与快速路路段流量）必须合适。

（三）入口匝道控制法

1. 封闭匝道法

在以下情况下考虑匝道封闭：

①互通式立交非常接近，交织问题十分严重的地方。

②有较多车辆要在匝道上排队，但没有足够长度容纳排队车辆的匝道。

③附近有良好的道路可供绕道行驶。

封闭的方法有人工设置栅栏、自动弹起式栅栏、采用"不准驶入匝道"标志。

2. 匝道调节

匝道调节是利用交通信号灯来限制进入快速道路的交通流量，从而改善快速道路的交通状况和提高车流汇合时的安全性。

（1）定时调节

定时调节是指限流率按照不同的周期及每天的不同时段预先加以固定的控制方法。

（2）感应调节

感应调节是指在快速道路上和匝道上都装有检测器，以取得交通信息。根据不同的控制方案，通过就地控制器或中央计算机实施限流控制，限流率可依据交通信息做相应的调整。

3. 匝道系统控制

将一系列匝道集中起来作为一个整体统一考虑交通控制的系统，称为匝道系统控制。其限流率根据整个系统的交通量与通行能力之差确定。它与独立的限流控制相比，匝道系统控制的优点是能够兼顾整个系统。

整体车辆感应下限流控制能适应交通流量变化的要求，使整个系统的车流保持最佳化。若快速道路某段发生交通事故，这种控制就显得特别有效。此时，发生事故的下游匝道，其限流率会自动增加，而上游匝道的限流率会自动减少。

三、出口匝道控制系统

就理论而言，出口匝道控制可采用如下两种方法：

第一，调节驶离快速道路的车辆数。

第二，封闭出口匝道。

第一种控制方法不是一种有效的方法，唯一有利之处是缓解了接近快速道路交叉口的交通拥挤程度。但是，这将意味着要承担一些交通事故的风险，因为在信号灯前停车，车辆急剧减速又发生滑行，有造成追尾的危险，且等待驶离快速道路的车辆排队从信号灯向后延伸到快速道路上。

第二种控制方法可以大大减少车辆在出口的交织及随之而带来的交通安全问题。特别是一个出口匝道连接着一个大型互通式立体交叉口的沿街道路或近郊道路的距离较短时（小于 0.8km），封闭匝道是一种很实用的解决办法。

封闭出口匝道的缺点有以下几点：

①大大增加驾驶员的行车时间及距离。

②若使用人工控制的栅栏，或某种形式的自动门，则在高峰时期间封闭匝道，其费用很高。

③由于限制了出口，因此将会激起公众强烈的反对。

④追尾事故的可能性大大增加。

四、快速道路控制管理系统

快速道路控制管理系统如图 7-14 所示。

（一）情报收集系统

该系统主要为驾驶员和交通控制提供必要的信息，包括车辆检测器、紧急电话等。

（二）信息传输系统

该系统主要收集交通信息和发送控制指令的信息通道，包括直达电缆、电话线、无线电和微波传输等。

（三）控制中心

控制中心一般有地图显示系统、中心计算机和控制台，这里是控制管理的神经中枢。

（四）信息提供

交通信息部门可以提供文字、图像、声音等多种信息，还有可以对普通电话进行自动接受应答的自动电话导向等服务，在当今先进的快速道路交通控制系统中还有可以提供行驶时间等信息的功能。

设置快速道路交通控制管理系统的主要目的是从整体上协调控制路网交通流的运行。

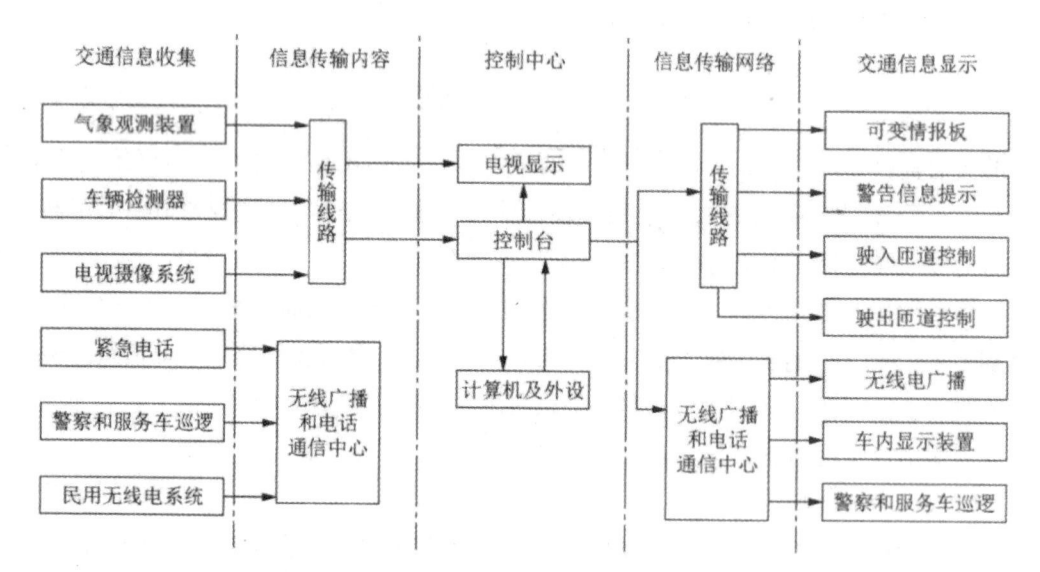

图 7-14 快速道路控制管理系统

交通标志标线是道路上的交通语言，是向道路使用者传递交通信息的设施，掌握其设计原则及设置方法，合理地进行设计是保证交通顺畅的条件之一。平面交叉口是道路网络的瓶颈，对交叉口实施有效的管理措施显得至关重要，交叉口交通信号控制是利用信号装置对交通进行诱导，以实现人车分离，交通畅通。

第八章 公路建设与环境保护设计

第一节 公路建设中生态环境设计原则及方法

一、生态环境保护设计原则与方法

公路建设的规划、设计不仅需要满足一定的技术指标，而且它的规划、设计对生态环境、自然资源的可持续发展起着非常重要的作用。因此，在公路建设中为了保护生态环境必须遵循一定的设计原则和采取相应的保护方法。

（一）节约用地的原则

到新世纪，高等级公路占地约13万公顷，为了保护宝贵的土地资源，公路建设应以节约用地为原则，采取相应的节约用地的措施，尽可能将更多的土地资源留给子孙后代。

1. 合理布设路网，避免重复设线

目前，我国高等级公路建设主要是国道主干线及部分省市干线。不少地区将新建的干线公路与原干线公路平行布设，甚至有的两路线之间仅相距几百米或几公里，如果合理地利用原干线扩建改造，将可大量减少占地。

2. 公路建设标准应因地制宜

我国现行公路建设标准是综合全国经济、社会、资源等情况而确定的，代表着我国经济发展总体水平对公路交通的需求程度，所以不能很好反映区域经济发展水平差异性对公路使用功能多层次的要求。譬如在沿海或内地一些经济相对发达的地区汽车拥有量和其他混合交通运输工具增长迅速，高等级公路建设主要任务是解决大交通量与严重的混合交通引起的车流拥挤，排队堵车等公路不畅问题。而在那些经济相对欠发达地区，汽车拥有量、混合交通干扰程度远低于经济发达地区，提高这些地区的公路通达程度，扩展路网功能，改善泥泞状况，减少扬尘并实现晴雨通车则成为这些地区公路建设的主要目标。

另外，人类活动与自然地理形态构成了影响公路建设的社会环境与自然环境，其中人口密度与人均土地是确定公路技术指标的两项重要的基础指标，人口密度直接反映混合交通特征，公路建设对沿线居民的干扰程度与公路建成后两侧人类活动对公路的影响程度。土地是人类赖以生存的根本，尤其是耕地。人口密度与人均土地面积（人均耕地）直接影响公路的规划使用年限，公路用地界线，路基路面横断面形式与几何尺寸、路基边坡坡度等许多技术参数的确定，因此应建立根据公路自然区划的思路，对公路沿线的社会环境以人口密度与人均土地为等值线进行公路建设环境区划，提高公路建设标准的区域适应性，促进公路的科学规划和合理建设。

3. 适当降低路基高度，减少两侧边坡占地及挖取土占地

目前，我国高等级公路一般采用高路堤形式，平原地区平均填土高 3.5 米以上，山地丘陵区平均填土高 3.0 米左右。不仅对沿线的地貌造成了极大的危害，而且增加了工程占地。国外的高等级公路多是顺地平设，这与他们人口居住比较分散和人均占地较多有关。而我国人多地少，路基填土高度主要受通道、立交及桥梁标高的控制。只要从工程角度协调这些构筑物的标准，适当降低路基高度也是可行的。

4. 充分利用粉煤灰等工业废渣作筑路材料，减少公路取土占地

在平原区修建高等级公路，土源很紧缺，利用粉煤灰等工业废渣作为筑路材料，既减少了公路取土占地，又减少了工业废渣占用土地。这些废渣的综合利用在公路工程技术上是可行的。粉煤灰自重轻，是软土地基的轻质路堤材料。沪宁高速公路全线利用粉煤灰 400 万吨，减少了 3700 亩的公路用地。然而，现在有些行业管理不妥，公路建设单位购买粉煤灰的价格要高于土方的价格。客观地讲，废渣的再利用为工业单位解决了废物占地及污染问题，应该是免费甚至是贴费提供给筑路单位使用。这就需要当地的政府部门、环保部门及土地部门协调这之间的关系，使这些废物综合利用，减少污染。

5. 取土坑的及时恢复利用

公路建设需要一定数量的土方，为了减少占地，原则上采用集中取土，然而平原区土源就是很棘手的问题，取土过深，可以减少用地面积，但不利复耕，取土较浅，利于复耕，但占地面积较大。综合考虑，应以复耕为前提，因此，在平原区取土深度不易超过 3 米，而且尽可能抽用下层，表层作为复耕土。

线外设置集中取土坑取土时，应充分利用沿线荒山、高地，力求少占农田和改地造田。丹东—拉萨国道主干线平罗—青铜峡公路姚伏至叶盛段在设计时，为了保护耕地，从贺兰山脚下沿山公路两侧的戈壁滩及黄河东岸的荒山选择了十一个取土场（2800 亩），虽然工程费用增加了 1.71 亿元运输费，但可以少占农田五千多亩。而且工程结束后及时平整，有利于开荒造田。

取土区绝对不能设于森林用地、堤坝或水源保护区。在牧区严格要求采取宽浅型取土坑。因为深陡型取土坑不仅会造成冬天积雪后牛羊掉进去上不来而冻死，而且不

利于取土坑植被的恢复。

取土坑在路界内，可以用于公路养护用水集水池，服务区的垂钓塘等，在路界外的，尽量平整造田，种树；水网区的可开发为鱼塘或荷花池。

6. 公路临时用地的恢复利用

施工期临时用地尽量选择在公路征地范围内如立交区、服务区、收费站等。施工营地尽量租用已有房屋和场地。凡因公路施工破坏而裸露的土地（包括路界内、路界外）均应在施工结束后立即整治，恢复植被或造田还耕。

7. 严禁施工单位从农民手中零星购土

有些地方少数农民从个人利益出发，向施工单位出售农田土地，一则严重毁坏庄稼，毁坏耕地，毁坏沿线沟、渠、路，对农业生产和当地群众生活造成一定的影响；二则零星购土的土质差，含有较多腐植物、杂草和草根，并且天然含水量大，造成路基难以压实，甚至有些路段路基大面积"软弹"翻浆，给工程质量带来隐患。因此，应严禁施工单位从农民手中零星购土。

（二）原有生态系统连续性的原则

生态系统是指在一定时间和一定范围内，由生物成分和非生物成分（无生命的环境）组成的一个有一定大小，执行着一定功能，并能自我维持的功能整体。在这个功能整体中，生物成分与生物成分，生物成分与非生物成分之间，通过能量流动、物质循环和信息传递而相互沟通、相互依存、相互影响和制约。任何一种成分或过程的破坏和变化，都将影响系统的稳定和存在。因此，公路建设应尽可能保证原有生态系统的连续性，特别对一些自然保护区、湿地生态系统、野生动物保护区、水资源保护区采取相应的保护措施。

第一，公路中心线距省级以上自然保护区边缘不宜小于100米

第二，当公路侵入自然保护区时，应严格控制林木的砍伐数量，严禁砍伐公路用地之外不影响行车视线的林木。

第三，公路侵入湿地时，路线宜布设于湿地边缘或者采用高架桥、间续修桥等方案。施工废料应弃于湿地之外，避免造成生态环境的重大改变。

第四，在有国家保护的野生动物出现路段，应设置预告，禁止鸣笛等标志，并视需要结合立体工程设置兽道。

第五，路面径流不得直接排入饮用水体和养殖水体。

第六，当路基边缘距饮用水体小于100米，距养殖水体小于20米时，应采取绿化或者其他隔离防护措施。

第七，施工期间应注意保护自然水流形态，施工结束后必须清理河道中的工程废弃物。

（三）路域生态系统稳定性原则

路域生态系统是一种典型的人工生态系统。因此该系统的稳定主要受人为因素的影响。要保证路域生态系统的稳定，首先是路域生态系统与周边系统的融合。

1. 尽可能选用乡土物种

乡土树种，适应性强，存活率高。一味追求高档进口物种，既不经济，又不实用。据调查，进口的优良草种马尼拉不适用于高等公路边坡草皮绿化。而野生的狗牙根在沪宁公路边坡上生长尚好，经改良的狗牙根护坡效果更好。所以系统内的绿化要因地制宜，尽可能选用乡土树种。

2. 淡化界域概念

国内高等级公路为了明确公路用地，公路地界设有金属隔离栅，总令人有封闭的感觉，甚至给路域内动物以笼式效应。因此可以种植野蔷薇、黄刺梅等，结合攀援植物立体绿化掩蔽。同时在隔离栅内侧可尽量少种乔木，这些乔木将遮挡周边的田间风光，产生一种廊道效应。

3. 维护物种多样性

生物的多样性与系统的稳定性之间具有极密切的关系。因此，维护系统内的物种多样性，可以抵御各种自然灾害，特别是病虫灾害。所以建议公路路域内的绿化物种适当多样化，避免单一性。边坡区的野生草种可不剔除，适当修剪即可。同时也要保护路域内的动物群体。

（四）保护自然植被的原则

生态系统中自然植被不仅是能量的第一固定者，而且可以调节系统内的环境要素。因此，保护公路沿线的自然植被以求生态系统稳态发展。

1. 采取林地补偿措施

目前，我国对工程占用林地采取经济补偿方式，而欧洲德国的公路建设占用林地，必须在公路沿线合适的地方补偿同等数量的林地，以维护地区生态环境。为此，建议我国公路建设改变占用林地的补偿方式，由经济补偿转变为林地面积补偿。这对生态环境和公路景观均有益。

2. 加强施工管理减少植被破坏

植被是土壤及其水分的保护层，公路施工应加强管理，提倡文明施工，尽量减少公路占地以外的植被破坏。对于西北部干旱地区、黄土高原、荒漠草原等生态环境脆弱地区，施工期保护植被更有其积极意义。施工招标时应对施工单位的环境保护素质列为主要条件之一进行考虑。

二、美学设计原则

公路工程建设不仅应充分保护、利用自然景观，而且应通过设计扬长避短，补偿自然条件的不足，增加美的成分。

（一）减轻对景观环境的影响

1. 预防性地避免景观影响

合理选择线路走向，使公路路线最佳地适应风景。

第一，竖向和水平线应在诸如坡度和曲率半径等技术限制条件允许之内，并综合考虑少占地和投资问题条件下，尽量按照天然的地形起伏，减少高填深挖路段；

第二，改变公路的任何一侧的坡度以适应现场的"天然"地形；

第三，用桥和隧道方案来跨越起伏或陡峭地形，而不是用深挖和高填路基，以保护风景的视觉连续性，计算机图示可以帮助目测此类设计；

第四，选线应注意不造成公路两侧居民视觉、生理和心理的不快感受，如公路不沿人烟稠密的山谷或河流阶地行进；有视觉要求的地方降低路基高度，以不影响居民对看惯了的景物的观赏，不破坏自然或田园风光等；同时选线应注意自然景观的欣赏，如选择高塘或河谷山脊建路以居高临下欣赏广域的自然风光等；高速公路远离居民点、平坝区可大大减少景观影响和生态影响；

第五，选线避免切割连续的、和谐的自然景观。

2. 减轻景观影响

（1）沿线的美化和植物种植原则

第一，选择适宜于当地的植物。

第二，重新种植植物以适应或改善现有风景。

第三，尊重原有好的景观，不系统种植，只是填补空间。

第四，适应和突出各种建筑良好且有特色的工程建筑物。

第五，利用景观发生变化的信号来指示公路的变化以确保使用者的安全，如在弯道处采用不对称的树木或在进入弯道或村庄之前，减少林荫道树之间的距离。

（2）工程设计减轻对景观的影响

第一，通过选择适合当地颜色和特性的材料来注意工程结构的美学、结构形状简朴，不夸张公路设计，使公路建筑对自然景观的冲击减至最小。

第二，保养路边植物、坡度和建筑物，这些都可大大影响公路的可视外观。使保养工人参与规划和路边环境的管理，则可以得到改善。

（3）减少杂乱和丑的东西

第一，避免使用过多不同类别的噪声屏障、防眩板，防止造成凌乱感觉；

第二,避免在公路附近设置垃圾堆场,防止白色污染进入视野;

第三,避免在公路附近山体就近取石,防止破坏山体完整性,留下永久性"伤疤";

第四,管理沿路的广告,特别是在进入城市或城镇的入口处,如广告牌上的广告和沿街大楼铺面;防止不美观的画面的激增,从而保护公路使用者的安全。

(二)加强和展示公路景观美

1. 展示公路景观

通过合理的设计和建设,可以为公路使用者提供赏心悦目的经历。

将公路融合到周围环境中,充分利用地形地物、树木、花草等把公路构筑物对视觉的影响减至最小;即突出自然,隐瞒人工痕迹;在山川河流、湖泊水库、田园风光等自然风景特别好的地段,增设观景点,观景区,形成"旅游专线"、"风景路"等,提高自然景观的价值和增进公路的吸引力;开放有自然风景特色的一侧以利行车观景,用林荫遮挡景观不佳的一侧;通过绿化或其他措施,反映公路的类别、功能和特色;用绿篱代替隔离栅或以空心砖砌筑隔离墙,内外种植攀墙藤蔓植物,形成绿色走廊;美化立交桥区,形成风景小区;重视服务区的景观设计,形成特色与功能的统一;公路大型桥梁应美观,独具特色,还应与四周景色协调,相互增色。

2. 补偿受影响的景观

对景观造成的不利影响可通过重新植树以恢复那些在公路建设中清除掉树林的区域,修复风景中的问题区或"黑点",做到某种程度的补偿。如:挖填路段尽量采用植被措施进行护坡,使与周围环境协调;采取工程或生物措施消除公路建设留下的取土坑、采石场、弃渣堆等不良景观。

第二节 生态技术在公路工程建设中的应用

众所周知,公路在建设过程中,会遇到各种自然条件的影响和制约,特别像山区自然环境优美,但地形、地质、水文、气候条件复杂,如不尊重自然,造成对环境的破坏,不仅是影响当地群众的生产生活,对工程安全、营运环境将带来极大隐患。同时所有公路的营运环境是关系到司乘人员安全与舒适的大事,因此,对生态公路的建设提出了非常高的要求,一方面在做好公路改建的同时,另一方面要注重公路和自然环境的协调统一,不破坏自然环境的本身美,使得公路和生态紧密相连,有机统一。因此必须高度重视环境的保护与创建工作。要搞好该项工作,作为生态公路技术的环保设计、工程实施、环境创建与环境监控等环节要格外重视,实行层层把关,全面监控。在公路建设过程中,切实做到认真贯彻落实科学发展观,实现可持续发展,从"经济、实用"跃升为"以人为本,安全、环保"的设计新理念,尽量符合生态的特殊设计,使自然景观、人造景观和人文景观和谐统一,为打造精品公路增添丰富的内涵。

公路的一般功能是方便车走人行,传统的公路建设往往过分体现人类"劈山修路"、"征服自然"的壮举,大开挖往往造成了对自然的大破坏,从某种角度而言,是人类文明的一种倒退。公路建设是线性工程,规模大,建设中对自然的破坏、对人的干扰在所难免,那么,如何妥善处理建设与破坏、干扰的矛盾,实现公路与自然、社会的和谐发展,便成为新时代公路人不能回避的一项实实在在的文明创建课题。近年来,在科学发展观的引导下,坚持"尊重自然、以人为本"的理念进行公路建设,取得了良好的成效。建设生态景观路,实现路与自然的和谐,逐渐被社会各界所共识。公路建设离不开环境与资源的支撑,也对自然产生一定的负面影响。为了在建设与保护这对矛盾关系中较好地找到平衡点,在公路建设中追求向自然"借道而过"的礼貌行为,坚持最大限度地保护、最小程度地破坏、最强力度地恢复,努力使工程建设顺应自然,融入自然。在道路建设过程中,注意保护自然,既合理利用地形、充分利用老路,又因地制宜,采取有效措施保护自然景观,体现以追求自然、朴实为导向,通过"修复"性的生态绿化强化景观设计,改"制作"公路为"创作"公路,将自然加以造化又回归融入自然。

一、景观设计在公路工程的应用

公路景观是指导公路用地范围内公路本身形成的景观以及对用地范围内一定宽度的带状走廊里的自然景观和人文景观的保护、利用、开发、创造、设计与恢复,使公路建设和自然景观、人文景观浑然一体,相容协调,共同形成一个良好的公路景观环境。对此在做好公路建设景观设计工作中就要加强前期准备工作,按照公路选线和当地特点并结合风土人情,充分考虑自然、和谐、人本理念。做到景观设计应贯彻以防为主、以治为辅、综合治理的原则,因地制宜,针对不同路段的特点及与周边环境的关系,有针对性地提出景观设计、环境保护、水土保持和生态恢复的防治措施与设计方案;坚持"不破坏就是最大的保护"和"最小限度破坏和最大限度恢复"的基本原则。具体说来在实际设计中要遵循以下几个原则:

安全性原则:所有的生态公路设计都要把安全作为重要的因素来考虑,安全是公路景观设计的基础和前提,路域防护首先要满足道路交通安全性要求,使行车视线良好,并有诱导驾驶员安全行车的功能。

恢复性原则:在公路景观设计运用多种科技手段来恢复因为公路施工等原因造成破坏的生态环境。针对高等级公路建设过程中形成的大量边坡,过去传统的做法是种植种类单一的草皮来固土护坡、减少水土流失,可是人工种植的草皮看似整洁优美但却不符合自然规律的要求，经过一定时间后，要么是枯黄消失，要么是被当地的野生植物所吞噬，效果均不理想。在边坡植物防护技术较为领先的日本，已将植物防护的新技术即"生态恢复设计"技术作为主导，在公路边坡设计初期，设计人员对边坡的地质条件、气候、水文条件和周围植被情况等因素进行综合考虑和调查，在此基础上再模拟原有植被类型的绿化植物选择设计方案，目的就是使之与原有的生态系统相适应，做到与原有的植被尽可能的相融合。

保护性与自然性原则：保护设计是指公路路域内的生态因子和生态关系进行科学的研究分析，通过合理设计减少公路建设对自然的破坏，从而保护现有良好的生态系统。公路景观环境要素包罗万象，应重点体现对原有景观资源的保护、利用和开发，以及公路主体与原有自然及社会环境的相融，"不破坏就是最大的保护"，除非不得已，否则任何通过后天的人为绿化方式也无法与经过长时间的自然形成的结构功能稳定、物种景观多样的自然植被相媲美，所以在设计中应强调对原有植被的保护和利用，因征地需要，非移走不可的树木、植被可集中先移植保护起来，等到工程差不多时再移植到原先生长条件相似的地方，达到"事半功倍"的效果。从长远自然经济效益考虑，尽量避免破坏古树名木、文物古迹等自然原始的风景区，要想办法从设计和线形选择上考虑保护各种动植物和名胜古迹，合理的利用。在保护原有风景的同时，高等级公路的设计要符合自然发展的规律，自然设计与传统设计相对应，通过植物群落设计，从形式上表现自然，立足于将公路景观充分融入自然环境中，创造和谐、自然、美观的新景观。自然式设计的核心就是运用生态的原理和技术，借鉴地域植物群落的组成情况、结构特点和演绎规律，科学而艺术地再现地带性群落特征的公路路域生态景观，它是顺应自然规律发展、能够实现自我维持和更新调节的一个生态小系统，增强植物群落的稳定性和抗变性，实现人工低度管理和景观的可持续稳定发展。

融合与协调原则：公路是一个有机整体，公路是一个具有线性特征的工程，纵向跨度大。在景观设计时既要注意内部各组成部分之间的协调，使其有机地融合在一起，又要注意与地形、环境等外部因素相协调。沿途景点、附属设施以及绿化植物要有统一性和连续性，使公路在满足运输功能的基本前提下，其生态功能基本恢复和完善到原有景观环境水平。

服务社会原则：公路建设应有利于社会进步和发展，对社会环境有重大影响路段，应根据可持续发展原则进行方案论证，主旨是服务经济发展和方便人民群众出行需要。

尊重地区特性原则：景观设计中要与当地风土人情、历史文化相协调，展现出当地的文化内涵与韵味，体现乡土特色和气息，使设计切合当地的自然条件，反映当地的景观特征，特别是植被选择上要遵循"乡土树种为主"、"适地种树"的原则，否则绿化树种引入不当，会带来灾害性的后果，这一点在我国华东、华南作为饲料引进的水葫芦等大量蔓延，开始对本地的生物多样性造成了巨大威胁，已经到了难以控制的程度。因此说在公路路域生态树木的选用上更要考虑实际情况和生长环境，要符合周围生态条件。

经济性与动态性原则：贯彻生态景观学的思想，走可持续发展之路。在公路景观的塑造过程中，坚持动态性原则，既要达到景观效果，又要经济合理。

统一与变化原则：公路的景观设计要在统一的主题下表现出各自的特色和韵味，适当的风格、造型、色彩变化及线形起伏等，都会使人感受到沿途景观富有韵律感、多变性，达到消除疲劳的目的，在统一中变化，在变化中统一。

精心设计和严格实施是生态公路付诸的重要内容，没有这两条，生态公路只能是空说白说。设计部门在结合地方规划设计取弃土石方案时，应综合考虑地质、水文、挡护等情况，做到不造成水土流失，不诱发地质灾害。在实施过程中，建设单位应责成施工单位严格按照设计方案的要求取、弃土石。

概括来说，在公路设计中对景观生态的研究要注重实际，将应用与理论相结合，

正确分析和掌握第一手资料，搞清情况，结合经济发展现状，做到切实坚持以人为本，按照科学发展观的要求，既结合当前我们国家公路建设的实际情况，又兼顾目前社会经济发展的现状，对于适当改善公路生态体系建设会大有益处，从而在公路建设中能够做到从优从快。在公路设计中要做到"七至"理念，即安全至上、目标至高、环境至尊、设计至优、质量至严、景观至美、成本至廉。如果都能做到以上几个观点，相信我们的公路在设计过程中会按照良好的态势发展下去，对公路生态的保护会有利无害。

对于设计中的环境保护要贯彻以人为本、保护优先、治理为辅、再生结合的原则，在公路建设中必须超前考虑，将环保工作贯彻于设计之中，切实把好工程设计这一关键环节，重点是优化设计方案，把建设项目对沿线自然环境和社会环境的不利影响降到最低，对沿线房屋、电力设施、通讯设施、水利设施等的拆迁改建，要充分重视和听取公众合理意见，力求把影响降低到最低限度，以求长远协调发展，公路线位的选择尽可能调到离环境敏感点较远的位置，合理使用和规划公路用地，重视路基、路面的排水设计，桥梁位置和结构不宜明显改变河道流向，加强设计过程中的水文调查和分析，尽可能掌握详细的资料，设置适当的排水构造物，保护较好的生态环境。在考虑公路景观设计的同时，更要在公路设计特别是干线公路设计中环境保护与创建中重点抓好以下工作：

（一）自然环境的保护

路线的选择要综合考虑地形、地质与环保情况，合理利用地形既可减少工程量又减轻对环境的破坏，规避不良地质可避免地质灾害的发生，上述两个方面与环保紧密相关。湖北在沪蓉西高速公路设计中提出了"地形选线"、"地质选线"与"环保选线"

的设计原则,三者互为条件、有机结合,有利于减少路基填挖,规避地质灾害,保护自然环境,创建优美的公路营运环境。

路基设计应视地形、地质情况合理选取断面型式,避免大填大挖。在山坡陡峭的坡面尽可能采用半路半桥或路基分幅型式,减少路基土石方的挖填;路基的石方开凿应进行科学爆破,尽量减少对岩体的扰动;路基深挖地段应根据路基边坡的稳定情况采取不同的防护形式,对于顺层、滑坡等不良地质地段应对边坡稳定性进行定性与定理的分析,确定边坡的防护形式,应把工程防护和生物防护结合起来,并尽可能减少工程防护;路堑的边坡建议不低于相同的坡度,应根据具体的情况作适当的调整,对于开挖边坡地段为荒山荒地时,应尽可能降低边坡坡度,有利于进行生物防护,减少或取消工程防护,既可减少工程造价又可最大限度的恢复原始地貌。

隧道洞口设置要遵循"早进晚出"的原则,尽可能与自然保持一致,减少对山体的切割;隧道选线应充分考虑水文地质情况,通过钻探、物探等多种形式超前探明地下水联通及流通情况,对影响环保、人畜用水的隧道,宜贯彻"以堵为主、限量排水"的原则对隧道内涌水进行治理,确保隧道开挖不影响当地群众生产生活,不影响山体的稳定,不影响工程的安全。

桥梁要视地质情况选取合理桥型和基础以及施工工艺,避免地质灾害的发生,当桥基位于山体完整性、稳定性差的斜坡上时,应对斜坡的稳定性进行分析研究。如桥基位于顺层坡面时,应选择对坡面扰动小的桥基型式,桥基的开挖或钻孔应选用对坡面振动小的施工工艺。

(二)生态环境的创建

生态环境的创建:山区公路特别是高等级公路所能利用的地形往往是当地群众赖以生存的宝地,在设计中,一是尽可能减少占用耕地,要对修建路基与架设桥梁两个方案进行比较,如建桥对工程量增加不大时尽可能采用建桥方案,少占耕地;二是要充分利用隧道、路基的废方为群众造地,要结合当地的规划,对弃渣场的位置、规模、地形、地质、排水、挡护、绿化及复耕等方面进行全面科学合理地设计,做到变废为宝,变害为利。

二、生态管理制度在公路工程的应用

搞好环境保护与创建的关键在于设计,抓实施是搞好该项工作的重点。在以往的公路建设中,对环境保护工作强调多,具体抓得不细,责任不明确,约束机制不力,没有环保专职管理,基本上是兼职管理,更谈不上对生态公路技术的研究和掌握,公路施工中只管建设,不顾环保。现行的公路建设就是要在现有的体制下,建立一套适合我国国情的公路建设生态指标硬性要求,从制度上予以保证和完善,注重对生态管理机构的约束和建立，重点是建立生态管理制度体系，把生态公路的制度和公路建设纳入到一起实施，在审查公路设计的同时，也要审查公路生态工程的设计方案，认可后方能进行下一步的工作。着力从机制上、制度上、机构上给予保证和约束，形成强有力的管理措施。不符合生态公路工程技术指标要求的一律不得开工，只有待各项准备工作妥当，通过专家验收认可后再开工。在以后的公路建设中应从完善管理机构和管理措施入手，重点抓好以下几方面的工作：

（一）加强合同管理，强化环境保护与创建责任

施工单位主要是以创造利润为目的，环境保护与创建意识一般较淡薄，业主必须在承包合同条款中明确环保的具体内容与有关的责任，形成约束机制。

（二）制定环境保护与创建行动计划

在工程尚未动工之前，按照设计要求制定明确的实施计划，以此指导工程施工。如在不稳定山体上爆破石方时，应明确爆破方式及相关的规定要求，实行科学爆破，避免扰动山体；在路基清除表土时，应要求施工单位对地表沃土集中存放，用于取土、弃土场复耕。

（三）成立环保管理专班

业主、承包商及监理单位应安排足够数量的环保管理人员，成立环保专班，建立管理制度及管理措施，明确职责和义务，对环保工作进行动态的管理。

（四）加强环保工作检查

要适时的开展环保工作检查，及时予以纠正环保工作中存在的问题，不能以环保验收代替管理，避免造成难以弥补甚至无法弥补的缺陷。如在弃土不及时处理防排水问题，以致无法恢复水土流失后造成其他土地沙化。有些施工单位在路基及取土场清表时，对地表层土随意弃放，以致在取弃土场复耕时难于找到适合耕种的表层土。

（五）尽快实施环保监理

要切实搞好环保工作，必须进行严格的环保监理。但目前公路环境保护监理工作刚刚起步，管理体制、办法不健全，须尽快形成环保监理机制，形成完整的环保监理规范，对工程环保工作实施规范性管理。

在保护自然生态环境的同时，要以人为本创建环境，优美与安全的营运环境可由公路建设单位要求设计部门完成，而生态环境的创建则需要地方政府、设计单位与施工单位及相关部门的密切配合，存在着较多的组织、协调、管理工作。

要树立把握公路建设契机创建生态环境的意识。在以往的公路建设中，建设单位只是从环保出发对公路取、弃土石方案提出原则性的要求，基本上由施工单位从有利于自身利益出发确定取弃土石方案，对利用废弃的土石方创建新的生态环境考虑较少。

而地方政府对此基本上不予关心。但实际上公路建设大量土石方的取、弃在对自然环境造成影响时也对创建环境带来了很好的机会，可取土蓄水、弃土造地，是变废为宝、变害为利、造福子孙后代的大事，应当引起有关方面的高度重视。

科学规划，共商创建。公路建设单位应与当地政府及相关部门沟通有关创建情况，地方政府应组织有关部门积极与公路建设单位配合，共同商定取、弃土石的方案。对在创建生态环境时可能增加的工程费用，地方政府应从长计议，组织必要的人力、财力抓住公路建设的契机创建生态环境。

三、生态监控与环评在公路工程的应用

山区较之平原、丘陵地区的公路又有着许多不同的特点，公路建成后，工程安全与运营安全及环境污染上可能存在着某些不稳定的因素，因此必须通过现代信息技术加强监控，完善监控系统设计，及时掌握有关的情况，以便对不利情况进行处理：

（一）环境污染监控

除对沿线收费站、停车区、服务区及隧道内污水和噪声污染进行监控外，更重要的是要对隧道内受污染的空气进行监控，汽车排放的 co 是一种无色、无味而人体感觉器官又不能分辨的毒性较强的气体，对隧道内该气体超过人体的承受能力时应实行自动报警控制。

（二）营运安全监控

山区公路营运安全受多方面的影响，必须对有关方面监控，应对雾区的分布、路段的冰冻情况、隧道内火灾等情况及时提供信息，让驾驶员预知前进方向的道路状况，以便提前采取相应的处理措施。

（三）工程安全监控

山区公路高、陡边坡较为多，顺层、泥石流、滑坡等地质病害较普遍，应对影响路基稳定和危及桥梁、隧道安全的隐患建立信息化管理，掌握工程安全动态，以便及时采取有关保护措施，避免重大事故的发生。

公路与环境是有机的结合体，公路建设离不开环境的影响，因此应将公路建设与环境影响评价有机结合起来，尽量做到"三个同时"，那就是在项目前期施工阶段，坚持公路建设项目与环境影响评价同时立项、同时建设、同时运营的制度。在工可研究阶段委托有相应资质的环评机构对项目沿线的弃土、弃渣、噪音、尾气、灰尘、生态恢复等进行综合评价，预可、工可、施工图设计等方案的审查论证都邀请并认真听取部门专家的意见，并把节约耕地和有利于环保作为方案评比的重要指标，在项目招标文件中明确约定中标单位的施工行为必须符合环保要求，否则将采取相应措施，项

目开工前，可以聘请有关环保专家讲解环保要求和注意事项，特别是在项目实施过程中要经常加强环保检查和巡查，一旦发现问题要及时处理和整改，项目完成后，组织有关人员进行验收，达不到要求的一律不准参加交工和竣工验收，从制度上进行严格约束。

四、公路边坡的生态防护应用

考虑公路施工对周边环境的影响很大，特别是如果处置不当，很可能因为施工本身的原因造成对公路沿线本身地质的破坏，比如边坡不稳定导致沿线自然环境的破坏，如塌方、滑坡、泥石流等诸多破坏因素对公路造成的损害，由于公路施工中难免会有大量的填如塌方、挖方，甚至桥梁、隧道、新改线路段的存在，必然会在一定程度上给原来的生态环境造成破坏，当然破坏的程度会有所不同，如何有效地把生态破坏以后的路段适当恢复，或者加大对公路本身的抗灾害程度，通过一些手段的运用，来达到对公路沿线环境的最大保护和恢复，本身也就是对公路生态保护的最好应用，主要来说在技术上目前分为生态防护和工程防护两种，生态防护是对自然环境的拓展，而工程防护是对生态防护的最大保护，并通过一定的技术处理，让工程防护和生态防护相互运用，相互作用，相互结合，两者相辅相成，相互补充。

（一）公路边坡的生态防护

边坡生态防护即边坡植被，主要是靠植物根茎与土壤间的附着力以及根茎间的互相缠绕来达到加固边坡、提高坡表抗冲刷的能力，保护路基边坡免受大气降水与地表径流的冲刷。公路边坡生态恢复技术目前较为成熟，概括起来有以下几类措施：人工植被、植生带、液压喷播、厚层喷播、锚固三维网复合植被、框格工程、挖沟钻孔工程、有机基材喷播。生态防护不仅可以涵养水源，减少水土流失，而且还可以净化空气，保护生态，美化环境，保证行车安全，具有良好的经济效益、社会效益和生态效益，在我国越来越重视环境保护和人们生存质量的今天，生态防护已成了公路边坡防护的一种趋势，代表着边坡防护的发展方向。因此，对公路边坡用植物的选择进行探讨是必要的，它必将促进我国公路边坡生态防护事业进一步的发展，具有重要的现实意义。

采用植物防护，增加植被面积，减少地表径流，可从根本上减少路基的水土流失。植物覆盖对于地表径流和水土冲刷有极大的减缓作用。枝叶繁茂的树冠能够截留一部分降水量，庞大的根系能直接吸收一部分水分，还可稳定地表土层。而没有植被覆盖的地方，降水量全部落在地表面，形成径流，造成水土侵蚀和冲刷。植被的根系能与土层密切地结合，根系与根系的盘根错节，使地表层土壤形成不同深度的、牢固的稳定层，从而有效地稳定土层，固定沟坡，阻挡冲刷和塌陷，起到很好的防护作用。

在我国温暖多雨的南方地区，植物防护已较多地用于土质上下边坡的防护中，既保护了边坡，又美化了环境。在北方地区，植物防护措施还仅限于下边坡的防护，上边坡经常干旱缺水，不易养护，而且坡度较陡不利于植物生长。在西北黄土地区，黄土路堑边坡往往陡于1：0.75，边坡较高时才放缓到1：1。在河北，土质边坡坡度一般采用1：1，靠边坡自然降水维持植物生长往往比较困难，因坡面较陡，水分难以保持，植被成活率较低。

近年来有不少绿化专家试图在北方较陡的上边坡搞公路的绿化防护，像辽宁的抚顺市就对东部山区公路的植物生态防护技术进行了课题研究，取得了较好效果，他们主要是以公路边坡坡面防护为切入点，针对不同的地域特点，利用植被涵水固土的原理稳定岩土边坡同时美化生态环境，根据不同土壤性质分别栽种火炬树、青杨等不同树种，采取既经济又适用和环保的生态植物坡面防护措施，以提高公路的整体减灾、抗灾能力，同时改善公路绿化效果。与传统土木硬防护相比，植物防护虽然材料及其强度不同，但在防护功能上却一点也不逊色，对于降低公路的养护成本、降低公路养护的资金压力亦有着重要意义，同时对于在全国范围进行推广也有广阔前景。另外有的采用三维土工网等措施，但没有在公路上大面积推广。因此，上边坡植物防护问题仍需进一步研究，给北方地区光秃秃的上边坡披上绿装。实践证明，对于路基冲刷和崩塌等病害，利用植物防护，通过选取不同的绿化树种，方案设计、特别地区路段的处理和栽植技术研究的应用，会对以上公路的边坡防护起到积极有益的保护作用。

植物防护包括在边坡上种草、植草皮、植树等。在河北，由于一般地区供挖取使用的草皮缺乏，所以，种草、植树更便利一些。种草一般选取多年生、耐寒、耐旱、根系发达的草种，植树优选容易成活的树种（包括灌木）。黑麦、小冠花均是耐寒、耐旱植物，黑麦、小冠花联合种植技术在北方较寒冷、干旱的一些地区获得了成功，较适用于北方地区的气候条件。黑麦生长快，当年就能长成，但其扎根较浅，适宜短期防护；小冠花生长慢，一年以后才能长成，但扎根较深，尤其耐旱，并且其蔓延繁殖能力强，适合于路基边坡的长期防护，二者结合起来就能达到短期防护与长期防护相结合的目的。

公路沿线植树我们习惯上称之为行道树，一般是指沿公路两侧带状用地范围内所栽植的乔灌木等植物的总称，是公路绿化系统的重要组成部分，具有促进交通安全、维护路基稳定、保护路域环境、改善公路景观等作用。应该说我国沿道路两侧栽种植物的历史十分悠久，近年来交通行业的发展特别是生态公路理念的提出对公路两侧绿化也提出了新的更高的要求，其重视程度也是逐年提高，科学发展及与环境和谐统一发展的新思路新理念也是深入人心，仅公路绿化而言行道树的选择也是十分重要，并得到充分的利用和体现。近年来河北省在多条公路边坡上栽种紫穗槐，已经取得了许多宝贵的经验，比如京石高速公路、石黄高速公路等，都采用了这种防护措施，并取得了成功，既防护了边坡，又美化绿化了公路。行道树的功能主要有以下几个方面，向驾驶员及时预告公路线形的变化、增进行车安全，同时也具有防眩、防撞、缓冲事故车辆的效果，还有稳定路基，防止水土流失，丰富公路景观，改善行车环境，一定程度上消除司乘人员的视觉和旅途疲劳，吸收日光辐射，减少路面光的反射，使路面温度下降，延长公路的使用寿命，此外还可以种植一些经济作物，从而产生一定的经济收入等等。然而在沿线种植植物的同时，传统的公路行道树也存在一些共性问题，主要有树种单调，千路一树，没有地域特色，能反映地方优良树种得不到很好地应用，栽种的形式也非常单一，有的栽种不考虑当地的气候和土质条件，所栽种的树木难以成活，甚至部分不规范的栽种当树木长大的时候，大的枝干侵占路面或者挡住标志牌，十字路口因为树木过多导致视线不良等情况时有发生，带来了一定的交通安全隐患。此外有的公路两侧栽种树木没有系统考虑公路所处的环境，为了增加绿化的视觉效果，大量征用土地，将公路和周边的环境分隔开来，既浪费了大量的可用土地，也使整个公路景观协调性差，公路内的过往车辆人员很难有效看到沿线美丽的风光和风土人情，一定程度上降低了公路的使用舒适度，如何解决此类问题，使得公路沿线的绿化也能遵循科学发展的理念，使道路真正意义上成为美丽的风景线，单就公路绿化而言现在也形成了一定的发展理念值得我们注意。综合来说目前有以下四种理念，一是以人为本的理念，那就是行道树的栽植不能仅考虑路的主体因素，而是充分体现人的因素，主要是为公路沿线的居民和过往的司乘人员提供良好的公路绿化环境；二是尊重自然的理念，按照自然发展的规律办事，体现在公路植物的选择上充分考虑公路原有沿线的物种，这一点后面还将强调，将体现地方特色和乡土、适合当地生长的好的植物作为行道树的第一选择，比如在西北干旱的地区、南方水网地区、北方平原地区、热带地区、山区和丘陵地区的树木选择和种植的方式和方法都有所区别；三是最大化保护理念，不破坏就是最大的保护同样也适用于行道树的发展理念，那就是在公路建设过程中也充分保护原有的公路沿线植物，最大限度的利用原有植物，使其成为公路行道树的有机组成部分，达到事半功倍的效果；四是和谐统一的理念，在选择能够体现地方特色的行道树的基础上，科学合理的设计行道树的栽种方式成为决定一条公路绿化风格的重要环节。与传统的公路两侧栽种植物行道树不同的是新的绿化理念更多的强调公路绿化与公路线形和公路周边环境的和谐统一，在平原区可引入"景观走廊"的手法，隔一定距离可以取消行道树栽植，提供一定区域的观景区；在以自然景观为主的微丘和重丘区，可以结合用地情况和周围自然植物的分布生长情况，采用仿自然生长的效果方式进行种植，在树种的选择和搭配上都以自然植物群落为目标，从而形成和谐统一的公路行道树绿化带，并完全的融入到自然环境之中。

公路植物防护简单的理解也可认为是一种公路绿化工程或者说是一个生态绿化系统，是交通环境的重要组成部分，当前我们国家公路建设中公路绿化往往是以种植乔木、灌木、藤本、花卉等植物为主要手段，其树种的选用非常重要，一般来说是根据公路的地理位置及植物的生态性、公路的功能要求、针对性、长远性、经济性的原则进行选择。就植物本身而言，它们在公路绿化中体现的效果也会不同，因此选用时要"适地而树、适树而树"，所选树种在树形、色彩、线条、质地等方面要有一定差异，也要有一定的配合和联系，在统一中变化，在变化中统一，从而通过多样性、相似性，产生出自然协调、鲜明突出的感受。了解了树种的特点后，我们就要结合有关公路的实际情况合理的选取树种，大致说来是要结合公路的地理位置及植物生态特性、公路的使用功能、公路的特点和经济性方面来选择树种。其选择应充分考虑到因地制宜、适地植树和自然生长环境特点以及长远规则等因素。种一片成一片，能够适应沿线环境并能很好的融入到原有的生态体系中去，便于管理和养护，使之适应自然的成长。

公路边坡植物选择的依据，主要是气候条件和土壤条件。光照、气温、湿度、降水、风等气候条件都影响着边坡植物的生长发育，但是在选择边坡植物时主要应考虑的气候因素是气温和降水。最高气温和最低气温决定着植物能否正常生长发育，能否顺利越夏、越冬等；降雨（雪）的时期及雨量也是决定采用植物种类的重要依据。

目前我国公路边坡坡度一般都较大。由于边坡坡度较大，降水落于坡表后，极易由于重力的作用，沿坡面往下流失，造成坡体土壤缺水干旱，直接影响植物的正常生长发育，甚至导致植物的死亡，这一点在北方干旱地区的边坡上表现得尤为突出。

土壤成分、肥力、土壤结构、酸碱性、盐碱性、土壤厚度等土壤因素与植物的生长发育密切相关，从而决定着边坡植物能否良好地生长。其中，在选择植物时比较重要的因素是土壤肥力状况、土壤结构和土壤PH值等。

公路在施工过程中，因开挖使地表植被完全遭到破坏，原有表土与植被之间的平衡关系失调，表土抗蚀能力减弱，在雨滴、重力和风蚀作用下水土极易流失，植物种子定植困难；公路边坡土壤一般为没有熟化的生土，养分含量一般很低。同时由于坡度大，土壤渗透性差等原因，边坡土壤对降水截流较小，造成水土和养分流失，使坡面土壤变得贫瘠，立地条件差，不利于植物生长；另外，公路边坡土壤有机质含量一般很少，结构不良，经过一定时期的沉降作用后，容重增加，孔隙度降低，不利于土壤中水分和空气的有效运移以及肥料的协调转移，从而对草坪植物正常生长产生不利影响。

公路边坡植被的主要目的是固土护坡，防止公路边坡水毁，稳定公路路基，以及美化公路沿线景观环境。因此，要求边坡植物根系深，能快速覆盖地表。

（二）公路边坡的工程防护

公路边坡对公路路基的稳定性非常重要，一旦遇到边坡破坏，对公路的损害和影响是非常之大，甚至导致公路交通中断，影响行车安全，从目前有关情况看，公路边坡破坏的主要形式与机理有以下几种。

1. 公路下边坡

路基下边坡一般为填土路堤。受力稳定的路堤边坡的破坏，主要表现为边坡坡面及坡脚的冲刷。坡面冲刷主要来自大气降水对边坡的直接冲刷和坡面径流的冲刷，使路基边坡沿坡面流水方向形成冲沟，冲沟不断发展导致路基发生破坏；沿河路堤及修筑在河滩上、滞洪区内的路堤，还要受到洪水的威胁，这种威胁表现为冲毁路堤坡脚导致边坡破坏。

边坡破坏还与路基填料的性质、路基边坡高度、路基压实度有关系。一般来说，砂性土边坡较黏性土边坡易于遭受冲刷而破坏，较高的路基边坡较较低的路基边坡更容易遭受坡面流水冲刷，压实度较好的边坡，比压实度较低的边坡耐冲刷。

2. 公路上边坡

上边坡是人工开挖的斜坡，其强度应满足稳定边坡的要求，这样的稳定边坡在降雨、融雪、冻胀及其他形式的风化等作用下，容易发生病害，其主要破坏形式为冲刷、崩坍等。

冲刷破坏一般发生于较缓的土质边坡，如砂性土边坡、亚黏土边坡、黄土边坡等，在大气降水的作用下，沿坡面径流方向形成许多小冲沟，如不采取任何防护措施，有逐年扩大的趋势；在边坡坡脚，冬季往往发生积雪，造成坡脚湿软，强度降低，上部土体失去支撑，发生破坏；同时，高速行驶的汽车溅起的雨雪水，也冲刷坡脚。总之，土质边坡的坡脚部位，是边坡的最薄弱环节。

边坡的崩坍，一般分为三类：落石型、滑坡型、流动型，有时在一次崩坍中会同时具有这三种形式。

落石型崩坍一般指较陡的岩石边坡，易产生落石的岩层必然是节理、层理或断层影响下裂隙发育，被大小不一的裂面分割成软弱的断块，这些裂面宽而平滑，有方向性。落石和岩石滑动易沿陡峭的裂面发生。裂隙张开的程度用肉眼不一定就能识别，但能渗水，由于反复冻融，长时间的微小移动，裂缝逐渐扩大，由于降雨，裂缝中充满水，产生侧向静水压力作用，造成崩坍。一般裂隙发育岩体，更易发生落石现象，此外硬岩下卧软弱层时，也会发生这种现象。此类破坏型式必须严格控制，崩坍滚落的岩石极易对行车构成威胁。

滑坡型崩坍，指岩层在外力作用下剪断，沿层间软岩发生顺层滑动，多发生于倾向于路基、层间有软弱夹层的岩体中。另外，当基岩上伏岩屑层、岩堆等松散的堆积物时，堆积物也易沿岩层的层理面、节理面或断层面发生崩坍。

流动型崩坍多因大雨的原因，砂、岩屑、页岩风化土等松散沉积土，多会受水的影响而产生崩坍，流动型崩坍没有明显的剪切滑动面。

很显然，边坡高度大时，以上边坡破坏的类型都较低边坡容易发生。

由上面的分析可知在边坡的防护设计中，既要做好坡面防护设计、排水防水设计、控制好水的问题，又要根据地质条件、岩体性质、岩层产状、边坡高度做好边坡坡面设计。

目前公路边坡主要有以下几种工程防护措施：

（1）框格防护

框格防护是用混凝土、浆砌块（片）石等材料，在边坡上形成骨架，能有效地防止路基边坡在坡面水冲刷下形成冲沟，同时，提高了边坡表面地表糙度系数，减缓了水流速度。一般冲刷仅限于框格内局部范围，采用框格防护与种草防护结合起来的方法，提高了防护效果，同时美化了环境。

框格防护多用于路基下边坡，是一种辅助性的防护措施，除具有对路基边坡的一定防护作用外，还有对路容的美化效果，尤其在互通立交范围内边坡应用最多，近年来人们越来越重视公路对环境的影响，重视路容美化，因此往往采用这种防护形式。

框格形状可根据人们的想象及人们对美的追求，做出各式各样的造型，如斜45度大框格，六角形混凝土预制块防护，浆砌片石拱形防护，浆砌片石或预制块做成的麦穗型等。框格防护措施同时可用于土质上边坡防护，既增加美的效果，并可防止边坡出现冲刷，但由于框格需在上边坡中嵌槽镶进，施工难度大，仅在重要景点使用，一般较少采用。

沪宁高速公路部分路段和贵阳至黄果树高速公路下边坡均采用了浆砌片石拱形防护，北京八达岭高速公路下边坡部分路段采用大45度框格内镶六角形混凝土预制块的小框格，河北省石黄高速公路部分路段的麦穗型，都给人以美的享受。

（2）护坡

在稳定的边坡上铺砌（浆砌或干砌）片石、块石或混凝土预制块等材料以防止地表径流或坡面水流对边坡的冲刷称之为护坡。铺砌方式一般采用浆砌，冲刷轻微时，可采用干砌。

位于河滩或滞洪区内的路基，往往处于洪水的直接威胁之下，因此必须采用护坡防护措施，防护高度应至少在路基设计洪水位加浪高、奎水高及0.5米安全值以上。另外当路基沿溪，路基边坡侵占河道时，也要采取护坡防护措施。

在软土地基上的路堤护坡，无水流冲刷影响时，可采用干砌片石护坡，以适应地基沉降引起的路堤边坡变形。

（3）封面

封面包括抹面、捶面、喷浆、喷射混凝土等防护形式。

①抹面防护与捶面防护

抹面防护、捶面防护由于其使用年限较短，各等级公路上使用较少，尤其在高速公路的边坡上尚未采用过这样防护措施。不过当路基较低时采用抹面防护合理掺加草籽，既能起到建设初期的防护作用，又能起到运营期的防护与绿化作用，在今后的建设中可做尝试。

②喷浆防护与喷射混凝土防护

喷浆防护和喷射混凝土防护适用于边坡易风化、裂隙和节理发育、坡面不平整的岩石边坡，其主要作用是封闭边坡岩石裂隙，阻止大气降水及坡面流水侵入，从而阻止裂隙中侧向水压和冰裂，防止边坡岩石继续风化，保护边坡不发生落石崩坍。

在公路上广泛采用的封面防护措施是喷射混凝土，该防护要求在混凝土内设置菱形金属网或高强度聚合物土工格栅，并通过锚杆或锚固墩固定于边坡上，这主要是为防止混凝土硬化收缩产生裂缝或剥落。在河北石太高速公路及山西太旧高速公路上处理裂隙发育岩石边坡，效果很好，尤其是河北用于处理蚀变安山岩边坡，非常成功，处理后落石崩坍不再发生。但在某段坡体采用喷射混凝土防护，亦产生了剥落现象。该岩体为全风化石灰岩，新喷射混凝土与之结合不好，接触不均匀，局部强度很低，加之喷射混凝土未加设金属网或土工格栅，整体性不好，从而在内部与外界双重因素作用下，产生局部剥落。

由此，在施工喷射混凝土防护前，坡面不应有风化碎渣、风化土层，全风化岩石不宜采用喷射混凝土防护措施，为防止喷射混凝土硬化收缩产生裂缝或剥落，加设防裂金属网或高强聚合物土工格栅是必要的。当岩体具有沿倾向路面的岩层顺层滑动的潜在危险时还应采取加抗剪锚杆的锚固措施。

（4）做好公路的排水和防护设计

近年来，公路排水问题已成为公路建设中环保要求的主要制约因素，通常会因水的原因造成公路两边的破坏，进而影响到公路沿线的环境变化，作为公路的重要附属设施排水系统非常重要，其类型的选择应从安全、视觉效果及周围环境协调角度综合考虑，重点为做好路基排水、路面排水及中央分隔带排水，同时兼顾边坡防护工程的应用，使得公路的排水系统和排水工程防护有机地结合统一起来，防护工程的应用，确保了路基的稳定，减少了水土流失，直接起到了保护环境的效果，同时通过适当的绿化处理，改善了排水系统的环境状况。

总之，搞好公路建设，确保公路边坡稳定、安全、搞好环境保护是非常重要的，如何才能做到以上要求，这就要求我们在平时的公路边坡治理中要深入了解公路边坡破坏的型式与机理，并结合不同情况按照相关要求，加强分析和梳理，找准针对不同工程对象的土质、水文、气候等特点，灵活采用不同的防护形式，加强设计理念的更新和适应，加强施工建设管理，建安全之路、生态之路、优美之路。

五、公路"安全示范保障工程"的应用

坚持以人为本，树立全面、协调、可持续的发展观，对新时期公路交通工作提出了更高、更新的要求。公路行车安全与否事关人民群众的生命财产安全，事关人民群众安居乐业。加强和完善公路防护设施，保障人民群众生命财产安全，是实现好、维护好、发展好最广大人民群众的根本利益的实际行动。

交通部决定在全国组织实施以"消除隐患、珍视生命"为主题的公路安全保障工程。计划用3年时间完成全国国省干线公路上的急弯、陡坡、视距不良、路侧险要等路段的综合整治工作，最大程度地减少公路交通事故伤害，降低事故死亡率，为人民群众的生命财产安全提供保障。

针对不同的路线特点，考虑交通事故类型，因地制宜地确定技术方案是安保工程的关键环节，只有提升设计思想与理念，才能将安保工程做得实用、具有特色。

安保工程的设计思想与理念是："安全、经济、环保、有效"。

这个理念体现着"经济上可能、技术上可行、方案上有效"的思想，即必须从实际出发，注重环境保护，因地制宜，采用合理的技术措施，达到"主动引导、突出重点、适度防护"的目的。

安全是一个复杂的问题，交通事故是由人、车、路、环境等多方面因素不协调而产生的。安全保障的工作应在没有发生事故前进行主动的安全引导；在发生事故后进行被动的安全防护，最大限度地保证道路使用者的生命与财产安全。

主动安全引导。通过（禁止、警告、指示）标志、标线、线形诱导标、轮廓标、主动降速设施的合理运用，提前将相关道路交通信息告知道路使用者，使其安全通过危险路段。部分地段可采用提高道路表面的摩擦系数、弯道处适当设置超高等方法提高道路的安全性。公路安全保障工程是在不同地理、地质和气候条件下，针对不同道路安全隐患实施的，具有较大的差异性，因而深入调查研究、注重工程质量是关键要素。

确定技术方案时，应在全面分析交通安全隐患的基础上，合理确定技术方案，注重环境保护和综合处治措施，充分考虑部分地区生态环境的脆弱性。重视现场调研和科学分析，采用主动与被动安全措施相结合的综合性方法，达到"安全、经济、环保、有效"的目的。由于安保工程实施的内容非常广泛，其采取的相应措施也很多，集中起来主要有：交通标志、交通标线、视线诱导设施、减速设施、安全护栏、其他综合措施等。

六、公路地质防治工程的应用

自然界内外动力的地质作用所产生的环境地质灾害，如地震、崩塌、滑坡、泥石流等，虽然是自然原因引起的，但它们与公路工程活动是相互联系、相互影响、相互制约的，而且直接影响公路的运营环境。从形式来看地质原因造成对公路的损害主要有一是自然灾害，比如因为泥石流和水毁期间的影响导致路基不稳定而造成的公路路基被冲毁、路基上下塌方等都是因为自然原因产生的公路灾害，这一类的灾害就本身而言，其公路沿线的边坡和护坡本身结构就很脆弱，一旦遇到其他外因的影响，地质结构会发生相应变化，加上内部的自然力作用，于是就会发生一系列公路灾害，影响公路的通行，这一点在山区公路特别是有地质灾害隐患路段极为常见。对此可以通过实施地质灾害防治工程对公路沿线环境进行有效治理，并采取相应的处理措施，交通部已经在着手建立干线公路地质灾害防治相关方面的工作和方案，目前正处于探索和试验阶段，从目前所实施的路段情况看，其理论应用大都来源于生态技术和相应的观点，并且获得较为明显的成效，通过实施相应的防治后，路段的环境得到了很大改观，路段的抗灾害能力大大提高，这也充分说明了生态技术和理论在公路灾害防治中的应用有着重要的地位和作用，也对今后这样的路段提供了很多技术经验和借鉴。二是人为灾害，人为的灾害显然是人的原因造成的，是因为在公路建设项目中，没有采用正确的方法和措施，破坏了主要是公路建设过程中产生的地质变化，比如对地块的结构进行开挖，像公路的纵断面和横断面开挖，公路的降坡，路线的改线，软土路基的填筑等，因为这方面施工的原因导致地质结构发生相应的变化，破坏了原有的地质结构，在某些作用力的影响下，导致地质灾害的发生，影响了公路的沿线环境，甚至可以产生生态性的破坏。对于这一类的灾害，要求建设单位和设计单位在进行工程可行性研究前后对公路线形的选择要高度重视，同时对公路沿线的地质情况要进行深入了解走访，掌握第一手资料，便于为下步设计做好充分准备，在设计中尽量不破坏原有的地质结构体系。从而在以后的工程施工中尽可能做到最小限度地破坏原有环境。当然对实在不能避免的公路沿线的地质灾害路段，那就要求施工单位和建设单位在公路建设的同时充分考虑到地质灾害可能产生的后果，提前准备并采取相应处治措施，保证不因地质原因而发生公路灾害，同时在后期施工中加强对公路生态的恢复。

七、公路交通噪声的治理

公路噪声的来源很多，有施工过程中机械工作的声音，也有车辆运行时发出的声音，同时也有车辆轮胎与公路路面接触摩擦所产生的声音等等。此类声音的产生对周边群众和行人及过往车辆都有很大影响。因此在公路建设设计时可以考虑采用声屏障、加强路面的平整度、改善车辆性能等一系列措施减少各类噪声产生的途径和分散声音传播路径。尽量减少这种声音源的产生，通过各种措施减小因公路建设运营后带来的噪声污染，影响到沿线和周边群众的生活，这也是生态公路建设的要求所在，同时也是路域生态公路恢复研究的重要课题之一，不能简单的把公路生态研究作为生态景观学的延伸和发展，因为还要考虑到美学、生物学、设计和环境保护的方方面面。对此就公路噪声的防治也显得十分重要。在施工期间对居民点较多的地点应合理安排施工场地、时间和运料通道，降低声音的影响，加强对路面的质量把关和控制，选用较好的路面材料减少公路施工和今后运营期产生的噪声，对于公路附近的居民处根据路线情况修建声屏障，其高度和长度根据影响居民区的范围而定。根据公路沿线的风貌和自然环境，还要结合当地的风土人情，所以就选择材料和形式而言，也要充分考虑生态环境的因素，借助声学的原理，科学合理的设计声屏障的建立和设置的问题。总的来说就是要通过一系列的技术处理和相应的声音减噪措施，来进一步美化和改善公路沿线的人居环境，为人们提供文明、健康、有序的生活作息环境，同时这也是符合建立生态文明和构建和谐社会的要求。

第三节 公路工程环境保护问题

一、公路工程施工阶段的环境保护

随着我国改革开放的不断深化和国民经济的持续发展，公路建设日新月异，不仅显著改善了道路交通条件，也促进了人们的物质需求、文化交流、信息反馈和生产的发展。与此同时，公路建设对环境的影响不可忽视，其可造成植被受损、水土流失、空气污染等，因此，如何面对公路建设产生的环境问题，如何分析公路环境保护与经济发展之间的关系，采取何种措施减少或杜绝公路环境污染、恢复路域生态环境，从而对经济发展产生持续的促进作用，是摆在广大公路工作者面前的一项长期而艰巨的任务。

环境保护问题涉及公路建设的各个阶段，包括项目可行性研究阶段、施工图设计阶段、施工阶段、运营阶段等。施工阶段是做好公路环境保护的关键阶段，也是设计阶段环保理念的贯彻实施阶段。本文着重从生态环境污染、水污染、大气污染以及噪声污染、社会环境污染、固体废弃物对环境的污染等方面探讨公路工程施工阶段的环境保护问题。

（一）生态环境方面

道路施工期间，清理表土、土石方开挖、改移河道、开采料场等活动会造成地表植被破坏、地形改变、沟谷大量消失，恶化生物栖息的生态环境，加速地表侵蚀，增大地表径流，增加水土流失，改变自然流水形态，加剧水质恶化，从而直接导致对自然环境的破坏。因此为了保护生态环境应着重解决以下问题。

1. 开挖施工中，表层土保护是一个重点环境保护问题

表层土流失除会引起水土流失外，还可能引发一系列生态平衡失调，如植被丢失、

景观破坏等。此外，表层土壤的剥离容易造成土壤结构的破坏和肥力的下降。解决这一问题需采取以下措施：

第一，地表清理物应有专门的处置场地，不得随意丢弃。

第二，施工清场的树木、农作物、杂草，除部分可作为肥料外，应及时运走。

第三，预防表层土流失，剥离表层土予以保存，用于其他地面的土地改良，或沿线受破坏土地的恢复。不用于本地恢复的，应直接覆盖至可供耕作的其他地面；用于本地恢复的，应移至它处堆存，堆放地宜相对低凹，周围相对平缓，并设置排水设施。

2. 路基开挖对沿线植被及动物栖息地将造成永久性的破坏，因此施工时要注意：

第一，施工前应明确清理对象和范围，不应仅考虑施工方便而任意破坏沿线两侧的植被。

第二，对于古树名木等有保存价值的植物，应事先联系当地林业部门，采取移植等异地保护的方法予以保护。

第三，对临时借地范围要有明确的边界，以便控制对临时借地外围土地的不合理占用。对于不可避免的河道及河岸开挖工程，要明确并严格控制开挖界限，不得任意扩大开挖范围，避免造成对两栖动物生活空间环境的影响。

（二）水污染方面

公路施工时要避免对周围环境的水源造成污染。

第一，施工驻地、沥青混合料拌和站、稳定土拌和站、水泥混凝土拌和站均不得设在饮用水源地保护区内。

第二，沥青、油料、化学物品等不堆放在民用水井及河流湖泊附近，并采取措施，防止雨水冲刷进入水体。

第三，施工驻地的生活污水、生活垃圾、粪便等集中处理，不直接排入水体。

第四，对桥梁施工机械、船只严格检查，防止油料泄漏。严禁将废油、施工垃圾等随意抛入水体。

（三）大气污染方面

公路施工现场的施工材料如水泥、白灰、砂子、粉煤灰、粗石粉、土、石料等多是粉状、颗粒状物质，在进行运输装卸、各种混合料拌和、借土开挖及弃土堆放、土石方调运等活动时会造成短期内粉尘污染。另外，由于施工期增加大量机械作业，其尾气排放使空气质量恶化，对沿线环境产生不同程度的影响。

为了减少大气污染，应着重解决以下问题：

第一，公路施工堆料场、拌和站设在空旷地区，相距200 m范围内，不应有集中的居民区、学校等。

第二，沥青路面施工，沥青混凝土拌和站设在居民区、学校等环境敏感点以外的下风向处，不采用开敞式、半封闭式沥青加热工艺。

第三，对施工现场和施工便道定时洒水降尘，运输粉状材料要加以遮盖，混合料尽量采取集中拌和，防止尘土飞扬。

第四，料场中若堆放颗粒较小且容易扬尘的材料，如白灰、粉煤灰、水泥、石粉等，应用苫布遮盖，以减轻在大风天气时扬尘对环境的影响。

（四）对社会环境的影响

运输车辆的增加和调运土石方时的落土也会使相关公路交通条件恶化，对原有交通秩序产生较大干扰，影响原有公路的通行效率。公路养护工程主要是对现有公路被破坏部分进行修复，因此在公路养护工程中，这一影响显得更为突出。在沧州地区公路养护工程开工前，施工单位对施工车辆驾驶员进行岗前培训，教育其要文明驾驶、安全行车。施工时组织专门队伍及时清理散落在路面上的渣土、石块，保持路面的清洁畅通，尽量降低施工造成的社会影响。

公路建设必然会对环境产生各种不利的影响，因此，要加强公路建设的环保教育和宣传，在进行公路建设的同时，时刻不忘环境保护，特别是要对公路施工期间的环保工作给予足够的重视，采取各种切实可行的措施，把公路施工期间各种因素对环境造成的不良影响减少到最低程度，使公路建设和环境保护同步协调地发展。特别是在我国生态脆弱的地区，公路建设时，加强公路施工期间环境保护工作显得尤为重要。

二、公路工程灾害的防治和环境保护

公路作为长达数十至数百公里的带状工程，要经过不同的行政区划，跨越不同的自然地理单元，适应不同的生态环境，经受各种自然灾害威胁及潜在致灾因素的影响，另一方面，公路建设工程活动破坏了大自然原有的生态平衡，必然给环境带来某些不良的影响与污染，从而诱发某些自然灾害，因此防治公路工程灾害要与环境综合治理与保护相结合。

（一）公路工程的环境

公路是我国对外开放的重要窗口，是物质文明和精神文明建设成就的标志之一。我国公路事业发展形势喜人，四通八达的公路网，有力地促进了国民经济建设的高速增长，其社会经济效益十分显著，因而在今后仍将继续发展。然而从另一方面来看，公路工程要穿过崇山峻岭，跨越河湖沼泽，经过不同的地层、地质构造单元和地震带，沿线的自然环境十分复杂。在兴建公路的工程活动中，除了考虑地形地貌、水文气象、地质地震等自然条件外，还要占用大量的土地资源，而路基长距离大量的填挖工程、筑路砂石材料的采掘爆破等，还会不可避免地产生一些环境问题：破坏了原有的地形地貌和植被、改变了天然的水流通道，破坏了斜坡及岩土体内部的应力平衡，恶化了环境，并导致产生或诱发某些自然灾害，如崩塌滑坡、地面沉降、水土流失等等，这就带来了公路工程环境保护与自然灾害整治的问题。

（二）公路工程的自然灾害

公路沿线环境背景复杂，人类工程经济活动频繁，加上灾害性天气影响，导致自然灾害发生，严重威胁公路的安全营运。特别是每年雨季，暴雨连阴雨浸润软化岩土体，降低了岩土体内部的强度和稳定性，加上岩土体本身的裂隙、软弱夹层等不稳定因素，易于诱发崩塌滑坡等自然灾害；另一方面，人类活动又加速了这一进程：如在山区兴建公路，路堑的斜坡切头有可能引起边坡失稳和古滑坡复活，特别是越岭线施工开挖时产生大量的废土方，若处理不当，这些废弃的土石易引起泥石流等自然灾害，造成道路中断或河道堵塞等，危害环境，如在平原区兴建公路，取土坑的设置及路堤的填筑也会影响原有的地表及地下水系，引起地面沉降及水土流失等等。

（三）公路的减灾防灾与环保措施

在公路规划及可行性研究阶段，要重视基础资料的调研工作，认真做好技术经济比较，选用经济合理、美观大方的最佳选线方案，既考虑到线形流畅顺适利于运输，又要做好防灾减灾及环境影响评价工作，以实现线路整体优化。

具体说来，在作好对现有公路排水系统、防护工程抗灾能力的调研和评估工作的基础上，要注意收集有关自然灾害的历史资料，认真总结以往治理公路工程灾害的经验教训，结合沿线的社会经济状况及自然地理环境、公交交通的发展趋势来确定路线走向，预估可能出现的自然灾害与环境问题，注意防治公路工程灾害与环境综合治理相结合，即对公路灾害及环境问题不能局限于某种单一治理，而应密切结合沿线地区的经济实力和发展潜力全盘考虑，以取得事半功倍的成效。另一方面，在确定路线走向时，面对一些恶性自然灾害多发区，若治理时由于受到当前科技水平的限制难以奏效，或投资不足无法付诸实施，也可考虑采取绕避措施。

在公路工程施工阶段，工程勘察设计人员要加强与施工单位联系，及时进行工作回访，协同解决有关工程问题；有条件时要开展地下工程环境预报的研究，以利做好减灾防灾工作。

鉴于自然环境本身的复杂多变，而现有的多种勘察手段均有其优点和不足之处，各种原位测试方法也有其适用范围和局限性，加之受到勘察成本和勘察周期的制约，对长达若干公里的大型公路工程，人们难以准确地评价小范围短距离内地基土的工程性质，从而影响到工程设计的准确性。为此，在公路工程开工后，尤其是在自然条件复杂的路段，有时会出现要求补充勘察及变更设计的情况，因而勘察设计单位要主动作好回访工作，以便及时解决基础工程施工中出现的问题。

例如对路基工程，路堑开挖后产生临空面，特别是遇到松散的黏土岩屑等堆积物，易于诱发崩塌滑坡等工程灾害。对傍山沿河而建的路基要考虑有无因岩层向河中倾斜或存在临空面而向水中滑移的可能性。因此在施工时要坚持上部减载下部反压加载的原则，并按设计要求及时用喷锚、浆砌护坡、排水沟、截水沟或绿化等方法加以防护，又如公路隧道工程地面勘察困难多、投资大、周期长，且不可能百分之百查清地下的地质条件，以致长期以来隧道开挖时由于对前进方向的地质情况了解不够，施工过程中掘进爆破等又破坏了岩体结构的完整性，导致工程灾害时有发生。为此，若在隧道施工中针对性地通过现场观测及综合测试，开展工程地质超前预报工作，变盲目开挖为有控制的科学掘进，把施工时对围岩松动变形的影响减至最小，并选择最佳的支护时间，则有利于减灾防灾，加快施工进度，提高工程质量。

此外，做好养护路段沿线的绿化工作，不仅有利于稳定路基，防止水土流失、斜坡失稳等工程灾害，还可降低交通噪声、净化空气、美化路容，为维护自然生态平衡发挥积极作用，加上树木花草色彩多样、充满生机，有益于人们的身心健康，有利于构成清洁、安全、舒适、优美的公路交通环境。

三、公路工程主体设计中的环境保护

（一）设计阶段环境保护的依据

设计阶段环境保护的依据主要是国家和行业主管部门颁发的相关法规和规范。

1. 环境影响评价依据

《公路建设项目环境影响评价规范》，是现行公路建设项目环境影响评价工作的指导性文件有资质的评价单位在接受建设单位委托之后，要依据规范规定的基本内容开展现状调查与环境监测，并根据现状监测数据与可行性研究报告中所提出的交通量预测结果，对公路项目在建设和营运期所产生的环境影响进行预测与评价。

然后依据包括设计期、建设期、营运期中的生态环境、水环境、声环境、环境空气、社会环境等预测结果，提出减少环境污染的各种措施最终编制提交项目的环评报告书或报告表，经环境保护行政主管部门批复的环评报告书，也是公路环保设计的依据之一。

2. 环境保护设计依据

《公路环境保护设计规范》提出了进行公路环保设计的标准原则、内容和方法，是公路环保设计的重要依据。

《公路工程技术标准》、《公路路线设计规范》、《公路路基设计规范》、《公路工程国内招标文件范本》等行业规范中都有对公路环境保护的要求，均为公路环保设计的重要依据。

（二）环境敏感地区及环境敏感点

1. 环境敏感地区

第一，环境敏感地区从环境功能要求来说，是指城镇居民集中的居住区、水源保护区、名胜古迹区、风景游览区、温泉区、疗养区和自然保护区。

第二，环境敏感地区从环境质量现状来说，是指环境污染负荷大、环境质量现状已接近或超过质量标准的地区。

第三，环境敏感地区从环境的稀释、扩散和自净能力来说，是指水文条件复杂（包括水量少、水质差、"顶托"现象严重水体交换缓慢，以及各水期水量相差悬殊等），或气象条件不利（包括风速小、静风频率大、逆温持续时间长不利于烟气扩散），以及处于地形复杂的山谷，海湖陆风交换频率大的沿海、海口和河口等地区。

2. 环境敏感点

环境敏感点是针对具体目标而言的，通常分为声环境、环境空气、生态环境、水环境、社会环境等各类环境敏感点。

第一，声环境敏感点是指：学校教室、医院病房、疗养院、城乡居民点和其他有特殊要求的地方。

第二，环境空气敏感点是指：省级以上政府部门批准的自然保护区、风景名胜区、人文遗迹，以及城乡居民点和其他有特殊要求的地区

第三，生态环境敏感点主要是指：各类自然保护区、野生保护动物栖息地野生保护植物生长地、水土流失重点防治区、基本农田保护区、森林公园以及成片林地与草原等。

第四，水环境敏感点主要是指：河流源头、饮用水源、城镇居民集中饮水取水点、瀑布上游、温泉养殖水体等

第五，社会环境敏感点主要是指：与城市规划的协调性、重要的农田水利设施规模大的拆迁点、文物和遗址保护点等。

（三）公路主体工程设计阶段的环境保护

公路设计阶段的环境保护应贯彻以防为主、防治结合综合治理的原则，并结合工程实际开发和利用环境，尽可能地改善和提高公路环境质量公路设计阶段的环境保护工作，贯彻以防为主的原则主要体现在公路设计中对各类环境敏感地区或环境敏感点的避让方面。由于公路设计涉及诸多方面，一旦采用避让措施不能满足环境保护相关功能相关环境质量标准的要求时，即应根据该项目已经相应行政主管部门批复的环境影响报告书（表）中所提出的环境保护措施与建议，拟定环境保护总体设计方案并进行论证，在初设或施工图设计阶段应根据审定意见做出环境保护工程设计。

在设计中应妥善处理好主体工程与环保之间的关系，尽可能从路线方案、技术指

标的运用上合理取舍，而不过多地依赖环境保护设施来弥补。当公路工程对局部环境造成较大影响时，应进行主体工程方案与采取环保措施间的多方案比选同时公路的环境保护设计必须贯彻"经济效益、社会效益与环境效益"统一的方针，各种环境保护设施应因地制宜，实现经济效益显著。

目前，我国公路建设项目设计阶段，环境保护设计的主要项目包括声屏障设计、绿化美化工程设计，野生动物保护通道设计，服务区生活污水处理设计和大量弃土（渣）场的整治设计等一方面环境保护设计的广度有待扩展，深度有待加深；另一方面更需要路线设计人员具有相关专业的综合素质。同时，随着计算机技术的不断发展，计算机辅助设计功能不断完善，通过模拟设计线形可以对设计成果进行检验和修正，并听取各方面意见，从而设计出能体现环保意识的主体工程。

四、公路工程与环境保护的协调

（一）公路工程环境保护现状

我国的公路环保工作较西方发达国家起步为晚。20世纪90年代中后期我国进入了高等级公路快速发展阶段。但与此同时，环保立法相对滞后，业界普遍缺乏环保意识，对公路与环境的有机协调缺乏认识，公路建设中的环保工作比较薄弱，欠账较多。

进入21世纪，我国进行了公路环保方面的一些研究。但这些研究还不够全面、深入，研究成果尚不完善，一些研究成果还未被设计和建设部门所采用。在工程实际中，对环保法规的落实和环保技术的应用仍然没有得到足够的重视。

（二）公路工程对环境的影响

1. 公路工程对社会环境的影响

社会环境是经过人类长期生产活动的改造，或受到人类活动影响的自然环境和人工环境的总称。公路工程对社会环境的影响主要体现在以下几个方面。

第一，修建公路要占用大量土地、农田、公路工程用地一般都是永久性占用，如果规划不当，占用土地尤其是占用耕地会显著影响当地的农业生产，给人民生活造成明显影响。

第二，修建公路要拆迁地面、地下的建筑物和附属物，如民居、厂房、水利、电力及通讯等生产、生活设施，给相关单位和群众的生产生活造成影响。有的公路路线过分逼近风景区、旅游区，有的甚至要拆迁有价值的文物古迹或人文景观，使当地的旅游资源、文物资源和人文环境受到影响。

第三，公路工程的平纵面线形、路堤填挖高度等技术指标的选用合理与否，会给司机、乘客和当地居民带来不同的视觉和心理感受。如高速公路的高路堤会使道路两侧居民感到视觉不适。

第四，大型桥梁、互通式立交等大型构造物的造型，服务区、停车场等沿线设施的位置、布局和设计风格是否与周围自然环境、人文环境相协调，也会对沿线景观带来一定影响。

第五，高速公路的修建会给居住于其两侧附近的居民生产、生活造成不便，使之出行、交往困难，农民耕作和学生上学绕道较远，雨天或农田灌溉使通道积水无法通过等情况较为常见。

第六，公路经过人口密集区附近，会带来环境污染、交通拥堵和出行效率低下等问题，使人们情绪急躁、烦闷，给生产和生活带来不良影响。这些都是修建公路对社会环境造成的负面影响。

2. 公路工程对自然环境的影响

（1）对生态环境的影响

生态环境包括自然生态环境和人工生态环境。《公路环境保护设计规范》中所说的生态环境是指公路中心线两侧各200m范围内的自然环境，如自然保护区、水源保护区、森林、草原、湿地和野生生物栖息地等。但修建公路对生态环境的影响不只限于这个范围，如筑路材料的开采和废方的弃置，就非能概括。另外，公路工程对人工生态环境（如农田、水库、水产养殖区、人工林、水利设施、人居环境等）的影响也是显而易见的。

（2）对环境的污染

①空气污染，施工过程中的空气污染物主要是粉尘，且主要产生在一些材料的生产过程和运输过程。一些材料加工时会挥发有害气体。运营过程中的空气污染则主要来源于车辆尾气和扬尘。

②水污染，除施工期间可能造成的水污染外，运营期的路面径流，有毒有害物资运输中的泄漏，交通事故导致的有害物抛洒等，都会对附近农田、水产养殖场、河流甚至饮用水源地等造成污染。

③光污染，夜间汽车灯光对沿线居民区的光污染问题在国际上早已引起关注，在我国则尚未引起足够的重视。其实，汽车灯光不仅仅使相向而行的司机感觉炫目甚至危及行车安全，还会对公路附近的居民造成影响。

④噪声污染施工，阶段的噪声来源于施工机械和运输车辆，运营期噪声则产生于车辆行驶时。我国汽车保有量近年增长很快，交通噪声污染呈逐年快速加重的趋势。这种影响不仅影响睡眠。长期的噪声污染会造成人生理和心理的不适，甚至会造成精神障碍等亚健康问题。

⑤废弃物污染，无论开挖路基还是开采砂石料，都会产生废渣。公路施工还会产生混凝土等各种废料，随意弃置废渣废料，会对环境造成损害，严重的会对环境造成永久性破坏。

（三）公路建设过程中的环境保护

公路项目对环境造成直接影响，首先在施工阶段。因此，树立环保意识，加强施工阶段的环境保护管理具有重要的实际意义。

1. 改变观念，落实环保责任

我国公路建设中，普遍存在的问题是业主和施工企业环保意识不强，对环保设计不够重视，施工环保措施应用不力，有的甚至置环保法规于不顾而片面追求企业经济效益。所以以往很多公路在建设过程中都存在不同程度破坏当地环境的问题。

要改变这种现状必须使监理业主和施工企业把落实环保措施作为自己的职责所在。从以下几个方面着手：

第一，首先要有完善的环境保护设计。

第二，公路工程招标应将环境保护措施作为必要考核指标进入合同条款。虽然《公路工程国内招标文件范本》对承包人的环境保护责任有一些规定，但并未做为强制性条件进入考核指标一些项目的招标人往往忽视对投票人提出环保方面的承诺要求，导致环保措施无法落实。这一点应以法规形式强制落实。

第三，继续加强对建设管理单位、监理工程师、承包商和施工人员的环保法规和知识教育，提高其素质。目前，我国的公路施工队伍人员构成复杂，环保意识较差，提高其环保意识、具有深远意义。

2. 强化环保部门职能，严格执行环境保护法律、法规

地方政府应依据国家法律制定出切实可行的地方性法规，强化环保部门职能，确立法律法规的权威，在监督公路建设项目中严格执法，运用法律手段搞好公路建设全过程的环境保护工作。

上世纪末期，人类已经清醒地认识到长期以来对环境的破坏所带来的后果和灾难，提出可持续发展战略问题，人与环境之间的关系由"人定胜天"开始走向"人与自然的和谐与统一"，这是人类对自身和自然关系认识的升华，是人类的理智选择。保护环境就是保护人类自己，就是保护生产力。在进入二十一世纪的今天，加快和完善公路建设与养护方面的环保立法，全面开展和加快公路交通环保技术研究，应该得到广泛的、越来越多的重视。

五、公路工程环境保护措施

（一）环境保护原则

在项目的实施过程中以"不破坏就是最大的保护"为原则，保护沿线的自然环境，人文环境，尽量少占农田、少干扰居民村落及学校，严格按设计及规范要求施工，降低人工痕迹，使环境保护得到真正的体现。同时严格按合同条款办事，接受业主、监

理及社会的监督检查。通过严格管理，精心组织实施，实现环保控制目标。

（二）环境保护组织措施

1. 设立环保管理机构

项目部成立环境保护领导小组，组长由项目经理担任，实施领导小组下设协调组、实施组和宣传组。

协调组由总工程师负责，负责制定环保方案和工作计划，协调和指导实施组和宣传组的工作。实施组由环保部、一工区和二工区组成，全面负责环保的现场实施工作。宣传组由综合部负责，配合环保部收集、整理和报道有关宣传资料。

2. 签订环保责任制

项目经理是环保工作的第一责任人，项目部根据环保指标制定环保责任书，个人对班组、班组对项目部，层层签定环保责任书，建立完整的环保自我监控体系。

环保工作与文明施工现场管理一起检查，考核、奖罚。

（三）制定环境卫生的实施细则

为职工创造一个安全、健康、整洁、优美的生产生活环境，做到奖勤罚懒，奖罚分明，制定环境卫生实施细则，其主要内容有：宿舍、食堂、室外、公共环境、卫生间和其他卫生标准及其相应的评比办法。

（四）环境保护措施

1. 临时设施

（1）现场布置

认真做好施工场地规划和安排，根据实际情况合理布置场地，悬挂宣传标志，营造良好环保施工氛围。设施设备按现场布置图规定位置存放，并随施工不同阶段进行调整，最大限度地减少临时用地数量。

（2）临时设施用地

临时设施用地的选择时尽量少占用绿地，减少对陆域植被生态的破坏。尽量选择在设计图纸选定的弃土场或路基范围内，如一工区（隧道进口）的混凝土拌合站、料场、加工厂、仓库等选择在K5+800 Q2弃土场上；预制场选择在K7+300～500路基内，施工结束后，及时用路基清除的表土回填后进行绿化恢复或整理复耕。同时做好防排水设施，严禁弃方侵入用地界外。

（3）便道及场地

施工便道利用原有村道进行小范围改造，尽量不增加征地，易扬尘的施工场地、便道要硬化处理，并派专人定期清扫、洒水，防止便道、场地扬尘，使施工区内道路整洁、无散落物，防止沿路抖落，使便道清洁。

场地平整不积水，构造物周围应浇筑散水坡，场地排水成系统，并畅通无阻、不堵、不积水。

完工后班组必须清理场地，随做随清，物尽其用。

2.废料和垃圾的处理

第一，对施工产生的废料，进行回收利用，如不会产生明显污染的废砖头、废混凝土、废墙体、废砖块等废料可作为场地、便道修补填筑材料；而不能利用的集中进行焚烧或深埋处理，一般废料送垃圾场统一处置。

第二，施工废水、生活污水采取过滤、沉淀处理合格后方可排放。

第三，生活污水采取二级生化或化粪池等措施进行净化处理，达标后方可排放。

（三）设备管理

第一，优先选择低污染设备，并及时保养和维修，禁止排放不达标机械设备投入运营。

第二，加强机械设备的日常维护保养，使机械设备在始终处于良好的状态下运行。

第三，严格控制机械设备的噪声排放量，机械设备使用前进行检查，噪音过大的不合格工程机械禁止投入使用。

第四，减少夜间车辆使用频率和减少使用噪音大的机械设备；合理布置机械密度，避免噪音大的机械过于集中形成噪音叠加。

第五，施工噪声敏感区段的施工作业应采取时间控制措施，夜间禁止在靠近居民区的场地进行高噪声或震动作业。对居民敏感区，夜间时段（22：00-06：00）和午间（12：00-14：00），限制使用高噪声机械设备，减少对居民正常生活的影响。

第六，相对固定的机械设备附近，增设隔音屏，降低噪音传播。

（四）路基工程

在石质等不利于植物生长的地段采用土工格室和客土喷播等方式进行绿化防护，边坡较高和稳定性较差处设置锚杆混凝土框架梁进行防护，并在其中回填土植草和爬藤等进行绿化，使构造物表面贴近自然。

（五）桥涵工程

第一，桥梁施工时，注意保护水资源，避免钻孔的泥浆等对水体污染，钻孔的机械等不能影响排洪，完工后及时拆除和清理。西台中桩采用人工挖孔桩，减少泥浆的污染。孙家沟中桥采用钻孔灌注桩施工，泥浆在泥浆池固结后，由挖掘机开挖汽车运输至弃土场集中处理。

第二，本标段两座桥梁均为分离式桥梁，施工便道利用左右两桥中间的空地，尽量少破坏植被。

第三，混凝土拌合站与隧道共用，减少临时用地数量。

第四，水泥包装袋等建筑垃圾集中堆放于垃圾池内，并按规定进行处理，不随意弃置，随风飘散。

第五，涵洞、通道工程进出水口与边沟和天然沟渠的连接应平顺自然。

（六）隧道工程

第一，洞口工程施工前先调查地质资料，本标段小杨树沟隧道进口的地质较好，且无水，拟采用较陡边坡坡度开挖，若地质有变化时，再按设计边坡坡度开挖，尽量保护坡体和植被。小杨树沟隧道出口的地质较差，按设计边坡坡度开挖。

第二，在隧道爆破作业中，采用通风换气或水密降尘的方法提高空气质量，作业前检测空气质量，保证作业面空气质量达标。

第三，对小杨树沟隧道进口的"削竹式"洞门，开挖后的仰坡回填好土并恢复植被绿化。

第四，小杨树沟隧道进出口均为浅埋段，洞顶覆盖层小，仰坡按设计边坡坡度开挖，认真做好边界线的放样工作，防止出现超挖现象。

第五，隧道设计时已对洞门结构进行了美化及环保设计，因此项目部严格按设计及规范要求施工，与自然景观协调一致。

第六，弃渣按设计规划的弃土场集中弃放，弃渣完后，结合周围地形进行整修，覆盖种植土并植树、植草绿化，恢复生态环境。

第九章 绿色公路评价体系

第一节 基本说明

一、基本要求

（一）单位、分部、分项工程的划分

公路工程质量检验评定应按分项工程、分部工程、单位工程逐级进行。施工准备阶段由施工单位按表 9-1 和表 9-2 将合同段划分为单位工程、分部工程和分项工程，并报监理单位或建设单位审核。对于本表未涵盖的分项工程、分部工程和单位工程，可由建设单位组织监理单位、施工单位协商确定。

表 9-1 单位、分部及分项工程的划分

单位工程	分部工程	分项工程
路基工程（每10 km 或每标段）	路基土石方工程（1～3 km 路段）①	土方路基，石方路基，软土地基，土工合成材料处治层等
	排水工程（1～3 km 路段）	管节预制，管道基础及管节安装，检查(雨水)井砌筑，土沟，浆砌排水沟，盲沟，跌水，急流槽，水簸箕，排水泵站等
路基工程（每10 km 或每标段）	涵洞、通道（1～3 km 路段）	钢筋加工及安装，涵台，涵管，管座及涵管安装，盖板，盖板安装，箱涵浇筑，拱涵浇（砌）筑，倒虹吸竖井、集水井砌筑，一字墙和八字墙等
	砌筑防护工程（1～3km 路段）	砌体挡土墙，墙背填土，抗滑桩，边坡锚喷防护，土钉支护，砌体坡面防护，导流工程等
	大型挡土墙，组合挡土墙（每处）	钢筋加工及安装，砌体挡土墙，悬臂式挡土墙，扶壁式挡土墙，筋带，锚杆、拉杆，钻孔灌注桩或挖孔桩，面板预制，面板安装，墙背填土，锚杆、锚碇板和加筋土挡土墙总体等
路面工程（每10km或每标段）	路面工程（1～3 km 路段）	底基层，基层，面层，垫层，联结层，路缘石，人行道，路肩，路面边缘排水系统等

续 表

单位工程	分部工程	分项工程
桥梁工程②（特大、大中桥）	基础及下部构造	钢筋加工及安装，预应力筋加工和张拉，预应力管道压浆，基础砌体，混凝土扩大基础，钻孔灌注桩或挖孔、预制桩，沉桩，沉井，双壁钢围堰，承台等大体积混凝土桩，墩、台身砌体，混凝土墩、台墩台身安装，组合桥台，台背填土等
	上部构造预制和安装	混凝土梁桥：钢筋加工及安装，预应力筋加工和张拉，预制安装梁、板，悬臂拼装梁，顶推施工梁，转体施工梁，支座安装等； 拱桥：拱圈节段预制，拱的安装，转体施工拱，劲性骨架混凝土拱，吊杆制作和安装，柔性系杆，支座安装等； 钢梁桥：钢梁制作，钢梁安装，钢梁防护，支座安装等
	上部构造现场浇筑	混凝土梁桥：钢筋加工及安装，预应力筋加工和张拉，就地浇筑梁、板，悬臂浇筑梁，支座安装等； 拱桥：就地浇筑拱圈，劲性骨架混凝土拱，钢管混凝土拱等
	桥面系、附属工程及桥梁总体	钢筋加工及安装，混凝土桥面板桥面防水层或钢桥面板上防水黏结层，混凝土桥面板桥面铺装或钢桥面板上沥青混凝土铺装，伸缩装置安装，混凝土防撞护栏或钢桥上钢护栏安装，桥头搭板，砌体坡面护坡，桥梁总体等
	防护工程	砌体坡面护坡，护岸③，导流工程等
	引道工程	见路基工程、路面工程的分项工程
互通立交工程	桥梁工程（每座）	见桥梁工程的分项工程
	主线路基路面工程（1~3km路段）	见路基、路面等分项工程
	匝道工程（每条）	路基，路面，通道，护坡，挡土墙，护栏等
隧道工程	总体及装饰装修	隧道总体、装饰装修工程等
	洞口工程	洞口开挖、洞口边仰坡防护、洞门和翼墙的浇（砌）筑、截水沟、洞口排水沟、明洞浇筑、明洞防水层、明洞回填等
	洞身开挖	洞身开挖（分段）等
	洞身衬砌	喷射混凝土、锚杆、钢筋网、钢架、管棚、超前小导管、超前锚杆、衬砌钢筋、混凝土衬砌、仰供等
	防排水	防水层、止水带、排水沟、施工缝与变形缝处理等
	隧道路面	基层、面层等
	辅助坑道及附属洞室	开挖、喷射混凝土、锚杆、钢筋网、钢架、管棚、超前小导管、超前锚杆、衬砌钢筋、混凝土衬砌、仰供等

续 表

单位工程	分部工程	分项工程
环保工程	绿化工程（每3~5km路段或每合同段）	分隔带绿地、土路肩绿地、护坡道绿地、碎落台绿地、平台绿地、边坡绿地、互通立交区与环岛绿地、管理养护设施区绿地、服务设施区绿地、取弃土场绿地	绿地整理，树木栽植，草坪、花卉种植
	声屏障工程按标段划分）	声屏障工程（每处）	砌块体声屏障，金属结构声屏障，复合结构声屏障
交通安全设施（每20km或每标段）	标志（5~10 km路段）	标志
	标线、突起路标（5~10 km路段）	标线，突起路标等
	护栏、轮廓标（5~10km路段）	波形梁护栏，缆索护栏，混凝土护栏，轮廓标等
	防眩设施（5-10 km路段）	防眩板、网等
	隔离栅、防落网（5~10 km路段）	隔离栅、防落网等
	里程碑和百米桩（每20 km或每标段）	里程碑、百米桩
	避险车道（每处）	避险车道
机电工程	监控设施	车辆检测器，气象检测器，闭路电视监视系统，可变标志，光电缆线路，监控（分）中心设备安装及软件调测，大屏幕投影系统，地图板，计算机监控软件与网络等
	通信设施	通信管道与光电缆线路，光纤数字传输系统，数字程控交换系统，紧急电话系统，无线移动通信系统，通信电源等
	收费设施	入口车道设备，出口车道设备，收费站设备及软件，收费中心设备及软件，IC卡及发卡编码系统，闭路电视监视系统，内部有线对讲及紧急报警系统，收费站内光、电缆及塑料管道，收费系统计算机网络等
	低压配电设施	中心（站）内低压配电设备，外场设备电力电缆线路等
	照明设施	照明设施
	隧道机电设施	车辆检测器，气象检测器，闭路电视监视系统，紧急电话系统，环境检测设备，报警与诱导设施，可变标志，通风设施，照明设施，消防设施，本地控制器，隧道监控中心计算机控制系统，隧道监控中心计算机网络，低压供配电等
	结构安全监测设施	应变测试设备安装，振动测试设备安装，车辆荷载监测设备安装，光、电缆线路，外场站安装，监控中心设备安装，数据采集软件等
房屋建筑工程		按其专业工程质量检验评定标准评定

9-2 以特大斜拉桥、悬索桥为主体建设项目的工程划分

单位工程	分部工程	分项工程
塔及辅助、过渡墩（每个）	塔基础	钢筋加工及安装，混凝土扩大基础，钻孔灌注桩，沉井等
	塔承台	钢筋加工及安装，双壁钢围堰，钢围堰的混凝土封底，承台等大体积混凝土等
	索塔	钢筋加工及安装，预应力筋加工和张拉，混凝土索塔，索塔钢锚箱节段制作，索塔钢锚箱节段安装等
	辅助墩	钢筋加工及安装，预应力筋加工和张拉，预应力管道压浆，钻孔灌注桩，承台等大体积混凝土，混凝土墩、台，墩台身安装，支座垫石和挡块等
	过渡墩	
锚碇	锚碇基础	钢筋加工及安装，混凝土扩大基础，钻孔灌注桩，灌注桩桩底压浆，地下连续墙，沉井等
	锚体	重力式锚碇：锚碇锚固体系制作，锚碇锚固体系安装，钢筋加工及安装，锚碇混凝土块体，预应力锚索的张拉与压浆等； 隧道锚：锚碇锚固体系制作，锚碇锚固体系安装，隧道锚的洞身开挖，隧道锚的混凝土锚塞体等
上部结构制作与防护（钢结构）	主缆（索股）	索股和锚头的制作与防护
	索鞍	索鞍制作与防护
	索夹	索夹制作与防护
	吊索	吊索和锚头制作与防护等
	加劲梁	加劲梁段制作与防护等
上部结构浇筑与安装	加劲梁浇筑	主墩上梁段浇筑，梁的悬臂浇筑
	安装	加劲梁安装，索鞍安装，主缆架设，索夹和吊索安装，自锚式悬索桥主缆索股的锚固系统安装，自锚式悬索桥吊索张拉和体系转换等
	工地防护	工地防护
桥面系、附属工程及总体	桥面系	钢桥面板上防水黏结层，钢桥面板上沥青混凝土铺装，栏杆安装等
	附属工程及桥梁总体	支座安装，伸缩装置安装，桥梁总体等
结构安全监测设施	外场传感测试及采集、传输、控制硬件设备	应变测试设备安装，振动测试设备安装，倾斜监测设备安装，温度监测设备及安装，光、电缆线路等
	监控中心设备安装及软件	监控中心设备安装，数据采集软件等

（二）工程质量等级

工程质量评定等级分为合格与不合格。评定为不合格的分项、分部工程，应采取措施进行处理。经返工、加固或补强、调测等满足设计要求后，可重新进行质量检验评定。经返工或加固处理后仍不能满足安全或使用功能要求的分部工程、单位工程严禁评定。

工程质量检验评定均应在施工单位自检合格的基础上进行：第一，分项工程完工后，施工单位按《公路工程质量检验评定标准第一册土建工程》规定进行自检，对工程质量进行自我评定。第二，分部、单位工程完工后，施工单位应汇总所属分项、分部工程质量评定资料，进行外观质量检查，对工程质量进行自我评定。第三，隐蔽工程在隐蔽前应由施工单位通知监理单位进行检验评定合格后方可继续施工。

分项工程应由监理单位组织施工单位进行质量检验评定：第一，监理单位应按规定要求进行独立抽检，对分部、单位工程质量进行评定。第二，建设单位应根据对工程质量的检查及平时掌握的情况，对监理单位所作的工程质量评定进行审定。第三，检测单位、质量监督部门可依据《公路工程质量检验评定标准第一册土建工程》进行工程质量检测、鉴定。

二、工程质量检验与评定

（一）基本要求

检验项目应按基本要求、实测项目、外观质量和质量保证资料分别检查。分项工程质量应在所使用的原材料、半成品、成品及施工工艺等符合基本要求的规定，且无严重外观缺陷和质量保证资料真实并基本齐全时，方可进行检验评定。对分项工程所列基本要求应逐项进行检查。经检查不符合规定时，不得进行工程质量的检验评定。

施工单位外购的原材料、半成品和成品进场后应进行抽查复验，检验结果应由监理或建设单位进行审核。实测项目中检查项目检验与合格率计算：对规定的检查项目应按照随机抽样方法（有规定的除外）、检查方法和规定的频率进行检测，计算合格率。规范规定的检测方法为标准方法，采用其他仪器设备和试验规程时，应经比对试验确认其可靠性。

（二）检测频率

检查项目检测频率应符合下列规定：第一，以长度为评定单位的检测频率为双车道公路每一检查段内的最低检测（查）频率，多车道公路必须按车道数与双车道之比，相应增加检测（查）点数。第二，非以长度为评定单位的检测频率或按作班设定的检查频率，按标准规定的检测频率进行检验。

（三）检查项目合格率

检查项目合格率按下式进行计算：

$$项目检查合格率 = \frac{合格的点（组）数}{该检查项目的全部检查点（组）数} \times 100\%$$

（四）检查项目质量评定

检查项目质量评定应符合下列规定：第一，关键项目的合格率不得低于95%（属于工厂加工制造的桥梁金属构件、机电工程为100%），且检测值不得超过规定极值，否则该检查项目为不合格。第二，一般项目的合格率不得低于80%，且检测值的偏差不得超过允许偏差的2倍，否则该检查项目为不合格。第三，有规定极值的检查项目，任一单个检测值都不得突破规定极值，否则该检查项目为不合格。第四，采用《公路工程质量检验评定标准第一册土建工程》附录B至附录S所列采用数理统计方法进行评定的检查项目，不符合要求时，该检查项目为不合格。第五，监理单位按《公路工程施工监理规范》中规定的频率进行抽检，当对检查项目评定结果与施工单位自检评定结果不一致时，监理单位应增加1倍的检测频率后进行质量评定；当抽检频率达到施工单位的检测频率时，应以监理单位的检测结果为准进行评定。

对工程外观质量状况应进行全面检查，对于明显的外观缺陷，施工单位应采取措施进行整修或返工处理后再进行评定。检验项目评为不合格的，应进行返工处理，直至合格。无法处理或经检测鉴定达不到设计要求，但经原设计单位核算认可，能够满足安全和使用功能的，可予以评定。

（五）质量保证资料

工程应有真实、准确、齐全、完整的施工原始记录、试验数据、质量检查结果等质量保证资料。质量保证资料应包括下列主要内容：第一，所用原材料、半成品和成品质量检验结果；第二，材料配比、拌合加工控制检验和试验数据；第三，地基处理、隐蔽工程施工记录和大桥、隧道施工监控资料；第四，各项质量控制指标的试验记录和质量检验汇总图表；第五，施工过程中遇到的非正常情况记录及其对工程质量影响分析；第六，施工过程中如发生质量事故，经处理补救后，达到设计要求的认可证明文件等。第七，当个别质量保证资料缺失时，应有检测机构出具的实体质量合格检测报告。

三、工程质量等级评定

分项工程、分部工程、单位工程质量检验评定应按《公路工程质量检验评定标准第一册土建工程》

附录K及相关施工技术规范提交真实、完整的自检资料。

（一）分项工程质量评定合格应符合下列规定：第一，检验记录应完整；第二，质量保证资料应符合规定；第三，所含实测项目的质量均应合格；第四，外观质量应满足要求。

（二）分部工程质量评定合格应符合下列规定：第一，评定资料应完整；第二，所含分项工程或实测项目的质量均应合格；第三，外观质量应满足要求。

（三）单位工程质量评定合格应符合下列规定：第一，评定资料应完整；第二，所含分部工程的质量均应评定合格；第三，外观质量应满足要求。

评定为不合格的分项、分部工程，经加固、补强或返工、调测满足设计要求后，可以重新进行质量检验和评定。经返工或加固处理仍不能满足安全或重要使用功能的分部、单位工程，严禁评定。

第二节 科研、设计评价指标

一、公路工程交工验收条件

公路工程交工验收工作一般按合同段进行，并应具备以下条件：第一，合同约定的各项内容已全部完成，各方就合同变更的内容达成书面一致意见。第二，施工单位按《公路工程质量检验评定标准》及相关规定对工程质量自检合格。第三，监理单位对工程质量评定合格。第四，质量监督机构按《公路工程质量鉴定办法》对工程质量进行检测，并出具检测意见。检测意见中需整改的问题已经处理完毕。第五，竣工文件按公路工程档案管理的有关要求，完成"公路工程项目文件归档范围"第三、四、五部分（不含缺陷责任期资料）内容的收集、整理及归档工作。第六，施工单位、监理单位完成本合同段的工作总结报告。

二、交工验收程序

公路工程交工验收一般按照以下程序进行：第一，施工单位完成合同约定的全部工程内容，且经施工自检和监理检验评定均合格后，提出合同段交工验收申请报监理单位审查。交工验收申请应附自检评定资料和施工总结报告。第二，监理单位根据工程实际情况、抽检资料以及对合同段工程质量评定结果，对施工单位交工验收申请及其所附资料进行审查并签署意见。监理单位审查同意后，应同时向项目法人提交独立抽检资料、质量评定资料和监理工作报告。第三，项目法人对施工单位的交工验收申请、监理单位的质量评定资料进行核查，必要时可委托有相应资质的检测机构进行重点抽查检测，认为合同段满足交工验收条件时应及时组织交工验收。第四，对若干合同段完工时间相近的，项目法人可合并组织交工验收。对分段通车的项目，项目法人可按合同约定分段组织交工验收。第五，通过交工验收的合同段，项目法人应及时颁发"公路工程交工验收证书"。第六，各合同段全部验收合格后，项目法人应及时完成"公路工程交工验收报告"。

三、交工验收的主要工作内容

交工验收主要包括以下内容：第一，检查合同执行情况。第二，检查施工自检报告、施工总结报告及施工资料。第三，检查监理单位独立抽检资料、监理工作报告及质量评定资料。第四，检查工程实体，审查有关资料，包括主要产品的质量抽（检）测报告。第五，核查工程完工数量是否与批准的设计文件相符，是否与工程计量数量一致。第六，对合同是否全面执行、工程质量是否合格作出结论。第七，按合同段分别对设计、监理、施工等单位进行初步评价。

四、交工验收项目工程质量评定

各合同段的设计、施工、监理等单位参加交工验收工作，由项目法人负责组织。路基工程作为单独合同段进行交工验收时，应邀请路面施工单位参加。拟交付使用的工程，应邀请运营、养护管理等相关单位参加。交通运输主管部门、公路管理机构、质量监督机构视情况参加交工验收。

合同段工程质量评分采用所含各单位工程质量评分的加权平均值。即：

$$合同段工程质量评分值 = \frac{\Sigma（单位工程质量评分值 \times 该单位工程投资额）}{\Sigma 单位工程投资额}$$

工程各合同段交工验收结束后，由项目法人对整个工程项目进行工程质量评定，工程质量评分采用各合同段工程质量评分的加权平均值。即：

$$工程项目质量评分值 = \frac{\Sigma（合同段工程质量评分值 \times 该合同段投资额）}{\Sigma（合同段投资额）}$$

投资额原则使用结算价，当结算价暂时未确定时，可使用招标合同价，但在评分计算时应统一。交工验收工程质量等级评定分为合格和不合格，工程质量评分值大于等于75分的为合格，小于75分的为不合格。交工验收不合格的工程应返工整改，直至合格。交工验收提出的工程质量缺陷等遗留问题，由项目法人责成施工单位限期完成整改。

五、公路交工验收检测质量不符合项

为进一步加强公路建设工程项目交工质量检测和竣工质量鉴定工作，交通运输部制定了公路项目交工检测和竣工鉴定质量不符合项清单，以落实重大质量问题"一票否决"的原则。根据交通运输部交安监发 171 号文件规定，公路进行交工验收时，发现存在《公路项目交工检测质量不符合项清单》（见表 9-3）所列任一情况的，项目工程质量监督单位对相应合同段的交工质量检测意见不得为合格。

表 9-3 公路项目交工检测质量不符合项清单

代码	内容
	路基工程
ALJ15101	非软土路基的沉降最大处超过 50 mm，或沉降 30 mm 以上长度累计超过合同段路基长度的 5%
ALJ15102	边坡单处塌方长度超过 10 m，或多处塌方累计长度超过合同段边坡长度的 5%
ALJ15103	路基构造物单处损坏（挡土墙、坡面防护、排水设施等断裂或严重沉陷、坍塌）长度超过 10m，或多处损坏累计长度超过合同段同类工程长度的 5%
	路面工程
ALM15101	沥青路面横向力系数（SFC）代表值小于设计值
ALM15102	沥青路面出现松散、严重泛油、明显离析和裂缝（少量反射裂缝除外）等现象
ALM15103	水泥混凝土路面存在断板情况
	桥梁工程
AQL15101	基础及下部构造、上部构造混凝土强度达不到设计要求
AQL15102	墩、台存在的裂缝超出有关标准和规范规定
AQL15103	预应力混凝土梁等受弯构件存在梁体竖向裂缝或宽度大于 0.2 mm 的纵向裂缝
AQL15104	钢筋混凝土梁的主筋附近存在宽度大于 0.2 mm 的竖向裂缝，或梁腹板存在宽度大于 0.3 mm 的斜向或水平向裂缝
AQL15105	拱桥墩、台的位移或沉降超过设计允许值
	隧道工程
ASD15101	二衬混凝土强度达不到设计要求
ASD15102	隧道路面存在涌流、沙土流出等问题
ASD15103	隧道路面存在隆起，路面板明显错台、断裂

续 表

	代码	内容
交安设施	AJA15101	波形梁钢护栏梁板基底金属厚度、立柱壁厚不满足设计要求或相关标准规定
	AJA15102	波形梁钢护栏横梁中心高度或立柱埋深不满足设计
	AJA15103	波形梁钢护栏拼接螺栓抗拉强度不足
总体要求	AZT15101	工程未完工,交工检测发现问题未整改或整改不到位
	AZT15102	影响桥梁、隧道结构安全问题的整改未经设计单位认可,整改工程未经监理单位验收合格和建设单位确认

第三节 施工评价指标

一、公路工程竣工验收条件

按照公路工程管理权限,各级交通运输主管部门应于年制定订年度竣工验收计划,并按计划组织竣工验收工作。列入竣工验收计划的项目,项目法人应提前完成竣工验收前的准备工作。

公路工程竣工验收应具备以下条件:第一,通车试运营两年以上。第二,交工验收提出的工程质量缺陷等遗留问题已全部处理完毕,并经项目法人验收合格。第三,工程决算编制完成,竣工决算已经审计,并经交通运输主管部门或其授权单位认定。第四,竣工文件已完成"公路工程项目文件归档范围"的全部内容。第五,档案、环保等单项验收合格,土地使用手续已办理。第六,各参建单位完成工作总结报告。第七,质量监督机构对工程质量检测鉴定合格,并形成工程质量鉴定报告。

二、竣工验收程序

公路工程项目竣工验收准备工作程序:第一,公路工程符合竣工验收条件后,项目法人应按照公路工程管理权限及时向相关交通运输主管部门提出验收申请,其主要内容包括:一是交工验收报告。二是项目执行报告、设计工作报告、施工总结报告和监理工作报告。三是项目基本建设程序的有关批复文件。四是档案、环保等单项验收意见。五是土地使用证或建设用地批复文件。六是竣工决算的核备意见、审计报告及认定意见。第二,相关交通运输主管部门对验收申请进行审查,必要时可组织现场核查。审查同意后报负责竣工验收的交通运输主管部门。第三,以上文件齐全且符合条件的项目，由负责竣工验收的交通运输主管部门通知所属的质量监督机构开展质量鉴定工作。第四，质量监督机构按要求完成质量鉴定工作，出具工程质量鉴定报告，并审核交工验收对设计、施工、监理初步评价结果，报送交通运输主管部门。第五，工程质量鉴定等级为合格及以上的项目，负责竣工验收的交通运输主管部门及时组织竣工验收。

三、竣工验收主要工作内容

公路工程项目竣工验收主要包括以下内容：第一，成立竣工验收委员会。第二，听取公路工程项目执行报告、设计工作报告、施工总结报告、监理工作报告及接管养护单位项目使用情况报告。第三，听取公路工程质量监督报告及工程质量鉴定报告。第四，竣工验收委员会成立专业检查组检查工程实体质量，审阅有关资料，形成书面检查意见。第五，对项目法人建设管理工作进行综合评价。审定交工验收对设计单位、施工单位、监理单位的初步评价。第六，对工程质量进行评分，确定工程质量等级，并综合评价建设项目。第七，形成并通过"公路工程竣工验收鉴定书"。第八，负责竣工验收的交通运输主管部门印发"公路工程竣工验收鉴定书"。第九，质量监督机构依据竣工验收结论，对各参建单位签发"公路工程参建单位工作综合评价等级证书"。

竣工验收委员会由交通运输主管部门、公路管理机构、质量监督机构、造价管理机构等单位代表组成。国防公路应邀请军队代表参加。大中型项目及技术复杂工程，应邀请有关专家参加。项目法人、设计、施工、监理、接管养护等单位代表参加竣工验收工作，但不作为竣工验收委员会成员。

参加竣工验收工作各方的主要职责是：第一，竣工验收委员会负责对工程实体质量及建设情况进行全面检查。对工程质量进行评分，对各参建单位及建设项目进行综合评价，确定工程质量和建设项目等级，形成工程竣工验收鉴定书。第二，项目法人负责提交项目执行报告及验收工作所需资料，协助竣工验收委员会开展工作。第三，设计单位负责提交设计工作报告，配合竣工验收检查工作。第四，施工单位负责提交施工总结报告，提供各种资料，配合竣工验收检查工作。第五，监理单位负责提交监理工作报告，提供工程监理资料，配合竣工验收检查工作。第六，接管养护单位负责提交项目使用情况报告，配合竣工验收检查工作。

公路建设项目设计、施工、监理、接管养护等有多家单位的，项目法人应组织汇总设计工作报告、施工总结报告、监理工作报告、项目使用情况报告，竣工验收时选派代表向竣工验收委员会汇报。

四、竣工验收质量评定

竣工验收工程质量评分采取加权平均法计算,其中交工验收工程质量得分权值为 0.2,质量监督机构工程质量鉴定得分权值为 0.6,竣工验收委员会对工程质量的评分权值为 0.2。

对于交工验收和竣工验收合并进行的小型项目,质量监督机构工程质量鉴定得分权值为 0.6,监理单位对工程质量评定得分权值为 0.1,竣工验收委员会对工程质量的评分权值为 0.3。工程质量评分大于等于 90 分为优良,小于 90 分且大于等于 75 分为合格,小于 75 分为不合格。

对建设项目出现以下五项特别严重问题的合同段,整改合格后,合同段工程质量不得评为优良,质量鉴定得分按照整改前的鉴定得分,超出 75 分的按 75 分,不足 75 分的按原得分;建设项目竣工验收工程质量等级和综合评定等级直接确定为合格:第一,路基工程的大段落路基沉陷、大面积高边坡失稳。第二,路面工程车辙深度大于 10 mm 的路段累计长度超过该合同段车道总长度的 5%。第三,特大桥梁主要受力结构需要或进行过加固、补强。第四,隧道工程渗漏水经处治效果不明显,衬砌出现影响结构安全的裂缝,衬砌厚度合格率小于 90% 或有小于设计厚度 1/2 的部位,空洞累计长度超过隧道长度的 3% 或单个空洞面积大于 3 m2。第五,重大质量事故或严重质量缺陷,造成历史性缺陷的工程。

对建设项目出现以下严重问题的合同段,整改合格后,合同段工程质量不得评为优良,质量鉴定得分按 75 分计算;并视对建设项目的影响,由竣工验收委员会决定建设项目工程质量是否评为优良:第一,路基工程的重要支挡工程严重变形。第二,路面工程出现修补、推移、网裂等病害路段累计长度超过路线的 3% 或累计面积大于总面积的 1.5%;竣工验收复测路面弯沉合格率小于 90%。第三,大桥、中桥主要受力结构需要或进行过加固、补强。

竣工验收委员会对项目法人及设计、施工、监理单位工作进行综合评价。评定得分大于等于 90 分且工程质量等级优良的为好,小于 90 分且大于等于 75 分为中,小于 75 分为差。

竣工验收建设项目综合评分采取加权平均法计算,其中竣工验收工程质量得分权值为 0.7,参建单位工作评价得分权值为 0.3(项目法人占 0.15,设计、施工、监理各占 0.05)。评定得分大于等于 90 分且工程质量等级优良的为优良,小于 90 分且大于等于 75 分为合格,小于 75 分为不合格。发生过重大及以上生产安全事故的建设项目综合评定等级不得评为优良。

根据《国务院关于促进节约集约用地的通知》要求,竣工验收时需要核验建设项目依法用地和履行土地出让合同、划拨等情况。

五、公路竣工验收检测质量不符合项

根据交通运输部交安监发 171 号文件规定，在公路建设项目竣工质量鉴定工作中，发现存在《公路项目竣工鉴定质量不符合项清单》（见表 9-4）所列任一情况的，项目工程质量监督单位对相应合同段的竣工质量鉴定等级不得评为优良，其工程质量鉴定得分超出 75 分的按 75 分计。

表 9-4 公路项目竣工鉴定质量不符合项清单

	代码	内容
路基工程	BLJ15101	非软土路基的沉降最大处超过 150 mm，或沉降 30 mm 以上累计超过合同段路基长度的 5%
	BLJ15102	边坡单处塌方长度超过 10 m，或多处塌方累计长度超过合同段边坡长度的 5%
	BLJ15103	路基构造物单处损坏（挡土墙、坡面防护、排水设施等断裂或严重沉陷、坍塌）长度超过 10m，或多处损坏累计长度超过合同段同类工程长度的 5%
路面工程	BLM15101	沥青路面横向力系数（SFC）代表值小于 40
	BLM15102	深度 10 mm 以上的车辙累计长度超过该合同段被检车道长度的 5%，或 15 mm 以上车辙损坏连续长度超过 300 m
	BLM15103	沥青路面纵向裂缝（含已处理）累计长度超过合同段被检路段总长的 10%，或连续长度超过 100 m
	BLM15104	沥青路面出现坑槽、松散、泛油、壅包等病害，累计破损面积超过合同段被检路段面积的 0.4%
	BLM15105	水泥混凝土路面裂缝和板角断裂的破损面积超过合同段被检路段面积的 0.8%，或单车道连续破损面积超过 375 m2
桥梁工程	BQL15101	下部构造、上部构造混凝土强度达不到设计要求
	BQL15102	侵蚀性水域有筋墩台存在宽度大于 0.2 mm 的裂缝，或长年有水无侵蚀性水域有筋墩台存在宽度大于 0.25 mm 的裂缝，或干沟或季节性有水河流墩台存在大于 0.4 mm 的裂缝，或墩台有冻结作用的部分存在大于 0.2 mm 的裂缝
	BQL15103	拱桥墩、台的位移或沉降超过设计允许值
	BQL15104	因施工质量差导致桥梁工程实施过加固

续 表

	代码	内容
隧道工程	BSD15101	二衬混凝土强度达不到设计要求
	BSD151O2	隧道路面存在涌流、沙土流出等问题
	BSD15103	隧道路面存在隆起，路面板明显错台、断裂
	BSD15104	因施工质量差导致隧道二衬、仰拱等实施过加固
总体要求	BZT15101	举报或事故调查发现路基软基处理，桥梁桩柱或梁板，隧道锚杆、拱架、衬砌等存在偷工减料
	BZT15102	有关单位对交工质量检测发现的问题、交工遗留问题、试运行期间发现问题未整改，整改方案未经项目设计单位认可，整改工程未经监理单位验收合格和建设单位确认
	BZT15103	工艺工序未按设计和规范组织实施，造成软土路基沉降期不满足设计要求，沥青路面摊铺施工环境温度不适宜，桥梁构件、隧道二衬等的混凝土强度不满足设计和规范规定即转序等问题，经专家论证工程耐久性缺乏保障

第四节 运营养护评价指标

一、质量鉴定要求

（一）基本要求

公路工程质量鉴定由该建设项目的质量监督机构或竣工验收单位指定的质量监督机构负责组织。公路工程质量鉴定工作包括工程实体检测、外观检查和内业资料审查。公路工程质量鉴定依据质量监督机构在交工验收前和竣工验收前的工程质量检测资料，同时可结合监督过程中的检查资料进行评定（必要时工程质量检测工作可委托有相应资质的检测机构承担）。

（二）鉴定方法

1. 分部工程质量鉴定方法

工程实体检测以规范规定的抽查项目及频率为基础，按抽查项目的合格率加权平均乘100作为分部工程实测得分；外观检查发现的缺陷，在分部工程实测得分的基础上采用扣分制，扣分累计不得超过15分。

$$\text{分部工程实测得分} = \frac{\Sigma（\text{抽查项目合格率} \times \text{权值}）}{\Sigma \text{权值}} \times 100\%$$

分部工程得分 = 分部工程实测得分 - 外观扣分

2. 单位工程、合同段、建设项目工程质量鉴定方法

根据分部工程得分采用加权平均值计算单位工程得分，再逐级加权计算合同段工程质量得分。内业资料审查发现的问题，在合同段工程质量得分的基础上采用扣分制，扣分累计不得超过 5 分；合同段工程质量得分减去内业资料扣分为该合同段工程质量鉴定得分。采用加权平均值计算建设项目工程质量鉴定得分。

$$单位工程得分 = \frac{\Sigma（分部工程得分 \times 权值）}{\Sigma 权值}$$

$$合同工段工程质量得分 = \frac{\Sigma（单位工程得分 \times 单位工程投资额）}{\Sigma 单位工程投资额} - 业内资料扣分$$

$$合同段工程质量鉴定得分 = \frac{\Sigma（合同段工程质量鉴定得分 \times 合同段工程投资额）}{\Sigma 合同段工程投资额}$$

公式中的投资额原则使用结算价，当结算价暂时无法确定时，可使用招标合同价。但无论采用结算价还是招标合同价，计算时各单位工程或合同段均应统一。

（三）工程质量等级鉴定

1. 总体要求

路基整体稳定；路面无严重缺陷；桥梁、隧道等构造物结构安全稳定，混凝土强度、桩基检测、预应力构件的张拉应力、桥梁承载力等均符合设计要求；工程质量经施工自检和监理评定均合格，并经项目法人确认。不满足上述要求的工程质量鉴定不予通过。

2. 工程质量等级划分

工程质量等级应按分部工程、单位工程、合同段、建设项目逐级进行评定，分部工程质量等级分为合格、不合格两个等级；单位工程、合同段、建设项目工程质量等级分为优良、合格、不合格三个等级。

分部工程得分大于或等于 75 分，则分部工程质量为合格，否则为不合格。单位工程所含各分部工程均合格，且单位工程得分大于或等于 90 分，质量等级为优良；所含各分部工程均合格且得分大于或等于 75 分、小于 90 分，质量等级为合格；否则为不合格。

合同段（建设项目）所含单位工程（合同段）均合格，且工程质量鉴定得分大于或等于 90 分，工程质量鉴定等级为优良；所含单位工程均合格，且得分大于或等于 75 分、小于 90 分，工程质量鉴定等级为合格；否则为不合格。不合格分部工程经整修、加固、补强或返工后可重新进行鉴定，直至合格。

二、工程实体检测

（一）抽查频率

路基工程压实度、边坡每千米抽查不少于1处，每个合同段路基压实度检查点数不少于10个。路基弯沉检测，高速、一级公路以每半幅每千米为评定单元，其他等级公路以每千米为评定单元。排水工程的断面尺寸每千米抽查2~3处，铺砌厚度按合同段抽查不少于3处。小桥抽查不少于总数的20%且每种类型抽查不少于1座。涵洞抽查不少于总数的10%且每种类型抽查不少于1道。支挡工程抽查不少于总数的10%且每种类型抽查不少于1处。路面工程的弯沉、平整度检测，高速、一级公路以每半幅每千米为评定单元，其他等级公路以每千米为评定单元。其他抽查项目每千米不少于1处。特大桥、大桥逐座检查；中桥抽查不少于总数的30%且每种桥型抽查不少于1座。桥梁下部工程抽查不少于墩台总数的20%且不少于5个，墩台数量少于5个时全部检测。每种结构形式抽查不少于1个。桥梁上部工程抽查不少于总孔数的20%且不少于5个，孔数少于5个时全部检测。每种结构形式抽查不少于1个。隧道逐座检查。交通安全设施中防护栏、标线每千米抽查不少于1处；标志抽查不少于总数的10%。机电工程各类设施抽查不少于10%，每类设施少于3个时全部检测。房屋建筑工程逐处检查。

（二）抽查项目

表 9-5　公路工程质量鉴定抽查项目

单位工程	分部工程类别	抽查项目	权值	备注	权值
路基工程	路基土石方	压实度	3	每处每车道不少于 1 点	3
		弯沉	3	每评定单元检测不少于 40 点，各车道交替检测	
		边坡	1	每处两侧各测不少于 2 个坡面	
	排水工程	断面尺寸	1	每处抽不少于 2 个断面	1
		铺砌厚度	3	每处开挖检查不少于 1 个断面	
	小桥	混凝土强度	3	每座用回弹仪或超声波测上、下部结构各不少于 10 个测区	2
		主要结构尺寸	1	每座抽 10~20 个	
	涵洞	混凝土强度	3	每处用回弹仪或超声波测不少于 10 个测区	1
		结构尺寸	2	每道 5~10 个	
	支挡工程	混凝土强度	3	每处用回弹仪或超声波测不少于 10 个测区	2
		断面尺寸	3	每处开挖检查不少于 1 个断面	
路面工程	路面面层	沥青路面压实度	3	每处不少于 1 点	1
		沥青路面弯沉*	3	每评定单元检测不少于 40 点，各车道交替检测	
		沥青路面车辙*	1	允许偏差：≤10mm；每处每车道至少测 1 个断面	
		沥青路面渗水系数	2	每处不少于 1 点	
		混凝土路面强度	3	每处不少于 1 点	
		混凝土路面相邻板高差*	1	每处测膨胀缝位置相邻板高差不少于 3 点	
		平整度*	2	高速、一级公路连续检测	
		抗滑*	2	高速、一级公路检测摩擦系数、构造深度	
		厚度	3	每处不少于 1 点	
		横坡	1	每处 1~2 个断面	

续 表

单位工程	分部工程类别	抽查项目	权值	备注	权值
桥梁（不含小桥）	下部	墩台混凝土强度	3	每墩台用回弹仪或超声波测不少于2个测区，测区总数不少于10个	2
		主要结构尺寸	1	每个墩台测不少于2点	
		钢筋保护层厚度	1	每墩台测2～4处	
		墩台垂直度	1	每个墩台测两个方向	
	上部	混凝土强度	3	抽查主要承重构件，每孔用回弹仪或超声波测量不少于10个测区	3
		主要结构尺寸	2	每座桥测10～20点	
		钢筋保护层厚度	1	每孔测2～4处	
	桥面系	伸缩缝与桥面高差*	1	逐条缝检测	2
		桥面铺装平整度*	1	每联大于100 m时用连续式平整度仪分车道检测；不足100 m时每联用3 m直尺测3处，每处3尺；最大间隙：高速、一级公路允许偏差3mm，其他公路允许偏差5mm	
		横坡	1	每100 m测不少于3个断面	
		桥面抗滑*	2	每200 m测不少于3处	
隧道工程	衬砌	衬砌强度	3	用回弹仪或超声波每座中、短隧道测不少于10个测区，特长、长隧道测不少于20个测区	3
		衬砌厚度	3	用高频地质雷达连续检测拱顶、拱腰3条线或钻孔检查	
		大面平整度	1	衬砌平整度实测每座中、短隧道测5～10处，长隧道测10～20处，特长隧道测20处以上	
	总体	宽度	1	每座中、短隧道测5～10点，长隧道测10～20点，特长隧道测不少于20点	1
		净空	2	每座中、短隧道测5～10点，长隧道测10～20点，特长隧道测不少于20点	
	隧道路面	面层		按照路面要求	2
交通安全设施	标志	立柱竖直度	1	每柱测2个方向	1
		标志板净空	2	取不利点	
		标志板厚度	1	每块测不少于2点	
		标志面反光膜等级及逆射光系数	2	每块测不少于2点	
	标线	反光标线逆反射系数	2	每处测不少于5点	1
		标线厚度	2	每处测不少于5点	

续　表

单位工程	分部工程类别	抽查项目	权值	备注	权值
交通安全设施	防护栏	波形梁板基底金属厚度	2	每处不少于5点	2
		波形梁钢护栏立柱壁厚	2	每处不少于5点	
		波形梁钢护栏立柱埋入深度	2	每处不少于1根	
		波形梁钢护栏横梁中心高度	1	每处不少于5点	
		混凝土护栏强度	2	用回弹仪或超声波每处不少于2个测区，测区总数不少于10个	
		混凝土护栏断面尺寸	2	每处不少于5点	
机电工程	监控系统	闭路电视监视系统传输通道指标	1	测点数不少于3个，少于3个时全部检测	1
		可变标志显示屏平均亮度	1	测点数不少于3个，少于3个时全部检测	
		计算机网络健康测试	1	测点数不少于3个，少于3个时全部检测	
		接地电阻、绝缘电阻	1	测点数不少于3个，少于3个时全部检测	
	通信系统	光纤接头损耗平均值	1	测点数不少于3个，少于3个时全部检测	1
		光纤数字传输误码指标	1	测点数不少于3个，少于3个时全部检测	
		数字程控交换接通率	1	测点数不少于3个，少于3个时全部检测	
	收费系统	车道设备各车种处理流程	1	测点数不少于3个，少于3个时全部检测	1
		接地电阻、绝缘电阻	1	测点数不少于3个，少于3个时全部检测	
房屋建筑工程	（按其专业工程质量检验评定标准评定）				

注：表中"支挡工程"指挡土墙、抗滑桩、铺砌式坡面防护、喷锚等防护工程

（三）抽查要求

规定的抽查项目均应在合同段交工验收前完成检测。竣工验收前，应对带的抽查项目进行复测，复测结果和其他抽查项目在交工验收时的检测结果，作为竣工验收质量评定的依据。沥青路面弯沉、平整度、抗滑等复测指标的质量评定标准根据相关规范及当地实际情况确定。

未列出的检查项目、竣工验收复测项目以及技术复杂的悬索桥、斜拉桥等工程，质量监督机构均可根据工程实际情况增加检测、复测项目。未明确规定抽查项目的规定值或允许偏差的，按照《公路工程质量检验评定标准》执行。对弯沉、路面厚度、平整度、摩擦系数、隧道衬砌混凝土强度及厚度等抽查项目优先采用自动化检测（或无损检测）设备进行检测，也可采用常规方法进行检测。采用无测试规程的自动化检测（或无损检测）结果有争议时，由交通运输主管部门组织有关专家确定。

竣工验收前复测的沥青路面弯沉值评定方法：采用数理统计方法评定，以每次评定单元计算实测弯沉代表值，可采用3倍标准差方法对特异数据进行一次性舍弃；若计算实测弯沉代表值满足设计要求该评定单元为合格，否则为不合格；以合同段内合格的评定单元数与总的评定单元数比值为该合同段内竣工验收复测路面弯沉合格率。对于大于3倍标准差的舍弃点及不合格单元要加强观察。

（四）外观检查

1. 基本要求

由该项目工程质量鉴定的质量监督机构或其委托的有资质的检测单位负责在交工验收前和竣工验收前对工程外观进行全面检查。工程外观存在严重缺陷、安全隐患或已降低服务水平的建设项目不予验收，经整修达到设计要求后方可组织验收。项目交工验收前应对桥梁、隧道、重点支挡工程、高边坡等涉及安全运营的重要工程部位进行详细检查。

2. 检查内容及扣分标准

表9-6 公路工程项目竣工验收外观检查内容及扣分标准

单位工程	分部工程类别	检查内容及扣分标准	备注
路基工程	路基土石方	路基边坡坡面平顺、稳定，曲线圆滑，不得亏坡，不符合要求时，单向累计长度每50 m扣1~2分。路基沉陷、开裂，每处扣2~5分。	按每千米累计扣分的平均值扣分
	排水工程	排水沟内侧及沟底应平顺，无阻水现象，外侧无脱空，不符合要求时，每处扣1~2分。砌体坚实、勾缝牢固，不符合要求时，每5 m扣1分。	按每千米累计扣分的平均值扣分
	小桥	混凝土表面粗糙，模板接缝处不平顺，有漏浆现象，扣1~3分。 梁板及接缝渗、漏水，每处扣1分。 混凝土表面蜂窝、麻面面积不得超过该部位面积的0.5%，不符合要求时，每超过0.5%扣3分。 桥梁的内外轮廓线条应顺滑清晰，栏杆、护栏应牢固、直顺、美观，不符合要求时扣1~3分。 桥头路面平顺，无跳车现象，不符合要求时扣2~4分。 桥下施工弃料应清理干净，不符合要求时扣1~3分。	按每座累计扣分的平均值扣分

续 表

单位 工程	分部工程 类别	检查内容及扣分标准	备注
路基 工程	涵洞	涵洞进出口不顺适，洞身不直顺，帽石、八字墙、一字墙不平直，存在翘曲现象，洞内有杂物、淤泥、阻水现象时，每种病害扣 1～3 分。 台身、涵底铺砌、拱圈、盖板有裂缝时，每道裂缝扣 1～3 分。 涵洞处路面平顺，无跳车现象，不符合要求时扣 2～4 分。	按每道累计扣分的平均值扣分
	支挡工程	砌体表面平整，砌缝完好、无开裂现象，勾缝平顺、无脱落现象，不符合要求时扣 1～3 分。 沉降缝垂直、整齐，上下贯通，不符合要求时扣 1～3 分。 泄水孔坡度向外，无阻塞现象，不符合要求时扣 1～3 分。 混凝土表面的蜂窝、麻面不得超过该部位面积的 0.5%，不符合要求时，每超过 0.5% 扣 3 分。墙身裂缝，局部破损，每处扣 3 分。	按每处累计扣分值的平均值扣分
路面 工程	面层	水泥混凝土路面： 混凝土板的断裂块数，公路和一级公路不得超过 0.2%；其他公路不得超过 0.4%，每超过 0.1% 扣 2 分。混凝土板表面的脱皮、印痕、裂纹、石子外露和缺边掉角等病害现象，公路和一级公路不得超过受检面积的 0.2%；其他公路不得超过 0.3%，不符合要求时，每超过 0.1% 扣 2 分。对于连续配筋的混凝土路面和钢筋混凝土路面，因干缩、温缩产生的裂缝，可不扣分。路面侧石应直顺、曲线圆滑，越位 20 mm 以上者，每处扣 1～2 分。接缝填筑应饱满密实，不污染路面。不符合要求时，累计长度每 100 m 扣 2 分。胀缝有明显缺陷时，每条扣 1～2 分。 沥青混凝土面层、沥青碎石面层：面层有修补现象，每处扣 1～3 分。表面应平整密实，不应有泛油、松散、裂缝和明显离析等现象，对于公路和一级公路，有上述缺陷的面积（凡属单条的裂缝，则按其实际长度乘以 0.2 m 宽度，折算成面积）之和不得超过受检面积的 0.03%，其他公路不得超过 0.05%。不符合要求时每超过 0.03% 或 0.05% 扣 2 分。半刚性基层的反射裂缝可不计作施工缺陷，但应及时进行灌缝处理。搭接处应紧密、平顺，烫缝不应枯焦。不符合要求时，累计每 10 m 长扣 1 分。面层与路缘石及其他构筑物应贴接密顺，不得有积水或漏水现象，不符合要求时，每处扣 1～2 分。 沥青表面处治： 表面应平整密实，不应有松散、油包、波浪、泛油、封面料明显散失等现象，有上述缺陷的面积之和不得超过受检面积的 0.2%，不符合要求时每超过 0.2% 扣 2 分。无明显碾压轮迹。不符合要求时，每处扣 1 分。面层与路缘石及其他构筑物应密贴接顺，不得有积水现象。不符合要求时，每处扣 1～2 分。	

续　表

单位工程	分部工程类别	检查内容及扣分标准	备注
桥梁工程（不含小桥）	下部工程、上部工程及桥面系	基本要求： 混凝土表面平滑，模板接缝处平顺，无漏浆现象，不符合要求时扣1~3分。混凝土表面蜂窝、麻面面积不得超过该部位面积的0.5%，不符合要求时，每超过0.5%扣3分。混凝土表面出现非受力裂缝，减1~3分；结构出现受力裂缝宽度超过设计规定或设计未规定时，超过0.15 mm，每条扣2~3分，项目法人应对其是否影响结构承载力组织分析论证。混凝土结构有空洞或钢筋外露，每处扣2~5分，并应进行处理。施工临时预埋件、设施及建筑垃圾、杂物等未清除处理时扣1~2分。 下部结构要求： 支座位置应准确，不得有偏歪、不均匀受力、脱空及非正常变形现象，不符合要求时每个扣1分。锥、护坡按路基工程的支挡工程标准检查扣分，若沉陷，每处扣1~3分，并进行处理。 上部结构要求： 预制构件安装应平整，不符合要求时每处扣1分。悬臂浇筑的各梁段之间应接缝平顺，色泽一致，无明显错台，不符合要求时每处扣2~5分。主体钢结构外露部分的涂装和钢缆的防护防蚀层必须保护完好，不符合要求时扣1~2分，并应及时处理。拱桥主拱圈线形圆滑无局部凹凸，不符合要求时扣2~5分；拱圈无裂缝，不符合要求时扣2~5分，并对其是否影响结构承载力进行分析论证。梁板及接缝渗、漏水，每处扣1分。 桥面系要求： 桥梁的内外轮廓线应顺滑清晰，不符合要求时扣1~3分。栏杆、护栏应牢固、直顺、美观，不符合要求时扣1~2分。桥面铺装沥青混凝土表面应平整密实，不应有泛油、松散、裂缝、明显离析等现象，有上述缺陷的面积（凡属单条的裂缝，则按其实际长度乘以0.2 m宽度，折算成面积）之和不得超过受检面积的0.03%，不符合要求时每超过0.03%扣1分。伸缩缝无阻塞、变形、开裂现象，不符合要求时减1~3分；桥头有跳车现象，每处扣2~4分。泄水管安装不阻水，桥面无低凹，排水良好，不符合要求时扣3~5分。	基本要求同时适用于下部结构、上部结构和桥面系
隧道工程	衬砌	混凝土衬砌表面密实，任一延米的隧道面积中，蜂窝、麻面和气泡面积不超过0.5%，不符合要求时，每超过0.5%扣0.5~1分；蜂窝、麻面深度超过5 mm时不论面积大小，每处扣1分。施工缝平顺无错台，不符合要求时每处扣1~2分。隧道衬砌混凝土表面出现裂缝，每条裂缝扣0.5~2分；出现受力裂缝时，钢筋混凝土结构裂缝宽度大于0.2 mm的或混凝土结构裂缝宽度大于0.4 mm的，每条扣2~5分，项目法人应对其是否影响结构安全组织分析论证。	
	总体	洞内没有渗漏水现象，不符合要求时，公路、一级公路扣5~10分，其他公路隧道扣1~5分。冻融地区存在渗漏现象时扣分取高限。洞内排水系统应畅通、无阻塞，不符合要求时扣2~5分，并应查明原因进行处理。隧道洞门按支挡工程的要求检查扣分。	
	隧道路面	按路面工程的扣分标准检查扣分	

续 表

单位工程	分部工程类别	检查内容及扣分标准	备注
交通安全设施	标志	金属构件镀锌面不得有划痕、擦伤等损伤，不符合要求时每一构件扣 2 分。标志板面不得有划痕、较大气泡和颜色不均匀等表面缺陷，不符合要求时，每块板扣 2 分。	标志按每块累计扣分的平均值扣分
	标线	标线施工污染路面应及时清理，每处污染面积不超过 10 cm2，不符合要求时，每处减 1 分。标线线形应流畅，与道路线形相协调。曲线圆滑，不允许出现折线，不符合要求时，每处扣 2 分。反光标线玻璃珠应撒布均匀，附着牢固，反光均匀，不符合要求时，每处扣 2 分。标线表面不应出现网状裂缝、断裂裂缝、起泡现象，不符合要求时，每处扣 1 分。	按每千米累计扣分的平均值扣分
	防护栏	波形梁线形顺适，色泽一致，不符合要求时每处扣 1 ~ 2 分。立柱顶部应无明显塌边、变形、开裂等现象，不符合要求时每处扣 2 分。混凝土护栏预制块不得有断裂现象，不符合要求时每处扣 1 分；掉边、掉角长度每处不得超过 2 cm，否则每块混凝土构件扣 1 分：混凝土表面蜂窝、麻面、裂缝、脱皮等缺陷面积不超过该构件面积的 0.5%，不符合要求时，每超过 0.5% 扣 2 分。	按每千米累计扣分的平均值扣分
机电工程	监控、通信、收费系统	各系统基本功能齐全、运行稳定，满足设计和管理要求，每一个系统不符合要求时扣 2 ~ 4 分。机电设施布置安装合理，方便操作、维护；各设备表面光泽一致，保护措施得当，无明显划伤、剥落、锈蚀、积水现象；部件排列整齐、有序，牢固可靠，标识正确、清楚；不符合要求时每处扣 0.5 ~ 1 分。	按每系统累计扣分
房屋建筑工程	（按其专业工程质量检验评定标准扣分）		

三、内业资料审查

（一）内业资料审查内容

内业资料主要审查以下质量保证资料：第一，所用原材料、半成品和成品质量检验结果。第二，材料配比、拌合加工控制检验和试验数据。第三，地基处理、隐蔽工程施工记录和大桥、隧道施工监控资料。第四，各项质量控制指标的试验记录和质量检验汇总图表。第五，施工过程中遇到的非正常情况记录及其对工程质量影响分析。第六，施工过程中如发生质量事故，经处理补救后，达到设计要求的认可证明文件。第七，中间交工验收资料。第八，施工过程各方指出较大质量问题、交工验收遗留问题及试运营期出现的质量问题处理情况资料。

（二）内业资料要求及扣分标准

第一，质量保证资料及最基本的数据、资料齐全后方可组织鉴定。第二，资料应真实、可靠，应有施工过程中的原始记录、原始资料（原件），不应有涂改现象，有欠缺时扣 2~4 分。第三，资料应齐全、完整，有欠缺时扣 1~3 分。第四，资料应系统、客观，反映出检查项目、频率、质量指标满足有关标准、规范要求，有欠缺时扣 1~3 分。第五，资料记录应字迹清晰、内容详细、计算准确，整理应分类编排、装订整齐，有欠缺时扣 1~2 分。第六，基本数据（原材料、标准试验、工艺试验等）、检验评定数据有严重不真实或伪造现象的，在合同段扣 5 分。

四、工程质量检测意见、项目检测报告、质量鉴定报告内容

质量监督机构的检测意见、项目检测报告、质量鉴定报告应在对检测结果分析的基础上提出的。

工程质量检测意见主要包括：检测工作是否完成，指出工程质量存在的缺陷，交工验收前需完善的问题及主要意见。

项目检测报告主要包括：检测结果及工程质量的基本评价，工程质量存在的主要问题和缺陷，工程质量是否具备试运营条件。

质量鉴定报告主要包括：鉴定工作依据，抽查项目检测数据、外观检查、内业资料审查及复测部分指标情况，交工验收提出的质量问题、质量监督机构指出的问题及试运营期间出现的质量缺陷等的处理情况，鉴定评分及质量等级。

参考文献

[1] 黄显彬，王朝令，肖维民. 公路勘测设计 [M]. 武汉：武汉理工大学出版社，2016.02.

[2] 胡晓敏，赵阳，张晓磊. 公路勘测设计 [M]. 哈尔滨：哈尔滨工业大学出版社，2016.05.

[3] 肖念婷，张秀，王琦. 公路勘测设计 [M]. 天津：天津科学技术出版社，2016.07.

[4] 张义海，胡欣. 公路勘测与设计 [M]. 武汉：武汉理工大学出版社，2016.08.

[5] 梁启勇. 公路工程勘测设计 [M]. 北京：人民交通出版社，2016.12.

[6] 周亦唐，周亦唐. 道路勘测设计第5版 [M]. 重庆：重庆大学出版社，2016.11.

[7] 张志清，朱照宏. 道路勘测设计 [M]. 北京：科学出版社，2016.05.

[8] 张春丽，王义国. 道路勘测设计 [M]. 武汉：华中科技大学出版社，2016.07.

[9] 关超，王加第，郑宝堂. 道路勘测与施工放样技术 [M]. 北京：中国电力出版社，2016.02.

[10] 赵文美，杨志华. 公路勘察设计新理念及其应用 [M]. 哈尔滨：黑龙江科学技术出版社，2016.04.

[11] 徐杰，宋亮，王宁. 公路工程与技术创新 [M]. 长春：吉林人民出版社，2017.06.

[12] 杨丽梅，冯玉祥，乔立新. 公路工程勘察设计 [M]. 长春：东北师范大学出版社，2017.06.

[13] 包萨拉，温春杰. 公路勘测设计 [M]. 北京：北京理工大学出版社，2019.03.

[14] 李燕. 公路勘测设计 [M]. 北京：北京理工大学出版社，2019.01.

[15] 张挣鑫，刘黔会. 道路勘测与设计 [M]. 北京：煤炭工业出版社，2019.

[16] 叶伟，王维. 公路勘测技术 [M]. 北京：机械工业出版社，2019.02.

[17] 俞素平. 公路工程施工招标文件示例 [M]. 北京：人民交通出版社，2019.10.

[18] 廖明军，张永强，李丹丹. 道路勘测设计 [M]. 武汉：武汉大学出版社，2020.06.

[19] 黄显彬. 道路勘测设计 [M]. 北京：中国建筑工业出版社，2020.08.

[20] 王建林. 公路测设技术 [M]. 北京：人民交通出版社，2020.07.